梁啓超 著

飲冰室合集

文集

第十六册

中華書局

飲冰室文集之四十四（下）

書籍跋

陳慶笙地名韻語

皇朝直省地名韻語。新會陳慶笙先生所作也。書自順天府尹以下十八行省府州廳縣皆編成四言。系以韻語。慶笙先生歸道山。余獲遺藁。同人索觀傳鈔。不足應之。乃議付剞劂。而原書於東三省及新疆臺灣編次皆闕。番禺韓君雲臺續而纂之。復附各省都會及道里遠近于卷末。既成。遂槧諸板。公之天下。癸巳十月刻竟。飲冰主人記。

葉鞠裳語石

前清乾嘉以降。金石之學特盛。其派別亦三四。王蘭泉孫淵如輩廣搜碑目。攷存佚源流。此一派也。錢竹汀阮芸臺輩專事考釋。以補翼經史。此又一派也。翁覃谿包慎伯輩特詳書勢。此又一派也。近人有顓校存碑之字畫石痕。別拓本之古近者。亦一派也。其不講書勢。專論碑版屬文義例者。亦一派也。此書專博不及諸家。而頗萃諸家之成。獨出己意。有近世科學之精神。可以名世矣。戊午正月二十七日購得。窮一日之力讀竟記。

巢經巢詩鈔

鄭子尹詩。時流所極宗尚。范伯子陳散原皆其傳衣。吾求之十年不得。茲本乃趙堯生所刻。癸丑入都。印數十以詒朋輩之好鄭詩者。此其一焉。

時流咸稱子尹詩爲能自闢門戶。有淸作者舉莫及。以余觀之。吾鄉黎二樵之儔匹耳。立格選辭。有獨到處。惜意境狹。

高青邱集

明有高青邱。略可比唐之陳子昂。惜後此何李輩力薄。不堪負荷。故盛唐之盛。遂不可見。抑亦運會升降然耶。此本爲二樵先生舊藏。有二樵手批數十則。良可珍祕。中間曾歸陶子正同年邵學吾。得之黃晦聞節 許。時甲寅三月也。越四年戊午正月。校讀一過記之。

康長素法國革命史論

此南海先生歐洲十一國游記之一節也。以其論聳切懇摯。足以爲病狂熱者之藥。故錄諸報中。全論凡三萬餘言。其最博深切明者。爲末段論法國不得不革命之原因。而推求我國現在果有此原因與否。此俟續出各號。乃能次第錄及焉。而右所錄諸段。其於法國破壞後不能建設之因果。固已若指諸掌矣。鄙人所以兢兢焉不敢附和激烈派之破壞論者。亦正以此故。本報前諸號。夫既屢言之矣。而論者或爲之說曰。建設之目的良。則破壞之現象亦良。建設之目的惡。則破壞之現象亦惡。據此以推論中國歷史上革命之陳迹。謂顚覆政府。乃其破壞之手段。而帝制自爲。則其建設之目的。革命之生內亂。非手段使然。而目的使然。於是得一結論焉。謂中國今後之革命。苟使爲共和制而無君位之可爭。則顛覆政府之後。革命家必不致相爭。爭奪不生。則內亂必不作云云。其言自以爲甚辯。不知此乃不許人反詰之一面的供詞而已。吾則還問諸彼法國大革命時代其革命黨所倡設之目的。良耶否耶。此彼輩所日日謳歌尸祝者也。其破壞之現象。惡耶否耶。彼輩雖有長舌。殆不能舉歷史上之事實而抹煞之也。夫當時法國諸黨。其非若我國歷朝鼎革之交。諸豪傑之爭爲帝王。抑章章矣。而何以更迭相屠。無一存者。禍且視爭帝者倍蓰焉。豈不以羣衆相集。其利害萬不能從同。況以一國之大。品彙萬殊。有緣所處之地位而利害絕相反者。（不必貴族與平民也即貧者與富者乃至此省人與彼省人皆有之不可悉舉）有緣學問見識之懸絕。同此一事。其利害本非相反。而此認爲利。彼則認爲害者。（此最普通而最可畏讀者當平心察勘之）故意見無論如何。總不免於衝突。萬事付之衆議。則其衝突之程度愈甚。而在平時之衝突。則固有之法律及慣習。恆足以制裁之。若在秩序新破壞之時。慣習蕩然。舊法律全喪其效力。而新法律未立。即立矣。而民未習。效力無自而強。於斯時也。衝突之起。非借腕力無從解決。質言之。則能殺人者勝。見殺於人者敗而已。故欲實行其意見者。非假腕力末由。相屠之禍。所由不能免也。然此猶指彼實心公益。無一毫自私自利之心者言耳。若夫其中有緣託美名以營其私者。又不在此論。夫當破壞時代。嘯聚種種社會。其不能無此輩廁於其間。則豈待問矣。故法國大革命之惡結果。乃事所必至。理所固然。非不幸而偶遇之也。謂建設之目的良。則破壞之現象必良者。其何以自解於此。論者又謂誠使今後之中國革命。盡力於民黨之調和。而避其軋轢。則恐怖時代可以不復見云云。此語抑誰不能言者。然天下事非言之難。而實行之難。法之狄郎的士黨。（即此文之及倫的黨也吾前譯皆通用此名故今仍之）抑何嘗不絞心血以求調和。而功卒不獲就者。豈非吾所謂學問識見之懸絕。與夫假美名以營其私者必廁乎其間。而終無有調和之道耶。中國人與法國人同爲人類之普通性。豈其於此而獨能免之。善夫此文之言曰。破壞猶縱火也。不戢將自焚也。縱火之始。所焚者僅欲在此。而大風忽乘之。則將倒焚無能自主。又曰。謬意縱火。豈能定大風從何方來耶。吾願世之狂奔於感情者。勿易其言以禍國家也。

淵實君譯中國詩樂之變遷與戲曲之關係

右文承著者寄稿。自云從東文譯出。惟未言原著者爲誰氏。以余讀之。殆譯者十之七八。而譯者所自附意見。亦十之二三也。其中所言沿革變遷及其動機。皆深衷事實。推見本原。誠可稱我國文學史上一傑構。惟其結論有清一代詩樂衰息之故。而專歸咎於異族之篡國。則竊以爲未免偏至之論也。夫元之與清。其地位正同。元代法網之密。未見其不如清代。而戲曲反極盛於彼時。是知其原因別有所在。此不足爲原因。即爲原因。亦不過其小部分之原因。而非全部分之原因。且非重要部分之原因明矣。然則其原因究安在。自唐代以詩賦取士。宋初沿襲之。至王荆公代以經義。然旋興旋廢。(宋熙寧四年始罷詞賦專用經義取士凡十五年至元祐元年復詞賦與經義並行紹聖元年復罷詞賦專用經義凡三十五年建炎二年又兼用經賦自是終宋之世)及元遂以詞曲承乏榮途。所在士趨若鶩。故元曲之發達。非直空前。且絕後焉。清承明舊。專用八股。八股之爲物。其性質與詩樂最不能相容。是此學所以衰落之原因一也。宋代程朱之學。正衣冠。尊瞻視。以堅苦刻厲絕欲節性爲教。名雖爲儒。而實兼採墨道。(吾嘗謂宋儒之說理雜儒佛其制行雜儒墨)故墨學非樂之精。於不知不覺間相緣而起。(樂者樂也苦行主義與行樂主義正相反對)然宋學在當時。政府指爲僞學而禁之。其勢力之在社會者不甚大。逮元代而益微。及夫前明數百年間。朝廷以是爲獎厲。士夫以是爲風尚。其浸潤人心者已久。清代學術。雖生反動而學風已成。士夫與樂劇分途。不相雜廁儼爲一種之社會制裁力莫之敢犯。是此學所以衰落之原因二也。與宋學代興者。爲考證箋注之學。而其學乾燥無味。與樂劇適成反比例高才之士皆趨甲途。則乙途自無復問津者。是此學所以衰落之原因三也。宋元明以來皆有所謂官妓者。而閥閱之家又咸自蓄聲伎文人學士莫不有焉。（宋明時文學家雖寒士亦蓄聲伎見於記載者甚多不可枚舉）及本朝則自雍正七年。改教坊之名除樂戶之籍。無復所謂官妓而私家自蓄樂戶且爲令甲所禁。士夫之文采風流者。僅能爲「目的詩」至若「耳的詩」雖欲從事其道末由。而音樂一科遂全委諸俗伶之手。是此學所以衰落之原因四也。綜此諸原因故其退化之程度每下愈況。然樂也者人情所不能免人道所不能廢也。士夫不主持焉。則移風易俗之大權。遂爲市井無賴所握。故今後言社會改良者。則雅樂俗劇兩方面。其不可偏廢也。

景祐六壬神定經二卷

宋楊維德奉勅撰。通志藝文略宋史藝文志俱著錄。卷首有宋仁宗御製序。據志維德所撰。向有遁甲七曜太一諸書。蓋皆奉勅撰也。仁宗號稱英主。乃迷信此等術士之言蓋宋諸帝通習矣。然術數一科在漢時已爲七略之一。其源甚古。觀此亦可存古術之一斑也。戊午六月。

天問閣集三卷存二卷其下卷存一條

五

明李長祥撰。長祥四川達州人。崇禎十六年進士。國變後屢思仗義規復。事監國魯王。官至兵部左侍郎。明史無傳。其事蹟見全祖望所爲行狀。祖望稱此書丙戌以後作。杭人張南漪得之吳市書肆中。云蓋修明史時所未見也。卷上爲甲申廷臣傳新樂劉文炳傳二篇。卷中有傳十篇。皆紀當時死難諸賢。多足補史編之缺。廷臣傳之末有論一篇。論思陵失國之由於廷臣。略無恕詞。雖黃道周劉宗周亦有微辭。所見殊多獨到處。而獨屢祖楊嗣昌陳新甲頗與時論異。謝山謂其不免愛憎之見。不知其果爾耶。抑時論有門戶不足憑信也。謝山謂其於文不稱作家。然新樂侯一傳法度森然。生氣遠出吾於明人之文乃罕見其比。戊午六月讀竟記。

西藏攷一卷

不著撰人名氏。趙之謙謂雍正初身至其地者。隨筆記錄之冊也。中紀里程頗詳覈。所錄唐盟碑全文尤可寶。唐盟碑殆我國與他國爲國際上平等條約傳世最古者。戊午六月。

讀史舉正八卷

淸張熷撰。熷浙江仁和人。字曦亮。號南漪。全謝山爲之墓誌銘。述其行誼在卷端。此書蓋讀史考據之劄記。體例與錢竹汀之考異王西莊之商榷略同。雖瑣碎亦有極精到者。戊午六月。

孫與人弟子職注一卷

清孫同元撰。同元字與人。浙江仁和人。弟子職古代本別行。漢志列於孝經類。今惟附管子以傳耳。清代王元啓曾爲單行注。同元此注晚出。糾正王注者頗多。同元爲孫淵如門人。其學篤守漢師家法也。戊午六月。

餘生錄一卷

明張茂滋撰。茂滋爲福建巡撫張肯堂之孫。肯堂號鯢淵。國變後。死守螉洲。謀光復。不克。死之。闔門從殉者二十七人。遺命茂滋毋死以保宗嗣。茂滋出走。瀕於九死。而鯢淵門生故吏及一時好義之士百計脫之。事定後。茂滋記其崖略爲此書。晚明忠義之盛。亙古所無。讀此亦使人興起也。戊午六月。

楊星吾留眞譜

楊君游日本。獲見其國祕府及故家所藏唐宋以來寫槧古籍。依原書格式。景刊其首葉。殘本則景其所殘之葉。小本或全景之。如御注孝經。其有序跋藏記者並景之。凡經部二册九十二種。小學一册五十二種。史部一册四十七種。子部二册七十五種。醫部二册六十八種。集部二册七十五種。佛部一册十九種。雜部一册二種。都四百三十種。陳百鼎而各獻一臠。亦足饜味也已矣。楊君收藏稱當代第一。其遺籍今在國務院。非久恐爲大力者負之以趨。惜不復見續編也。戊午六月初六日。

成容若淥水亭雜識

容若小詞，直追李主。其刻通志堂九經解，爲經學家津逮。此書爲隨手劄記之作，其紀地勝，摭史實，多有佳趣。偶評政俗人物，見地亦超絕。詩文評益精到，蓋有所自得也。卷末論釋老，可謂明通。其言曰：「一家人相聚，只說得一家話，自許英傑，不自知孤陋也。」可謂僧儒闢異端者當頭一棒。翩翩一濁世公子，有此器識，且出自滿洲，豈不異哉。使永其年，恐清儒皆須讓此君出一頭地也。戊午八月病中讀竟記。

萬季野庚申君遺事

庚申君者，元順帝也。相傳實爲宋末帝㬎之子，語似不經。季野先生此書，采元史順帝紀、虞集傳及權衡之庚申外史、余應之讀庚申詔詩、袁忠徹苻臺集之庚申君遺事、葉盛水東日記之瀛國公遺事、及何喬新、程敏政、黃訓所紀載，凡十二則，謹加考證。知末帝入元，封瀛國公，時年實六歲，其生庚申君時實五十歲。元之明宗奪瀛國妻，庚申遂爲明宗子。然明宗自言此非己子，元廷君臣蓋共知之。且其遺像不肖元諸帝而肖宋諸帝，則其爲趙氏一塊肉，益無可疑。讀季野自爲書後兩篇，蓋鐵案如山矣。呂嬴牛馬之事，前史屢懸疑案，然天道冥漠，實有莫爲莫致者，不得遝指爲遺民快心之談也。清聖祖與海寧陳氏一公案，頗與此類，惜清代文網密，私家著述可爲左證者少，後雖有季野，恐亦等於杞宋之無徵也已。戊午八月六日病榻讀一過記此。

南宋六陵遺事

胡元妖僧楊璉眞伽發掘南宋六陵事，爲前史未聞之慘劇。世多知唐珏、林景熙兩義士掩護之功，而當時主持而先後者，尚大有人在。王修竹也、謝翱也、羅鋭也、各有事焉。此書備采諸家記載，會通而證疏之，可謂發潛闡幽也已。戊午八月六日。

浙江書局覆畢校本吕氏春秋

吕氏春秋，實類書之祖，後世藝文類聚、太平御覽、永樂大典等，其編纂之方法及體裁，皆本於此。唐宋明存書，今佚者，多賴諸類書見其崖略。先秦學説，今亡者，多賴此書存其梗概。此亦陽翟大賈之善居奇貨也已。吕氏春秋次序，史記吕不韋傳十二諸侯年表，皆云八覽六論十二紀。太史公自序又云，不韋遷蜀，世傳吕覽。蓋始於八覽，故亦以覽名其書也。今本以十二紀居覽論之前，恐非原次。季冬紀之末篇曰序意，篇首維秦八年，歲在涒灘云云，敘述著書之由，實全書總敘也。古書總敘，皆繫全書之末，益可證紀本在覽論之後也。戊午八月病中點讀一過。

慎子（四部叢刊本）

此書全是明人掇拾諸書所贋造。其中如孟子魯欲使慎子爲將軍，其非慎到本甚明，竟牽入之。戰國策楚襄王之傅慎子，亦未卽到也。莊子天下篇稱慎到非生人之行，而至死人之理，其人必爲古代一苦行頭陀，安有爾許喋喋耶。守山閣輯本，是否原書，已可疑。苟此本者，更不足道矣。外篇摭拾列子、吕覽、檀弓等，尤可笑。繆氏寶此燕石，甚矣。曲士不可以語於學也。庚申除夕。

梁忠璇經繹

吾宗忠璇公斗輝，著經繹九卷，胡石青得之坊肆以歸余。謹案縣志：公花橋亭人，明萬曆二十五年舉人，以權監羅織下詔獄五年，與馮應京等四十餘人獄中講學不倦，著經世實用、黃河議、薦辟人物考、馬政書、任官考、十三經繹，皆獄中稿也。後遇赦，以天啓二年任湖廣通城縣教諭，擢國子監學正，遷太平府同知，執法不撓，稱鐵面。江防以事去官，卒年九十。據本書李序，則公之下獄，實由上書爭弊政，故以此羅逆璫忌也。書似刻於太平，故發刻人姓氏多太平僚友。此書不脫明人譚經窠臼，自是時代使然，惟公之大節醇德，藉此以傳一二，則吾子孫所宜永寶耳。

楊仁山闡教篇

本書自序云：萬曆壬寅孟冬識於北寺。壬寅爲萬曆三十年，距今三百十九年前也。辛酉三月三十日。

石始佛教本純倡自力，淨土一門，像季後起，接引凡機，龍樹所以有易行品之作也。我國淨宗已嫌他力氣味太重，滋生流弊。日本眞宗之撥無聖道，失之益遠矣。居士茲作，可謂洞中癥結。今國中自託淨門者日多，而自力日替，此編寧宜久閟耶。十年五月十五日。

陳蘭甫校本夢溪筆談

民國三年在廣州得舊書數十種此其一焉頃偶翻讀書中有校識若干條圈點若干處其識語一望而辨爲東塾先生遺墨致足寶也十年十一月

廷燦謹案此書無藏印陶福祥刻本附校字記其中有云據東塾校本改所校之字皆與是書相同然則中間曾藏愛廬耶

曲江集

曲江集最有研究價值者爲卷八至卷十二所與邊將蕃國之勅書若能細加考證定有許多關於民族史之良資料癸亥上元

劉蛻集

言之無物務尖險晚唐之極敝也妄自尊大彌資匿笑耳癸亥上元

元和惠氏舊藏明萬曆本路史

羅長源路史取司馬子長所謂搢紳先生難言者而言之嗜博而荒之譏信所不免然其比類鉤索之勤不可誣也其國名紀之一部條貫綿密實史界創作且其時古本竹書紀年及皇甫士安輩所著書皆未亡佚其所取材者多今日所不及覩故可寶也此本爲元和惠氏舊藏每册咸有定宇先生名字小印全部圈點且有手批一百六十餘條校補文字十餘處雖未署名觀其考證之精審與書法之樸茂則爲定宇手澤無疑也手批有朱墨兩種墨筆亦十餘

條異書勢者惠家累代傳經或其父子祖孫所經讀耶得此如捧手與二百年前大師晤對欣幸何極癸亥二月十五日第一册目錄下有稽瑞樓小印知嘗歸常熟陳氏續檢稽瑞樓書目云路史二十四册惠半農閱本然則批點又出定宇前矣今此本正二十四册則襯紙亦惠氏之舊也半農先生提學廣東吾粵人知有漢學實先生導之吾家有半農手書立軸當與此書同寶也二月十六日再跋

易餘籥錄二十卷

書爲理堂著易學三書時旁涉他學隨手劄記之作言易者反甚希也吾未精讀偶繙卷四論聲系卷十七論曲劇各條已覺多妙諦癸亥三月

汪容甫舊學蓄疑一卷

分子史評詩雜錄四門著隨時劄記以作著述資料者各條下間附劉文淇成蓉鏡及其子喜孫案語尤有題萱齡者其姓待考癸亥三月

阮文達撰焦理堂傳

此傳於理堂易學所闡發略盡其最缺憾者則於史學不置一詞也集中上伊汀州姚秋農兩書深得治史癥結其識不在謝山下是不宜簡置也理堂於義理之學其見地亦不在東原戴氏下此傳所發未盡又劇說一書亦

理堂絕學之一。不當並書名而不敍也。癸亥三月。啓超記於翠微山之奇觚廬。

陳蘭甫聲律通考

先生有復曹葛民書。敍述著此書之甘苦。末云。古人云藏之名山傳之其人。今則無名山可藏。雖有門人數輩皆爲經生。不解音樂。欲傳其人而不知誰屬也。象州鄭小谷見此書歎曰。有用之書也。君著此書辛苦。我讀此書亦辛苦。嗟乎辛苦著書。吾所樂也。有辛苦讀之者。吾願足矣。若其有用。則吾不及見矣。其在數十年後乎。啓超夙不治此學。雖欲辛苦讀之而不能也。顧深信言古樂未能逾先生書者。今國中沿海西樂學者。旣漸有其人。行且返而求諸吾國所固有。則舍先生奚以哉。所謂致用在數十年後者。其懸記決不虛矣。先生復鄭小谷書。又言考聲律時。購求陳暘樂書不得。可見寒士治學之難。難如彼而所成如此。先生益過人遠矣。癸亥　月二十五日。

陳蘭甫切韻考

東塾集四與趙子韶書云。僕考切韻。無一字漏略。蓋專門之學。必須如此。但恐有武斷處。如段茂堂之於說文耳。僕爲此甚辛苦。若有疏誤。亦猶亭林先生之古韻。後人因而加密可耳。讀此可見先生著述之閱歷甘苦。惟書中卽據廣韻爲陸法言切韻。蓋由切韻久佚。先生不獲見也。光緒末。切韻殘卷發見於敦煌石室。其本今存巴黎圖書館。王靜安影寫印布。據稱廣韻部目及其次序。皆與陸韻不同。然則先生所謂此書以明陸氏之學者。其果爲陸學與否。尚俟商榷也。吾於茲學未嘗用力。不敢有所論列。記之以俟將來。癸亥三月。

陳子礪勝朝粵東遺民錄

東莞陳子礪編修伯陶撰。子礪在晚淸仕至江蘇提學使。鼎革後不復出。賃廡九龍。自號九龍眞逸。書成於民國四年乙卯。勝朝指前明。子礪爲淸遺民。宣統猶在。不忍亡淸。故目明曰勝朝。晚明風節之盛冠前史。而浙中及吾粵節士又冠他省。浙士得全謝山表章誦芬不衰。而粵顧闃然。繼今以往。且習沒矣。子礪悉心鉤攷於方志佚集中。得二百九十餘人。以縣爲次。自其行誼以至著述目錄。靡不具載。搜采至博而斷制至嚴。可謂良史矣。末附陳文忠張文烈陳忠愍三行狀。忠愍狀爲獨漉撰。文烈狀爲屈翁山撰。文忠狀失撰人名氏。三狀之辭。皆多爲明史所不具者。文烈狀尤瑰特。能傳其人。癸亥臘不盡十日記。

吾二十六七年前。習與子礪游。見其人溫溫若無所試。於帖括外亦不甚治他學。未嘗敬之也。不意其晚節皭然不滓如此。且盡力鄉邦文獻。歸然不媿古作者之林。不讀此書。幾失吾友矣。又識。

戴南山孑遺錄

孑遺錄以桐城一縣被賊始末爲骨幹。而晚明流寇全部形勢。乃至明之所以亡者。具見焉。而又未嘗離桐而有枝溢之辭。可謂極史家技術之能。無怪其毅然以明史自任。而竊比遷固也。所志不遂。而陷大僇。以子長蠶室校之。豈所謂九淵之下。尙有天衢者耶。癸亥臘不盡十日。

憶書六卷

焦理堂遺稿，趙撝叔跋而刻之，書中皆瑣碎劄記，內關於理堂本身傳記資料者不少，其餘關於當時社會風習，亦有可看者。癸亥十二月。

南陵徐氏覆小宛堂景宋本玉臺新詠

總集之選，貴有範圍，否則既失諸氾濫，又失諸罣漏。隋志總集百四十七部，今存者文選及玉臺新詠而已。（文心雕龍亦入總集，實不當也。）然文選之於詩，去取殊不當人意，新詠爲孝穆承梁簡文意旨所編，目的在專提倡一種詩風，卽所謂言情綺靡之作是也。其風格固卑卑不足道，其甄錄古人之作，尤不免強彼以就我，雖然能成一家言，欲觀六代哀豔之作及其淵源所自，必於是焉。故雖漏略而不爲病。且如魏武帝謝康樂詩一首不錄，阮詩僅錄二首，陶詩僅錄一首，然而不能議其隘陋者，彼所宗不在是，譬諸刻桷之匠，則梗柟豫章之合抱者無所用之也。故吾於此二選，寧右孝穆而左昭明，右其善志流別而已。趙氏小宛堂本據宋刻審校，汰其羼續，積餘重刻，更並讎諸本，附以札記，蓋人間最善本矣。屬當草韻文史，輒點讀一過，記所感焉。甲子十一月二日。

王荊公選唐詩

茲選在初唐無王楊盧駱，初盛之際無陳射洪張曲江，盛唐無李杜及摩詰，中唐無韓柳元白及東野，晚唐無長吉義山牧之飛卿，而荊公自序言欲知唐詩，觀此已足者，謂欲知此諸家以外之唐詩耳。不選大家，亦選家之一法。或此法竟是荊公所剏也。（全唐詩話亦無李杜。）然荊公別裁甚精，凡所選諸家，皆能盡擷其菁華，吾儕終以其不選大家，不得見其去取爲憾耳。書在乾道間。倪跋已悯其淪沒。清初宋牧仲得之。喜詫不自勝。委丘邇求重刻。今不及三百年。人間傳本又稀如星鳳矣。此爲丘氏偉萲草堂初印精本。可寶也。甲子十二月十一日。

谷音

谷音二卷。宋遺民杜本所輯。宋元間節士幽人之遺什也。四庫提要著錄。粵雅堂有刻本。蓋據毛氏汲古閣本。茲編無毛跋。殆明人手鈔。在子晉前。者但譌誤字不少。此編諸詩皆氣象俊偉。風格遒上。極可賞。各人小傳亦大佳。

阮仲嘉瀛舟筆談

瀛舟筆談十二卷。儀徵阮仲嘉亨所著。用以紀述其伯兄文達公元事業學術文章行誼家世交遊者。文達於嘉慶四年撫浙。十二年奉代入覲。旋移督吾粵。其在浙也。於節署之後園葺屋三楹。榜曰瀛舟。故仲嘉以名其書焉。其所記亦以文達去浙之年爲斷。卷一至卷三記文達平海賊蔡牽事。卷一總敍始末。卷二卷三用日記體。頗多有益之史料。卷四卷五記文達治浙其他政績。卷六記文達先德及其夫人事。卷七記文達重要著作及其與當時諸經師之交誼。卷八卷九卷十記文達與師友倡和之詩及當時文界雜事。卷十一錄文達所著四庫未收書目提要。卷十二記積古齋中金石。仲嘉以文達爲之兄。又師事焦理堂。故其學富於常識。亦頗有別裁。此書實一種別體之年譜。以子弟記其父兄。故纖悉周備。惜所記有年限。文達在粵之遺聞逸事。吾儕所最欲知者。不可得見也。書中記其他掌故，亦多有關係。如顧亭林嘗更名圭年，謝蘊山曾輯史籍考（與畢秋帆似不相謀）諸事，皆他書所未見也。平曾著疇人傳（文達似未見其書）皆他書所未見也。甲子十二月二十七日夜榻上流覽，翌晨記之。

題洪範疏證

古書中眞僞及年代問題，以尙書爲最糾紛難理。東晉晚出僞古文公案，歷宋明至清中葉，始完全解決。漢代今古文之爭，迄清末尙未衷一是。而西漢以來公認爲最可信之二十八篇，其編製之年代，亦次第發生疑問。最初爲金縢，次則堯典禹貢，皆在學者分別討論中。洪範問題之提出，則自劉君子植此文始。劉君推定洪範爲戰國末年作品，其最强之證據，如「皇」字之用例，如「聖肅謀哲義」五名之襲用詩小旻，「如無偏無黨」數語墨子引作周詩，如東陽耕眞之叶韻與三百篇不相應，凡此皆經科學方法研究之結果，令反駁者極難容喙。其餘諸條，亦多妙解。亟宜公表之，以供學者之論難也。

十六年十二月十日梁啓超記

跋劉子植好大王碑攷釋

高句驪廣開土好大王紀功碑，立於晉安帝義熙十年。原文千八百字，在關內漢晉石刻中，文字多至如此者已不概見。若包含史料之豐富，則更無足與比者。晚清光宣以還，學者始稍稍重視，而董理之，陸存齋、鄭叔問、楊星吾、羅叔蘊、劉翰怡諸君，各有校釋或跋記。法人沙畹親至碑下，實測其所在地及高寬度數等，於是此碑年代地點形製皆碻定。異文之可讀者亦什得八九矣。顧此碑所以爲重於學術界者在其史蹟。而碑中所舉山水城邑部族之名稱逾百。實史蹟之骨幹。非攷知其今所在地及其與中外史傳所記述名稱之異同沿革。則尙論史蹟無下手處。惜前賢舉未暇及此也。門人永嘉劉節字子植承其鄉先輩孫氏父子黃氏父子之學風。善能以覈持博在清華研究院兩年所業益大進。此篇則其今夏畢業成績。得此而好大王碑之價値增重於疇昔者乃倍蓰矣。夫治史夙以明地理爲難。而地理之在藩屬四裔者爲尤難——舊史所載什九非由躬歷展轉傳述。已多影響訛謬。加以舌人重譯。音變實繁。時代嬗移。異稱踵出。其同地異名同名異地者比比皆是。未經梳理。棼如亂絲。鉤甲稽乙。動輒違迕。自昔讀四裔史傳者未有不以此爲大苦也。子植所持術。在應用近代學者所發明之音變原則。而以極忠實之態度準據地望。融通諸史異文以求其是。例如挹婁之遞變爲沃沮、夫租、夫餘、玄菟乃至由沃沮遞變爲烏稽、渥集、窩集。又別變爲勿吉、靺鞨。以今日中土語讀之若甚相遠。然細按聲變之則。持源以治其委。則其展轉異名之由來。一一可指也。子植又善能發見大共名以適用之於專別名——如奄利爲大水。其異稱有淹、掩淲、施掩、淹滯監、鹽難、鴨綠等。後乃成爲鴨綠一大江之專名。如忽本爲城邑。其異稱有忽、卒本、卒賓、恤品乃至紇升骨、喙評等。通此一語。則本國舊傳及東史所記載涉類此諸文者皆可解也。子植所以能爬羅極複雜棼亂之地理名稱使之若綱在綱者。其操術大略如此。至如今平壤之外別有古平壤。而括地志所稱高句驪都平壤城卽漢樂浪郡王險城者。並非今之平壤。如韓與濊實爲一族。逸周書註之寒穢卽碑文之韓穢。如濊非靺鞨。東史所記漢魏晉間靺鞨強盛者。以碑文反證皆乖事實。諸如此類。創見非一。自嘉定錢氏青浦王氏盛倡以碑補史以碑正史之論。學者頗矻矻致力。然內地諸碑誌。其碑主什九非歷史上重要人物。其文雖偶有可補史闕或是正史之訛誤者。率皆末節。不足爲輕重於學術界。晚近四裔碑版頗出。若吐蕃會盟。若闕特勤。及此好大王者。皆以一石爲一種族興替唯一之史料。而治之較難。從事者卒少。子植之於此碑。雖未敢謂已盡發其祕。然循此塗以邁進。則金石證史之理想。庶着着可以實現矣。余既未專治此碑。於東史常識且極貧乏。愧不能有以補子植所未及。或匡其舛譌。喜此篇之成。能爲金石學界開一新路。故略述其用力及得力處跋之如右。

戊辰孟秋新會梁啓超

跋程正伯書舟詞

程垓正伯書舟詞一卷。直齋書錄解題著錄。毛氏汲古閣有刻本。四庫全書采之。楊升庵詞品云。『程正伯東坡中表之戚。故盛以詞名。獨尤尚書以爲正伯之文過於詞。』毛子晉跋所刻書舟詞亦云。『正伯與子瞻中表兄弟也。故集中多溷蘇作。』清代官書皆沿此說。故歷代詩餘附錄詞話及詞人姓氏。皆置諸北宋蘇門四學士之間。四庫提要以列山谷詞後小山詞前。然直齋書錄所序次則後於稼軒。而先於白石。不以廁北宋作者之林也。朱氏詞綜同余讀正伯詞。愛其俊宕。其中確有學蘇而神似者。然通觀全集。終覺不似北宋人語。又怪正伯既東坡戚畹。集中詞逾百首。何以無一與元祐諸賢唱和之作。諸賢詩文詞集亦無一及之。又王灼碧雞漫志於北宋詞人評隲殆徧。尤推重蘇門諸子。何以亦無一語及正伯。又集中詞題屢稱臨安。不稱杭州。則諸詞作於南宋無疑。縱謂東坡中表幼弟可以南渡後尚生存亦太牽強矣記王文誥蘇詩總案。於東坡母黨諸程考證綦詳。檢之確無名垓字正伯者。於是益大疑。及細讀本集卷首所載紹熙甲寅王稱序云。『程正伯以詩詞名鄉之人所知也。獨尚書尤公以爲不然。曰正伯之文過於詩詞。今鄉人有欲刻正伯歌詞，求余書其首。余以此告之，且爲言正伯方爲當塗諸公以制舉論薦，使正伯惟以詞名世，豈不小哉……」『玩其語氣，是王稱作序時正伯尚存，且甫被論薦，則正伯乃紹熙間人，上距東坡百餘年矣。嗣偶繙渭南文集（卷三十一）見有跋程正伯所藏山谷帖一條，文云『此卷不應攜在長安逆旅中，亦非貴人席帽金絡馬傳呼入省時所觀。程子他日幅巾筇杖渡青衣江，相羊喚魚潭、瑞草橋、清泉翠樾之間，與山中人共小巢龍鶴菜飯，埽石置風爐煮蒙頂紫茁，然後出此卷共讀，乃稱耳。』案文明是正伯攜卷在臨安逆旅中請題者，則正伯與尤延之、陸放翁同時，其決非東坡中表益信而有徵矣。詞人姓氏及提要皆謂正伯眉山人，今考集中有『不知家在錦江頭』『且是芙蓉城下水，還送歸舟』等語，則爲蜀人無疑，是否眉山，尚待考也。楊升庵喜造故實以炫博，偶見正伯與坡公母黨同姓，遂信口指爲中表，其述尤尚書語，亦不過襲王序耳。後人以其以蜀人談蜀事，遂不復置疑，不知爲所欺也。子晉跋謂『其詞多澗蘇作，今悉删正。』今據鈔本吳文恪百家詞校之，闋數悉同毛刻，所謂删正者，又不知何指也。正伯不失爲宋詞一名家，其年代若錯誤，則尚論南北宋詞風者滋迷惑，故不辭詳辨之如右。

跋四卷本稼軒詞

文獻通考著錄家軒詞四卷（宋史藝文志同），而引直齋書錄解題注其下云『信州本十二卷，視長沙本爲多』，或誤以爲此四卷者即長沙本，實則直齋所著錄乃長沙本，只一卷耳。十二卷之信州本，宋刻無傳，黄蕘夫舊藏之元大德間廣信書院本，今歸聊城楊氏，而王半塘四印齋據以翻雕者，即彼本也。可見稼軒詞在宋有三刻，一爲長沙一卷本二爲信州十二卷本。三卽四卷本。明淸以來傳世者惟信州本。毛刻六十一家詞亦四卷。實乃割裂信州本以求合通考之卷數。毛氏常態如此。不足深怪。而使讀者或疑毛王二刻不同源。而毛刻卽通考與宋志之舊。則大不可也。近武進陶氏景印宋元本詞集中有稼軒詞甲乙丙三集。其編次與毛王本全別。文字亦多異同。余讀之頗感興趣。頗怪其何以卷數畸零。與前籍所著錄者悉無合也。嗣從直隸圖書館假得明吳文恪訥所輯唐宋名賢百家詞。其稼軒集正採此本。而丁集赫然在焉。乃拍案叫絕。知馬貴與所見四卷本固未絕於人間也。甲集卷首有淳熙戊申正月元日門人范開序。稱、『開久從公遊。暇日裒集冥搜。才逾百首。皆親得於公者。以近時流布於海內者率多贋本。吾爲此懼。故不敢獨閟。將以祛傳者之惑焉。』范開貫歷無考。然信州本有贈送、酬和范先之詞 十 首。而此本幾先之皆作廓之。蓋一人而有兩字。開與先與廓義皆相屬。疑卽是人。誠從公游最久矣。戊申爲淳熙十五年。稼軒四十九歲。知甲集所載皆四十八歲以前作。稼軒年壽雖難確考。但六十八歲尚存。則集中有明證。乙丙丁三集所收則戊申後十餘年間作也。其是否並出范開裒錄抑他人續輯。下文當更論之。此本最大特色在含有編年意味。蓋信州本以同調名之調彙錄一處。長調在先。短調在後。少作晚作無從甄辨。此本閱數年編集一次。雖每首作年難一一確指。然某集所收爲某時期作品可略推見。考稼軒以二十九歲通判建康府。三十一歲知滁州。三十五歲提點江西刑獄。三十七歲知江陵府。三十八歲移帥隆興（江西）僅三月被召內用。旋出爲湖北轉運副使。四十歲移湖南。尋知潭州兼湖南安撫。四十二三歲之間轉知隆興府兼江西安撫。五十間（？）以言者落職。久之主管冲佑觀。五十二歲起福建提點刑獄。旋知福州兼福建安撫。五十四被召還行在。五十六歲落職家居。五十九歲復職奉祠。六十一二歲間起知紹興府兼浙東安撫。六十五歲知鎮江府。明年乞祠歸。六十七歲差知紹興府又轉江陵府。皆辭免。未幾遂卒。其生平仕歷大略如此。以上所考據本傳參以本集題注等雖未敢謂十分正確大致當不謬此本甲集編成在戊申元旦。明見范序其所收諸詞。皆四十八歲前官建康滁州湖北湖南江西所作。既極分明。乙集於宦閩時之詞一首未見收錄。可推定其編輯年當在紹熙二年辛亥以前。所收詞以戊申己酉庚戌等年爲大宗。亦間補收丁未以前之作。丙集自宦閩詞起收。其最末一首爲辛酉生日。蓋壬子至辛酉十年間五十三歲至六十二歲之作。中間强半爲落職家居時也。丁集所收詞時代頗廣漠難辨。似是雜補前三集之所遺。惟有一點極當注意者。稼軒晚年帥越帥鎮江時諸名作如登會稽蓬萊閣京口北固亭懷古諸篇皆未收錄。北固亭懷古詞云『四十三年望中猶記烽火揚州路』稼軒於紹興三十二年以忠義軍掌書記奉表歸朝以嘉泰四年知鎮江府相距恰四十三年作此詞時年六十六歲最晚作矣此決非棄而不取。實緣編集時尙未有此諸詞耳。然則丁集之編。當與丙集略同時。其年雖不能確指。要之四集皆在稼軒生存時已編成。則可斷言也。若欲爲稼軒詞編年。憑藉茲本按歷年遊宦諸地之次第。旁考其來往人物。蓋可什得五六。就中江西一事。稼軒家在廣信而數度宦隆興（南昌）故在江西所作詞及贈答江西人之詞集中最多。其時代亦最難梳理。略依此本甲乙丙三集所先後收錄。畫分爲數期而推考其爲某期所作。雖未能盡正確。抑亦不遠也。惟四集中丙丁集所甄採似不如甲乙集之精嚴。其字句間與信州本有異同者。甲乙集多佳勝。丙丁集時或劣誤。似非同出一手編輯。若吾所忖度范廓之卽范開之說果不謬。則似甲乙集皆范輯。丙丁集則非范輯。蓋辛范分攜在紹熙元二年間。廓之赴行在。稼軒起爲閩憲。故丙集中卽無復與廓之往還之作。廓之既不侍左右。自無從檢集饞稿。他人因其舊名而續之。未可知也。信州本共得詞五百七十二首。此本四集合計除其複重。共得四百二十七首。但其中卻有二十首爲信州本所無者。內四首辛敬甫補遺本有之　丙集有六州歌頭一首。丁集有西江月一首。皆諛頌韓平原作。西江月之非辛詞。吳禮部詩話引謝疊山文已明辨之。六州歌頭當亦是嫁名本傳稱『朱熹歿。僞學禁方嚴。門生故舊至無送葬者。棄疾爲文往哭之』時稼軒之年亦已六十一矣。其於韓不憚批其逆鱗如此。以生平澹榮利尚氣節之人。當垂暮之年。而謂肯作此無聊之媚竈耶。范序謂懼流布者多贋本。此適足證丙丁集之未經范手釐訂爾。戊辰中元新會梁啓超。

吳夢窗年齒與姜石帚

亡友王靜安嘗疑夢窗詞中之姜石帚非姜白石。叩之。亦未能盡其說也。今以草窗詞證之。知夢窗年代不能上及白石。儀徵劉伯山毓崧敍杜刻草窗詞。考證草窗年代經歷極精覈。據稱草窗與夢窗唱酬始於景定癸亥春。暮草窗年甫三十有二。夢窗之齒應長於草窗五十餘歲。時已八十上下。其所以作此推斷者。緣夢窗集中惜紅衣調下題注有余從姜石帚游苕霅間三十五年矣一語。若石帚卽白石。則夢窗從遊時雖年僅弱冠。其交草窗時則已八十也。劉氏以謂昔人忘年下交至可敬佩。考草窗集中關涉夢窗之詞凡三首。一玲瓏四犯二拜星月慢三玉漏遲。玲瓏四犯題爲「戲調夢窗」。中有『年少恐負韶華。儘占斷豔歌芳酒』『還約在劉郎歸後。憑問柳陌舊鶯。人比似垂楊誰瘦』等語。縱使夢窗忘年。草窗對於先輩終不能如此謔浪。且此等語以調八十老翁。寧復情理耶。玉漏遲題爲「題吳夢窗霜花腴詞集」詞云『老來歡意少。錦鯨仙去。紫霞聲杳。怕展金奩。依舊故人懷抱。猶想烏絲醉墨。驚俊語香紅圍繞。閒自笑。與君共是承平年少』此是夢窗死後追述舊歡之作。依劉氏所證算。則草窗壯年。夢窗行將就木。安得云共是年少耶。然則二窗年輩決非甚相懸絕如劉氏所云矣。劉氏因夢窗集中與石帚往還諸作。既以證夢窗之忘年下交草窗。又以證白石之忘年下交夢窗。案白石歌曲考其踪跡。其寓居苕霅。乃在淳熙丁未至紹熙壬子四五年間。下距景定癸亥七十餘年。假定夢窗弱冠時從白石游苕霅。則其交草窗時已非年逾九十不可。此必無之理也。然則欲考夢窗年齒。必須將其與白石之關係葛藤先行剪斷。但石帚之爲何如人。則只得付諸闕如矣。

伯山又推論石帚（實白石）年齒。謂『其早年隱居箬坑之丁山。屢經奏薦。因秦檜當國不起。』此說不知何本。（記在宋人說部中曾見決非伯山臆造則可斷言耳）考白石二十世孫虬綠撰九眞姜氏世系表略（臨桂況氏蕙風簃傳鈔乾隆寫本姜氏家藏白石道人集附錄見香東漫筆卷一）稱白石曾祖俊民爲紹興八年進士。父噩爲紹興三十年進士。知漢陽縣。秦檜死於紹興二十五年。其當國時與白石曾祖祖父年代略相値。而其父尚未通籍。白石昔遊詩序稱『早歲孤貧』。其父卒於何年雖無從考。然探春詞慢自序云『予自孩幼從先人宦於古沔』。則其父出宰漢陽時白石尚孩可知。安得在秦檜當國中屢薦不起耶。使夢窗集中之姜石帚而在秦檜時爲已享高名之徵士。其人益非壽逾百齡不可矣。伯山又假定姜吳同遊苕霅在嘉泰癸亥前後。而夢窗時甫弱冠。則年歲勉可相及。然白石自紹熙癸丑以後。客越客杭。自此終其身踪跡未再到苕霅。此按諸其詩詞集顯然可稽者。伯山改遲十年。於事實決無合也。然則白石石帚非一人。當爲信讞矣。乾隆寫本白石集有洪武十四年八世孫福四志略稱『是編白石暮年自刪定。錄寫兩本。一付兒子。一詒猶子。通世世寶之。』世系表記夔子名瓊。官太廟齋郎。瓊能寶先人手澤。且敎率子孫世世勿替。必非俗子。夢窗所交石帚。得毋卽其人而增減乃父之號以自號耶。姑書以備再考。

記蘭畹集

讀歐陽文忠公近體樂府卷三第十葉千秋歲調下注云『蘭畹作張子野詞。』第十八葉水調歌頭調下注云『此詞載蘭畹集第五卷。』歐公樂府刻成於慶元二年。知蘭畹必在其前。惟未審爲何時代何人所編。繼讀南唐二主詞搗練子令調下注云『出蘭畹曲令。』當卽蘭畹集。二主詞王靜安已考定爲紹興末年輯本。則蘭畹又當在其前矣。繼又讀碧雞漫志卷二云。『蘭畹曲會。』孔寧極先生之子方平所集。孔自號滍臯漁父。與姪處度齊名。李方叔詩酒侶也。知其書本名曲會。會卽集也。後人用通俗之稱改作集。又省去曲字耳。（王靜安謂二主詞注作曲令義較曲會爲長非也曲卽令復舉不詞北宋無詞名凡詞皆稱曲子或省稱曲曲會猶言詞集耳）編者孔方平與李方叔爲友。蓋元祐間人。此書之成。或當先於尊前集。與楊元素之時賢本事曲子集時代略同。楊集專收北宋「時賢。」此集蓋兼及唐五代。不限年代之詞家總集。當以此爲首矣。（花間集亦斷代）據歐集注則至少有五卷。卷帙不爲不富。慶元時尚存。而此後藏家無復著錄。蓋佚於宋元之際矣。

方平蓋孔氏之字。其名無考。王頤堂頗稱道其詞。以與晁次膺万俟雅言並論列。今傳世者惟黃載萬梅苑中選存一首耳。頤堂又謂其自作之詞隱名爲魯逸仲。詞綜有魯逸仲詞一首。然則亦方平作矣。歷代詩餘附錄詞話引玉茗堂選花間集序有『逮及花間蘭畹香奩金荃作者日盛』語。則湯若士知有此書。是否明末猶存。不可知矣。

記時賢本事曲子集

讀歐陽文忠公集卷一百三十二近體樂府二第二十四葉漁家傲調下小注引有京本時賢本事曲子後集一

則初不知何時何人所著。繼讀吳文恪唐宋名賢百家詞之東坡詞。其調名下小注引楊元素本事曲集者兩條。滿庭芳三十三年漂流江海篇　滿江紅憂喜相尋風雨過篇引本事集者兩條。虞美人買田陽羨篇　減字木蘭花雙龍對起篇凡遺文五條。體裁相同。皆紀北宋中葉詞林掌故。又讀紹興間輯本南唐二主詞蝶戀花調下注云「本事曲以爲山東李冠作。」李冠亦北宋中葉之「時賢」也。因此可推定以上所引同一書。其全名爲時賢本事曲子集。且有前後集。省名則稱本事曲集。再省則稱本事集或本事曲。著者則楊元素也。歐集所引冠以京本二字。則當時有刻本且不止一本可知。遍考南宋簿錄諸書。自紹興闕書目下逮晁志陳錄馬考以至宋史藝文志皆不著錄。惟尤延之遂初堂書目載有楊元素本事曲。當爲本書省名。此後公私藏目皆不復見。知此書南宋尚有傳本。入元則全佚矣。考東坡詞集中與楊元素贈答唱和之詞多至十三首。交情之親厚可知。元素名繪。緜竹人。宋史有傳。神宗時以侍讀學士出知亳州。歷應天杭州。據王文誥蘇詩總案。知其守杭在熙寧五年甲寅七月。時東坡方以同鄉爲杭倅。故過從尤契密也。本傳稱有集八十卷。不言有本事曲子集。或附全集中耶。今兩集俱佚。不可考矣。張子野詞勸金船調下題云。「流杯堂唱和翰林主人元素自撰腔。」東坡詞亦有泛金船一闋題云「流杯亭和楊元素。」則元素固自能詞。且曉暢音律。今張蘇詞具在。而元素原唱並不能託嚴詩編杜集之例以傳於後。甚可慨也。本事曲子既有前後集。想卷帙非少。據所存佚文。知其每條於本事之下具錄原曲全文。是實最古之宋詞總集。遠在端伯花庵草窗諸選本以前。且覼述掌故。亦可稱爲最古之詞話。尤可寶貴。今諸選幸傳。而此書乃並書名及撰人名皆在若存若亡之數。東坡詞注所引。惟吳本有之。今所存汲古閣本及四印齋翻元延祐本皆已刪去。朱彊邨輯編年東坡樂府亦未見吳本吳本舊鈔孤行。不絕如縷。非得此與歐集注及遂初目合參。幾不復知世間曾有此名著矣。今故亟錄佚文五則於左。他日若見他書更有徵引。當續錄焉。

時賢本事曲子集佚文

歐陽文忠公。文章之宗師也。其於小詞。尤膾炙人口。有十二月詞寄漁家傲調中。本集亦未嘗載。今列之於此。前已有十二篇鼓子詞。此未知果公作否。（歐陽文忠公近體樂府漁家傲正月新陽生翠琯篇）

子瞻始與劉仲達往來於眉山。後相逢於泗上。久留郡中。遊南山話舊而作。（東坡詞滿庭芳三十三年漂流江海篇）

董義夫名鉞。自梓漕得罪歸鄱陽。遇東坡於齊安。怪其豐暇自得。曰。吾再娶柳氏。三日而去官。吾固不戚戚。而憂柳氏不能忘懷於進退也。已而欣然同憂患。如處富貴。吾是以益安焉。乃令家僮歌其所作滿江紅。東坡嗟歎之。次其韻。（東坡詞滿江紅憂喜相尋風雨過篇）

陳述古守杭。已及瓜代。未交前數月。宴僚佐於有美堂。因請二車蘇子瞻賦詞。子瞻卽席而就。寄攤破虞美人。（東坡詞虞美人買田陽羨篇）

錢塘西湖有詩僧淸順。居其上。自名藏春塢。門前有二古松。各在凌霄花下。子瞻爲郡。一日屏騎從過之。松風騷然。順指落花覓句。子瞻爲賦此詞。（東坡詞減字木蘭花雙龍對起篇）

案苕谿漁隱叢話後集卷二十一「西湖處士」目下云。「按楊元素本事曲有點絳唇一闋。乃和靖草詞。」又後集卷三十九「長短句」目下引本事曲云。「南唐李國主嘗責其臣曰。吹皺一池春水。干卿何事。蓋趙公所撰謁金門辭有此一句。最警策。其臣卽對曰。未如陛下小樓吹徹玉笙寒。」云云。此亦楊氏本事曲佚文。梁先生文中未引。茲附見於此。戊辰仲冬趙萬里記。

靜春詞跋

靜春詞一卷。宋遺民袁易通甫撰。知不足齋叢書有靜春堂詩集四卷。蓋本八卷而佚其半。其詞集則詞綜御選歷代詩餘附錄之詞人姓氏及錢補元史藝文志皆箸其目。（錢志諸詞集目一依歷代詩餘移錄未必皆見原書詩餘又似從詞綜稗販也）顧傳本絕稀。明清以來官私藏目無著錄者。詞綜選其詞二首。歷代詩餘因之。外此卽亦不復見矣。施國祁禮耕堂叢說稱張訒庵藏有詩集後四卷之佚目。詩餘目亦在焉。引以說玉田詞甚自矜詑。則原書之稀見可想。此本凡詞三十四首。鈔自明吳文恪唐宋百家詞。百家詞無刻本者三種。此本並絕於著錄。尤珍異矣。通甫、吳人。生宋景定三年。卒元大德十年。年僅四十五。黃溍爲作墓志銘。龔璛陸文圭楊載虞集等皆爲其詩作序。其於晚宋詞人與張玉田交最契。集中與玉田往還之詞二首。山中白雲詞與通甫往還者亦三首。詞品清空綿眇。亦玉田之亞也。從子廷燦旣手錄斯本。乃命並錄張詞黃志陸序附於後。俾知人論世者有所資焉。戊辰初秋。新會梁啓超。

書跋

自臨張猛龍碑

居日本十四年，咄咄無俚，庚戌辛亥間，頗復馳情柔翰，徧臨羣碑，所作殆成一囊。今茲烏頭報白，竟言歸矣，世務方殷，度不復有閑情暇日以從事雕蟲之技，輒撥萬冗寫成茲卷，其末四紙則瀕行前一夕醉後作也。嫺兒其永寶之。宣統三年辛亥九月望飲冰記於日本須磨浦雙濤園。

跋周印昆藏左文襄書牘

左文襄公書牘三册，皆公上其外姑周太君及致其妻弟汝充、汝光兩先生者也。公歿後三十餘年，汝光先生之孫印昆始搜綴裝池之，自寶襲焉，且以遺子孫。啓超謹按：公微時館甥於周者且十歲，其間常計偕如京師，授學陶文毅家，撫其孤，理其產，後乃入駱文忠幕，漸與聞家國事矣。而筠心夫人猶依母而居，諸女公子亦育於外氏，故公與周氏昆弟分雖婣亞，而愛厚過骨肉。其事周母若母也。此三册者則當時十餘年間所與往復也。其間以學業相砥礪，以功名相期許者，固往往概見，而其泰半乃家人語，謀所以治生產作業，計農畜出入，至纖悉。蓋文襄自始貧無立錐地，其儼然成家室，無恤飢寒，自此時也。昔劉玄德論人物，以爲求田問舍，爲陳元龍所羞，而躬耕之孔明，則三顧之，抑何以稱焉？吾又嘗讀曾文正家書，其訓厲子弟以治生產作業，計農畜出入，至纖悉殆更甚於左公書，又何以稱焉？蓋恆產恆心之義，豈惟民哉，士亦有然。士不至以家計攖慮，乃可以養廉，可以壹志，恃太倉之米以自贍畜者其於進退之間旣鮮餘裕矣印昆與啓超同生亂世不能爲畸處巖穴之行寒苦盜廪而以任天下事自解嘲其視昔賢所以善保金玉者何如哉吾跋斯册而所感若此後之覽者亦可以知其世也甲寅七月

陳白沙行書詩卷

表兄譚仲鸞孝廉鑣得此卷自寶其三之二而以三之一見詒故署款不存然其爲白沙眞蹟則審也戊午正月重裝而珍襲之

伊墨卿臨漢碑立軸

墨卿先生分書品在完白山人上有淸一代弁冕也此紙自課之作神韻尤絕希哲爲先生鄉後輩詒此俾遂仰止戊午端午

黎二樵書世說新語

自得閣帖祖本後方知二樵山人深入帖中三昧吾藏山人書將十通精無逾此戊午端午

憨山和尙手書遺偈軸

憨山大師以法事因緣謫戍吾粵中興曹溪晚歲雖一度踰嶺入衡廬諸岳弘法然卒歸示寂於曹溪蓋師與吾鄉勝緣深矣遺墨傳世至少得此竊自喜辛酉正月

陳白沙詩稿軸

白沙先生遺墨傳世者多茆筆作吾家亦藏一詩卷遒健絕塵此箋出入蘇米更參以北碑神理在明賢中爲別調不僅以人重而已辛酉正月

梁藥亭行書八言聯

吾宗藥亭先生晚明遺民詩格俊逸與獨漉翁山稱嶺南三大家墨蹟傳世極罕此可寶也辛酉正月

石醉六藏江建霞遺墨

余生平所歷鏤刻於神識中最深者莫如丁酉戊戌間之在長沙時義甯陳公爲撫軍其子伯嚴隨侍江建霞徐研父先後督學黃公度陳臬譚壯飛熊秉三唐紱丞以鄉黨之秀左右其間咸併力壹致以提倡當時所謂新學而余實承乏講席未幾建霞受代去艤舟待發來時務學堂與余别紱丞方贈余一菊花硯壯飛爲之銘銘曰空華了無眞實相用造莂偈起衆信任公之研佛塵贈兩公石交我作證建霞覩之曰此銘鐫刻豈可委石工能此唯我耳我當留一日了此因緣遽歸舟脫冠服繫夕褐裘抱一貓至且奏刀且侃侃談當世事又氾濫藝文間以

談讌。夜分余等送之舟中。翦燭觀所爲日記。忽忽將曙。建霞轉相送於江岸。濛濛黃月。與太白殘燄相偎煦。則吾儕別時矣。自爾竟不復相見。今遂二十六年。建霞墓木既拱。同人亦零落略盡。余研固早已殉戊戌之難。而此情此景。猶縈旋吾腦際如昨日也。醉六與蔡松坡在當時同學中齒最穉。亦最爲建霞所賞愛。松坡既了一大事以去。醉六亦盡瘁於戎馬間十餘年。而世變每下愈況。與吾儕夙昔所夢想者。乃日以遠。余與醉六亦且間數歲始獲一會合。今夏講學東南。醉六來謁。出所寶藏建霞遺札相眎。撫誦再四。殆不能爲懷。差可喜者。吾儕以積年憂患之身。尚能留此書生面目。不爲地下師友羞。行矣醉六。願長保此歲寒也。壬戌初秋。

淡歸和尚草書詩册

淡歸和尚者。殘明直臣。仁和金道隱給諫堡也。隆武中劾鄭芝龍。永曆中劾馬吉翔。下獄幾死。以嚴秋冶捄。僅奪官遣戍。遂出家爲僧。後禮函是（函是者番禺曾起莘也遺老出家者多從之遊）傳其業。稱第三法嗣。王船山永曆實錄稱其詩銛刻高舉。獨立古今。行書入逸品。此册作於壬寅四月。實康熙元年。册中一長古蓋示其子世鎬者。其生平經歷及志事略具焉。南明史料之可寶者也。癸亥臘不盡十日。

胡金竹手書詩卷

大靈先生制行淸峻。學能自得。江門之後。一人而已。惠半農爲學使。疏薦諸朝。請令有司修養老之禮。月致羊酒。寵異之以矜式末俗。半農嘗拏小舟造其廬。介其弟子吳生請一見。先生急揮手曰。學政未蕆事。不可見。不可見。

出吳而扃其門。半農試竣。將去學。先生仍介吳生假一冠投刺答拜。至則長揖曰。今日齋沐謝知己。年邁無受教地。不能執弟子禮。半農益敬之。先生於諸經及國語莊子皆有注。吾未獲見。不審尚有傳本否。諸志傳皆不稱先生能詩。此卷乃自寫所作。五古學陳射洪張曲江。五律學孟襄陽韋蘇州。造詣殊不淺也。題中所稱鹽步。爲南海一墟落。先生僑居焉。半農造謁。卽此地也。此卷吾以甲寅春得自廣州。先君子一見詫爲瓌寶。摩挲累日不去手焉。甲子歲暮點檢舊藏。鄭重題識以諗子孫。

何蝯叟臨張遷碑

吾夙不憙蝯叟楷行。而酷愛其八分。叟蓋善以草勢作分書也。其生平用力最深者。卽張遷。晚年所臨百通。人間往往流傳。余前後所見不下十通。有太恣肆者。則幾於怪矣。此爲第四十七通。正將半百。飛動中仍不失謹嚴。校他本最可學也。甲子臘半。

惠天牧行書吳梅村詩軸

吾粵學風。成於阮相國之爲總督。而開於惠學士之爲學使。大小紅豆先生經學。沾被海內。抑吾鄉所得獨先也。此軸得自廣州。寶之以寄仰止。甲子十二月。

謝里父自書詩軸

里父先生書畫造詣皆深．詩卻平凡．所題林以善畫角鷹歌．以善名良．明中葉一大家也．吾家有其寒鴉古木圖．精絕．甲子除夕前一日．

龔孝拱書橫額

孝拱爲定庵子．圓明園之役．有間諜嫌疑．久爲士林唾罵．或曰並無其事．孝拱嘗學英語．以此蒙謗耳．孝拱學行皆有父風．書弔詭不中法程．以希見存之．甲子除夕前一日．

湛甘泉自書詩軸

甘泉先生書傳世極希．此與白沙自書集外詩卷．實吾家二寶．子孫其世守之．甲子小除夕．

孫淵如篆書聯

乾嘉諸經師憙作陽冰篆．孫伯淵尤自負．此聯遒健見骨力．果不易到也．甲子小除夕．

德研香楷書軸

德研香書得筆法於完白山人．而以傳趙撝叔．此軸固自精絕．甲子除夕．

張藥房行書軸

順德張藥房先生爲阮文達乾隆己酉鄉試同年才名藉甚顧久困禮部試晚乃入翰林旋卽奄逝著有逃虛閣詩集余未得見阮仲嘉瀛洲筆談錄其兩首深得玉谿神髓甲子除夕記

彭春洲臨孔謙碣

子大先生八分師資伊汀州汀州自起波瀾時傷忞厲先生法度謹嚴可謂學狂得狷此軸筆筆健舉眞有如釵折股如錐畫沙之妙甲子歲除

陳白沙草書詩卷

吾家藏白沙先生眞跡三通一爲有阿字法師藏印者舊在海幢寺書勢有肖北碑者一爲譚仲鸞表兄所贈無署款及藏印書類章草一卽此卷用茆筆作狂草世所傳先生書率皆此體而贋鼎亦最多此卷遒健淵懿可作鑒定先生之標準也乙丑元旦

自臨張表碑

張表碑在分書中最姿媚與今隸偪近拓本極難得從楊氏激素飛靑閣雙鉤本臨一通爲莊兒學楷師資乙丑上元任公自跋

何龍友題畫詩爲胡酉仲寫扇

香山何閣部吾騶在崇禎朝有直聲。思文立福州。召爲首輔。與鄭芝龍不相能。思文殂。復與蘇觀生擁立唐王聿鐭於廣州。與永曆鬩牆。清兵入粵。遂迎降。晚節頗狼藉矣。然固明清興亡史中一關鍵人物也。著有元氣堂詩文集三十卷。文采蓋足觀。此扇上款爲胡酉仲。名曰乾。順德人。好蓄金石。能文章。乙丑正月。

自臨張遷碑

昌黎詩。阿買不識字。頗知書八分。嘻、善八分而不識字者。豈惟韓家阿買。漢刻諸書手。比比是耳。張遷表頌中別體字。如賓作殯。韋作瑋。禽獸作禽狩。忠謇作中謇。八朞作八基等。雖乖六書。猶得以同音相通假爲解。至如爰暨於君析暨字爲既且二字。藝於從政。誤作從畋。則幾於八歲學僮所爲矣。然其書勢雄深渾穆。如有魔力強吾儕終身鑽仰。獨奈之何。生平臨摹垂百過。卒不能工。仲策督寫此通。成後又爽然自失矣。乙丑二月。

跋宋仲溫急就章眞跡

比年朋輩中頗有以興復章草相淬厲者。宰平、越園、復堪、皆懃懃有事焉。君庸願力尤偉。且摯。廣搜善搨而不以自私。汲汲景印流布。有難讀者。時復爲之釋文。思以沾溉藝林。光大斯學。甚盛也。章草蓋中絕於晚唐。千年來稍振其緒者。元初惟趙子昂。明初則宋仲溫。然子昂諸體。微傷輭美。仲溫榘矱鐘王。達以勁氣。龍跳虎臥。髣髴遇之。可謂復古而能變。豪傑之士也。顧年禩雖距今非遠。而作品傳世絕稀。求一佳搨。已囏若星鳳。況墨蹟多至六百餘字耶。物聚所好。君庸無意中以賤值獲茲瓌寶。信爲厚幸。然此紙久塵霾故紙之堆。非經具眼拂拭而表襮之。

幾何不與鼠牙蠹腹同盡。抑不可謂非仲溫之幸爾。或曰、既無署款。而諸君子遽同聲歸諸仲溫。毋乃武斷。答曰、此王武子所謂闇中摸索可得者。千年間作者只有此數。宗風學力絲毫不相假借。試問舍仲溫外。疇能爲此。君庸並得四體書論用筆十法各一紙。紙墨行款悉同此本。別裝潢勿俾雜廁。於是仲溫手墨乃有兩冊在人間也。

戊辰中元新會梁啓超。

畫跋

梁章冉賺蘭亭圖

家章冉先生邃於樸學。論書畫流別尤精審。此圖乃寄黄香石者。蓋極經心之作。清中葉後宋院本風流歇絶。斯益可寶也。甲子臘不盡五日。

張鐵橋畫馬長卷

鐵橋先生在當年有盛名。易代後。知者已寡。吾故略錄吾友陳子礪所作傳如右。先生與張文烈同首義。文烈受思文帝知獨深。故百折不回。卒以身殉。先生於紹武爭立。已知事不可爲。乃褰裳去之。然其栖栖於湖湘吳越間。蓋未嘗一日而忘天下。觀竹垞繼莊贈詩可知矣。先生畫馬傳世已希。門人羅原覺爲我搜尋數年。僅得多通一爲柳陰甜馬立軸。一卽此卷。康熙間歐人郎世寧以善畫馬供奉内廷。實西法畫入中土之始。先生年代較早於世寧。前無所承。而卓犖如此。曹霸韓幹眞跡世不可得見。未審視先生何如。其在近代。抑可謂超羣絶俗也已。甲子臘不盡三日。

廷燦謹案。鐵橋名穆。字穆之。吾粤東莞人。

翁松禪畫牛卷

松禪本善畫。顧爲書名所掩。此卷生氣遠出。又在所作山水上。晚年妙手偶得也。付裱者不知何人。遺置飲冰室中。復爲我拾得。且十年矣。歲暮督廷燦點檢舊藏。展玩累日。度終不能得主者而歸之。遂乾沒作我家物也。甲子臘不盡三日。

戴文進山水卷

戴靜庵山水。雖源出馬遠夏珪。而妙處實自發之。明代一大創作。宣德初嘗被徵入畫院。見讒放歸。窮餓以死。蛾眉謠諑。豈特賈生之遇絳灌哉。卒開新宗。霑被數百歲。亦可謂人傑也已矣。此卷極濃郁而極縹緲。勝處往往似歐畫。有文衡山沈石田印。蓋寶之久矣。甲子臘不盡一日。

林虛窗古木寒鴉軸

南海林以善先生良。明成化間以善畫供奉仁智殿。圖繪寶鑑稱其所畫禽鳥樹木。遒健如草書。玆圖在傳世諸品中。俊逸罕匹。甲子歲除。

甘儕鶴山水軸

儕鶴名寵。字正盤。乾隆三十五年歲貢。胡亦常贈以詩。有句云。浮雲不歸山。西去岡州城。下有隱君子。長嘯鸞鳳聲。乙丑立春前十日。

陳白沙先生畫

白沙遺墨。不署名而僅蓋石齋印者甚多。顧史志各傳。皆不言先生能畫。諸藏家似亦未聞有得先生畫者。余緇籀集中詩見有弄筆二首。頗似自畫像而自題之。又有題畫一首。句云。江門有箇丹青手。更把江門畫作圖。或卽先生自謂。此紙老辣蒼勁。似先生晚年茆筆草書。若果出先生手。眞希世之珍矣。乙丑正月三日。

高望公秋原獨立圖

吾邑晚明遺老。惟高望公先生最有才名。詩畫草書。時稱三絕。朱竹垞贈以詩云。高生老畫師。往往賦新詩。能事由來重。狂歌和者誰。飲知犀首好。情識虎頭癡。不向銅鞮去。尋常倒接䍦。讀之可想見其爲人。此畫固有獨立蒼茫之概。乙丑正月。

張穆之畫扇

東莞張鐵橋先生穆。任俠工詩畫。善擊劍。早爲鄺湛若所崇許。鼎革之交。與張文烈結死士。翊戴思文。丙戌廣州不守。遂謝世事。晚年踰嶺游吳越湖湘間。朱竹垞劉繼莊皆與友善。竹垞贈詩有莫道雄心今老去。猶能結客少年場語。生平最愛馬。且善畫馬。吾藏其所畫馬大小三軸焉。此扇栩栩一燕。固自絕俗。甲辰淸康熙三年。先生五十八歲所作。乙丑新年。

黎洞石畫扇

從化黎洞石先生邦瑊.明末官敎諭.旋告歸.陳文忠修復南園詩社.先生與焉.與陳巖野交尤契.巖野贈詩有云.感時淚盡頻看劍.報國身微但著書.天下尙仍平世習.幾時重起故宮墟.其相期許者如此.先生未幾以憂憤卒.蓋不及丙戌廣州之難云.此圖題丙寅孟秋.蓋明天啓六年作.乙丑獻歲三日.

汪白岸山水軸

番禺汪白岸先生.後來康熙壬午武舉人.著有鹿岡詩集.右班中有此玅才.可敬也.乙丑正月三日.

張穆之柳浪浴鴛圖軸

穆之先生以畫馬名.吾家藏其馬三軸.其俊逸似尙遜此圖.蓋馬本難畫也.庚申爲順治七年.時先生四十九歲.乙丑獻歲第四日.

林虛窗畫扇

此畫僅署一良字.印亦無姓名.以余舊藏虛窗古木寒鴉圖校之.筆意正同.必虛窗作也.己未爲明弘治十二年.乙丑新歲記.

白沙集寄林𧨽窗七律一首。有輞川樹石愁摩詰。與可精神動老坡之句。又有題林良林塘春晚圖絕句一首。又記。

高望公畫扇

高望公先生儼晚明遺老。詩畫草書稱三絕。與陳獨漉張鐵橋交最契。鐵橋度嶺作汗漫遊。先生送以詩云。白頭爲客昔人悲。況復行當此亂離。江國昔年曾失路。才名今日恐非時。隻身旅食仍依友。萬里家書欲寄誰。莫向天涯重留滯。故山還有白雲期。朱竹垞游粵。贈先生詩云。高生老畫師。往往賦新詩。能事由來重。狂歌和者誰。尙之信開府於粵。聞其名。屢辟不就。著有獨善堂集。乙丑立春前十日。

黃虛舟仿雲林秋山圖軸

以黃虛舟爲葉雲谷作畫。而劉樸石謝里甫伊墨卿感念存歿。爲之題詠。五美具矣。乙丑人日。

梁藥亭笠屐尋芳圖軸

家藥亭先生詩名震天下。顧罕知其畫。此圖名雋獨絕。可寶也。乙丑春。

高望公山水軸

吾邑明遺民。必以望公先生爲稱首。其送張穆之北遊詩。有云。江國昔年曾失路。才名今日恐非時。可見其心事。程周量贈詩云。紙窗竹榻連宵語。天地幽幽吾與汝。朱竹垞贈詩云。高生老畫師。往往賦新詩。能事由來重。狂歌和者誰。其爲並時名流所推如此。廖燕七十二松堂集稱其暮年畫益精能。於月下作畫。此軸作於庚午。實康熙二十九年。殆晚歲妙境矣。乙丑先立春三日。

錢選畫卷

錢畫之眞跡。未免駭人。要是臨本之佳者。雅宜山人書。卻有幾分眞。以有景劍泉藏印存之。

朱蘭嵎臨李龍眠所畫東坡笠屐像

蘭嵎字元介。明萬曆乙未狀元。此圖作於萬曆四十七年。距今三百餘年。覃谿題藏後。亦百二十三年矣。覃谿題至再三。又重以李春湖吳荷屋。可寶孰甚。乙丑先立春三日。

題澉山檢書圖

前清東南藏書家。道咸間稱海寧二蔣。卽寅昉先生之西澗草堂。及其從兄生沐先生之別下齋也。咸豐庚申髮匪由金陵竄浙。所過爲墟。別下𪸩焉。齋中珍秘。一時俱盡。而西澗巋然尚存。寅昉先生文孫觀圭農部世守之。蓋善本不下十萬卷。其孤本及稀見者。往往而有。故家喬木。過者式焉。澉山檢書圖者。戴文節公爲寅昉先生作。錢曙初復爲第二圖而錢警石邵位西各爲之記何子貞題詩焉今戴圖及錢邵二記皆亡存者廑錢圖與何詩觀圭懼先芬之留沒乃丐錢邵兩公後昆之賢者補錄二記附舊圖重事裝潢而命余題其耑余按錢圖作於庚申十一月正別下齋見燬後三月也一存一亡雖曰天命毋亦以別下在硤石鎭牛山之木郊於大國爲斧斤所不赦西澗在雞籠山麓之丙舍較幽僻易以自全耶抑寅昉先生藏書墓廬中其孝思具如錢邵二記言蒼蒼者其陰相之也觀圭被錫類之不匱兢兢焉守其業者三世吾知蔣氏世世子孫必能永寶所藏以傳諸無極也余與生沐先生文孫百里將軍游垂三十年相愛若昆弟觀圭則昔曾同官焉其猶子復璁復襄余治松坡圖書館事余於海寧之蔣淵源不淺摩挲斯圖追懷二老敬慕感慨交集予懷丙寅季秋之月新會梁啓超

題敬鄉樓圖

敬鄉樓者黃冠圭先生所構用蓄楹書以遺子孫而吾友溯初幼時與羣從誦讀遊息之所也樓中燬書厲無恙比年以來溯初搜藏益富自宋迄清季其鄉先哲著作略備孤本且十數將精校彙刻爲續永嘉叢書其於維桑必恭之志事可謂善繼述者矣乃屬湯定之爲作斯圖以誦先芬而永孔懷且爲校理秘文之業縣窮記焉行見樓之再造與故書之復活同照耀甌海永永無極也戊辰立夏新會梁啓超題

飲冰室文集之四十五(上)

詩話

我生愛朋友。又愛文學。每於師友之詩文辭。芳馨悱惻。輒諷誦之。以印於腦。自忖於古人之詩。能成誦者寥寥。而近人詩則數倍之。殆所謂豐於昵者耶。其鴻篇鉅製。洋洋灑灑者。行將別裒錄之爲一集。亦有東鱗西爪。僅記其一二者。隨筆錄之。

譚瀏陽志節學行思想。爲我中國二十世紀開幕第一人。不待言矣。其詩亦獨闢新界而淵含古聲。丙申在金陵所刻莽蒼蒼齋詩。自題爲三十以前舊學第二種。蓋非其所自喜者也。瀏陽殉國時年僅三十二。故所謂新學之詩。寥寥極希。余所見惟題麥孺博扇有感舊四首之三。其一曰。無端過去生中事。兜上朦朧業眼來。燈下髑髏誰一劍。尊前尸塚夢三槐。金裘噴血和天鬭。雲竹聞歌匝地哀。徐甲儻容心懺悔。願身成骨骨成灰。其二曰。死生流轉不相值。天地翻時忽一逢。且喜無情成解脫。欲追前事已冥濛。桐花院落烏頭白。芳草汀洲雁淚紅。再世金鐶彈指過。結空爲色又俄空。其三曰。柳花夙有何冤業。萍末相遭乃爾奇。直到化泥方是聚。祇今墮水尚成離。焉能忍此而終古。亦與之爲無町畦。我佛天親魔眷屬。一時撒手劫僧祇。其言沈鬱哀豔。蓋瀏陽集中所罕見者。不知其何所指也。然遺情之中。字字皆學道有得語。亦瀏陽之所以爲瀏陽。新學之所以爲新學歟。

戊戌去國之際。所藏書籍及著述舊稿。悉散佚。顧無甚可留戀。數年來所出入於夢魂者。惟一菊花硯。硯爲唐瀏陽所贈。時余承乏湖南時務學堂講席。初與紱丞定交也。譚瀏陽爲之銘曰。空花了無眞實相。用造莂偈起衆信。任公之研佛塵贈。兩君石交我作證。其時江建霞方督湘學。受代去。瀕行前一日來作別。見研與銘。乃爲余刻之。今贈者銘者刻者皆已沒矣。而此研復飛沈塵海。消息杳然。恐今生未必有合并時也。念之淒咽。

近世詩人能鎔鑄新理想以入舊風格者。當推黃公度。丙申丁酉間。其人境廬詩稿本留余家者兩月餘。余讀之數過。然當時不解詩。故緣法淺薄。至今無一首能擧其全文者。殊可惜也。近見其七律一首。亦不記全文。惟能誦兩句云。文章巨蟹橫行日。世界羣龍見首時。余甚愛之。

嚴又陵哲學大家。人多知之。至其詩才之淵懿。或罕知者。余記其戊戌八月感事一首云。求治翻爲罪。明時誤愛才。伏尸名士賤。稱疾詔書哀。燕市天如晦。天南雨又來。臨河嗚犢歎。莫遣寸心灰。又綠珠詞一首云。情重身難主。淒涼石季倫。明珠三百琲。空換墜樓人。蓋哭林晚翠也。

康南海之第二女公子同璧。擘精史籍。深通英文。去年孑身獨行。省親於印度。以十九歲之妙齡弱質。淩數千里之莽濤瘴霧。亦可謂虎父無犬子也。近得其寄詩二章。自跋云。侍大人遊舍衞祇林壞殿。頹垣佛法已劫然。支那女士來游者。同璧爲第一人矣。詩云。舍衞山河歷劫塵。布金壞殿數三巡。若論女士西游者。我是支那第一人。靈鷲高峯照暮霞。淒迷塔樹萬人家。恆河落日滔滔盡。祇樹雷音付落花。

高平子以所著平等閣筆記見寄。記述兩年來都中近事。字字令人劌心怵目。中一條。其事甚韻。而其人甚奇者。讀之亦可見中國女權消息之一斑也。錄其全文如下。『庚子仲冬。由日本西京偕日友數人。乘玄海丸返國。便途得游朝鮮及關東關外諸地。雨雪載途。寒風砭骨。哀鴻遍野。春燕無歸。觸目心傷。夢魂鬱悒。余有詩云。關山一任誰家物觸眼吾民百感傷雪漫長空風滿地汽車載夢過遼陽一日薄暮將投逆旅適一女子姿容倩雅妝服瀞素冷月凝暉寒山蹙翠擕一姥一僕匆匆更望北發余心訝之入旅店中見壁間題詩數首墨痕未乾字體秀逸其一云本是明珠自愛身金鑪香擁翠裘輕爲誰抛卻鄉關道白雪蒼波無限程其二云明鏡紅顏減舊時塞風似翦翦冰肌傷心又是榆關路處處風翻五色旗其三云無計能醒我國民絲絲情淚揾紅巾甘心異族欺淩慣可有男兒憤不平尙有一首字體潦草不能辨識嘻嘻此何人也問之逆旅主人茫然不答』

希臘詩人荷馬（舊譯作和美耳）古代第一文豪也其詩篇爲今日考據希臘史者獨一無二之祕本每篇率萬數千言近世詩家如莎士比亞彌兒敦田尼遜等其詩動亦數萬言偉哉勿論文藻卽其氣魄固已奪人矣中國事事落他人後惟文學似差可頡頏西域然長篇之詩最傳誦者惟杜之北征韓之南山宋人至稱爲日月爭光然其精深盤鬱雄偉博麗之氣尙未足也古詩孔雀東南飛一篇千七百餘字號稱古今第一長篇詩詩雖奇絕亦只兒女子語於世運無影響也中國結習薄今愛古無論學問文章事業皆以古人爲不可幾及余生平最惡聞此言竊謂自今以往其進步之遠軼前代固不待蓍龜卽並世人物亦何遽讓於古所云哉生平論詩最傾倒黃公度恨未能寫其全集頃南洋某報錄其舊作一章乃煌煌二千餘言眞可謂空前之奇構矣荷莎彌田諸家之作余未能讀不敢妄下比隲若在震旦吾敢謂有詩以來所未有也以文名名之吾欲題爲印度近史欲題爲佛教小史欲題爲地球宗教論欲題爲宗教政治關係說然是固詩也非文也有詩如此中國文學界足以豪矣因亟錄之以餉詩界革命軍之靑年

錫蘭島臥佛

大風西北來。搖天海波黑。茫茫世界塵。點點國土墨。雖曰中國海。無從問禹跡。近溯唐南蠻。遠逮漢西域。舊時職貢圖。依稀猶可識。自明遣鄭和。使節馳絡繹。凡百馬流種。各各設重驛。金葉鑄多羅。玉環獻摩勒。每以佛光明。表頌帝威德。蘇祿率羣臣。浡泥挈帑室。闌斑披寶縵。扶服拜赤舄。是雖蠻夷長。竊號公侯伯。比古小諸侯。尚足稱蒲璧。其他鳥了帥。爭亦附商舶。有詔鎮國山。碑立高百尺。以此明德意。比刻之罘石。及明中葉後。朝貢暫失職。豈知蕞爾國。既經三四摘。鐵圍薄福龍。大半供鳥食。我行過九眞。其次泊息力。婆羅左右望。羣島比蟣蝨。咸歸西道主。盡拔漢赤幟。日夕興亡淚。多於海水滴。行行復行行。便到獅子國。

浩浩象口水。流到殑伽山。遙望窣堵地。相約儕躋攀。中有臥佛像。丈六金身堅。右疊重累足。左握光明拳。雖具堅牢相。歎過兜羅綿。水田脫淨衣。鬈雲堆華鬘。大青髮屈蠡。團金耳垂環。就中白毫光。普照世大千。八十種好相。一一功德圓。是誰攝巧匠。上登忉利天。刻此牛頭檀。妙到秋毫顛。或言佛涅槃。婆羅雙樹間。此卽荼毗地。斯語原訛傳。惟佛有神力。高據兩山巔。至今雙足迹。尚隔十由延。或言古無人。只有龍鬼仙。其後買珠人。漸次成市廛。此亦造妄語。有如野狐禪。實則經行地。與佛大有緣。參天貝多樹。由此枝葉繁。獨怪如來身。不坐千葉蓮。既付金縷衣。何不一啓顏。豈眞疲津梁。老矣倦欲眠。如何沈沈睡。竟過三千年。

吁嗟佛滅度。世界眼盡滅。最先王舍城。大闢禪師窟。迦葉與阿難。結集佛所說。爾來一百年。復見大會設。恆河左右流。犍椎聲不絕。其後阿育王。第一信佛法。能役萬鬼神。日造八萬塔。舉國施與佛。金榜國門揭。九十六外道。羣言罷一切。復遣諸弟子。分授十萬偈。北有大月氏。先照佛國月。四開無遮會。各運廣長舌。漢家通西域。聲教遠相接。金人一入夢。白馬來負笈。繩行復沙度。來往踵相躡。總持四千部。重譯多於髮。華言通梵語。衆推秦羅什。後分律法論。宗派各流別。要之佉盧字。力大過倉頡。南有獅子王。鑿字赤銅鍱。當時東西商。互通度人筏。但稱佛弟子。能避鬼羅刹。遂使諸天經。滿載商人篋。鳥喙荔子洲。畏鬼性駛怯。一聞地獄說。心畏睒摩殺。賴佛得庇護。無異棲影鴿。國主爭布金。后妃亦托鉢。尊佛過帝天。高供千白氈。樂奏梵音曲。訟聽番佛決。向來文身人。大半著僧衲。達摩渡海來。一花開五葉。語言與文字。一掃付抹撥。十年勤面壁。一燈傳立雪。直指本來心。大聲用棒喝。非特道家流。附會入莊列。竟使宋諸儒。沿襲事剽竊。最奇宗喀巴。別得大解脫。不生不滅身。忽然佛復活。西天自在王。高踞黃金榻。千百氈裘長。膜拜伏上謁。西戎犬羊性。殺人日流血。喃喃誦經聲。竟能消殺伐。藏衛各蕃部。無復事鞭撻。卽今奔巴瓶。改法用金棜。論彼象教力。羣胡猶震慴。綜佛所照臨。竟過九洲闊。極南到朱波。窮北踰靺鞨。大東渡日本。天皇盡僧牒。此方護佛齒。彼土迎佛骨。何人得鉢緣。某日是箭節。莊飾紫金階。供養白銀闕。倒海然脂油。震雷響金鈸。香雲幢幡雲。九天九地徹。五百虎獅象。徧地迎菩薩。謂此功德盛。當歷千萬劫。有國賴庇護。金甌永無缺。豈知西域賈。手不持寸鐵。舉佛降生地。一旦盡劫奪。

我聞舒五指。化作獅子雄。能令衆醉象。敗鼠頭籠東。何不勅獸王。俾當敵人衝。我聞角大力。手張袓王弓。射過七鐵豬。入地千萬重。何不矢一發。再張力士鋒。我聞四海水。悉納毛孔中。蛟龍與魚鼈。衆生無不容。何不口一吸。令化諸毛蟲。我聞大千界。一聲成虛空。譬擲陶家輪。極遠到無窮。何不氣一噴。散爲鞞藍風。我聞三昧火。燒身光熊熊。千眼金剛杵。頭出煙焰紅。何不呼阿奴。一用天火攻。我聞安息香。力能勅毒龍。尾擊須彌山。波濤聲洶洶。何不呼小婢。悉遣河神從。我聞阿脩羅。橫攻善見宮。流盡赤蚌血。藕絲遁無蹤。何不取天仗。壓制羣魔凶。我聞毗琉璃。素守南天封。薜荼鳩盤荔。萬鬼聲喁喁。何不飭鬼兵。力助天王功。惟佛大法王。兼綜諸神通。聲聞諸弟子。遞傳術猶工。如何斂手退。一任敵横縱。竟使清淨土。概變腥羶戎。五方萬天祠。一齊鳴鼓鐘。遙望西王母。虎齒髮蓬蓬。合上皇帝號。萬寶河朝宗。佛力遂埽地。感歎摧肝胸。

佛不能庇國。豈不能庇教。奈何五印度。竟不聞佛號。古有韋陀書。云自梵天造。貴種婆羅門。挾此肆淩傲。凡夫鈍根輩。分定莫能較。自佛倡平等。人各有業報。天堂與地獄。善惡人自召。卑賤衆首佗。吹螺喜相告。亦有婆羅門。漸漸服教導。食屑鶉鳩行。夜行鵂鶹叫。塗灰身半裸。拜月脚左蹺。各棄事天業。迴向信三寶。大地閻浮提。慈雲徧覆幬。何意梵志輩。勢盛復鼓噪。灰死火復然。尾大力能掉。別創溫都名。布以人皇詔。佛頭横著糞。訶罵雜嘲誚。盡驅出家人。一一出邊徼。外來波斯胡。更立祆神廟。千牛祭火光。萬馬拜日曜。嗣後摩訶末。採集各經要。一經衍聖傳。一劍鎮羣暴。謂此哥羅尼。實以教忠孝。天使乘白馬。口宣天所誥。從則升九天。否則殺左道。教主兼霸王。黄屋建左纛。繼以蒙古主。挾勢尤傑驁。以彼轉輪王。力大誰敢校。邇來耶穌徒。徧傳新舊約。載以通商舶。助以攻城礮。謂天只一尊。獲罪無所禱。一切土木像。荒誕盡可笑。頂上舍利珠。拉雜付摧燒。竟使佛威德。燈滅樹傾倒。摩耶撫鉢哭。迦葉捧衣悼。像法二千年。今日末劫到。惡王魔波旬。更使衆魔嬈。天龍八部衆。誰不生悲惱。

嘖嗟五大洲。立教幾教皇。惟佛能大仁。首先唱天堂。以我悲憫心。置人安樂鄉。古分十等人。貴賤如畫疆。惟佛具大勇。自棄銅輪王。衆生例平等。一律無低昂。罪畏末日審。報冀來世償。佛說有彌勒。福德莫可當。將來僧祇劫。普渡胥安康。此皆大德慧。傾海誰能量。古學水風火。今學聲氣光。辨才總無礙。博綜無不詳。獨惜說慈悲。未免過主張。臂稱窮鴿肉。身供餓虎糧。左手割利刃。右手塗檀香。寃親悉平等。善惡心皆忘。愈慈愈忍辱。轉令身羸尫。獸蹄交鳥跡。一聽外物戕。人間多虎豹。天上無鳳凰。虎豹富筋力。故能恣彊梁。鳳凰太文彩。毛羽易摧傷，惟强乃秉權。强權如金剛。吁嗟古名國。興廢殊無常。羅馬善法律。希臘工文章。開化首埃及。今亦歸淪亡。念我亞細亞。大國居中央。堯舜四千年。聖賢代相望。大哉孔子道。上繼皇哉唐。血氣悉尊親。聲名被八荒。到今四夷侵。盡撤諸邊防。天若祚中國。黃帝垂衣裳。浮海率三軍。載書使四方。王威鎮象主。鬼族馴狼䝗。歸化獻赤土。頌德歌白狼。共尊天可汗。化外胥來航。遠及牛賀洲。鞭之如羣羊。海無烈風作，地降甘露祥。人人仰震旦。誰侮黃種黃。弱供萬國役。治則天下强。明王久不作。四顧心茫茫。

往讀明詩。見劉誠意集中一篇。一千三百餘言。構思之奇。遣語之險。亦可爲吾詩界中放一異彩。雖然。長篇詩爲長短句者不難。而五言最難。爲奇險語有壯采者不難。爲莊嚴語有風格者最難。吾重公度詩。謂其意象無一襲昔賢。其風格又無一讓昔賢也。請兩錄之以資比較。

憶昔盤古初開天地時。以土爲肉石爲骨。水爲血脈天爲皮。崑崙爲頭顱。江海爲胃腸。嵩嶽爲背膂。其外四岳爲四肢。四肢百體咸定位。乃以日月爲兩眼。循環照燭三百六十骨節八萬四千毛竅。勿使淫邪發洩生瘡痍。兩眼相逐走不歇。天帝愍其勞逸不調生病患。申命守以兩鬼名曰結璘與鬱儀。鬱儀手捉三足老鴉腳。腳踏火輪蟠九螭。咀嚼五色若木英。身上五色光陸離。朝發暘谷暮金樞。清晨還上扶桑枝。揚鞭驅龍扶海若。蒸霞沸浪煎魚龜。煇煌焜燿啓幽暗。燠煦草木生芳蕤。結璘坐在廣寒桂樹根。漱嚥桂露芬香菲。啖服白兔所擣之靈藥。跳上蟾蜍背脊騎。掐光弄影蕩雲漢。閃奎爍壁葩花摛。手摘桂樹子。撒入大海中。散與蚌蛤爲珠璣。或落巖谷間，化作珣玗琪。人拾得喫者。胸臆生明暈。內外星官各職職。惟有兩鬼兩眼晝夜長相追。有物來掩犯。兩鬼隨卽揮刀鈹。禁制蝦蟇與老鴉。低頭屏氣服役使。不敢起意爲姦欺。天帝憐兩鬼。罟放兩鬼人間娭。一鬼乘白狗。走向織女黃姑磯。槌河鼓。褰兩旗。跳下黃初平牧羊羣。烹羊食肉口吻流膏脂。却入天台山。呼龍喚虎聽指麾。東巖鑿石取金卯。西巖掘土求瓊葳。巖訇洞砉石梁折。驚起五百羅漢半夜撥剌衝天飛。一鬼乘白豕。從以青羊青兎赤鼠兒。便從閣道出西淸。入少微。浴咸池。身騎青田鶴。去採青田芝。仙都赤城三十六。洞主騎鸞驂鳳來陪隨。神魃淸唱毛女和。長煙裊裊飄熊旂。蜚廉吹笙虎擊筑。罔象出舞奔馮夷。兩鬼自從天上別。別後道路阻隔不得相聞知。忽聞寒山子。往來說因依。兩鬼各借問。始知相去近不遠。何得不一相見敍情詞。情詞不得敍。焉得不相思。相思人間五十年。未抵天上五十炊。忽然宇宙變差異。六月落雪冰天逵。龍鼉山上作窟穴。蛇頭生角角有歧。鰐魚掉尾斫折巨鼇腳。蓬萊宮倒水沒楣。欃槍枉矢爭出逞妖怪。或大如甕盎。或長如委蛇。光爍爍。形⿺辶嬰⿺辶嬰。叫鹿豕。呼熊羆。煽吳回。翔魑魅。天帝左右無扶持。蚊蝱蚤蝨蠅蚋蜞。噆膚咂血圖飽肥。攫攫不可揮。筋節解折兩眼矘。不辨妍與媸。兩鬼大惕傷。身如受榜笞。便欲相約討藥與天帝。醫先去兩眼翳。使識青黃紅白黑。便下天潢天一水。洗滌盤古腸胃心腎肝肺脾。却取女媧所摶黃土塊。改換耳目口鼻牙舌眉。然後請軒轅。邀伏羲。風后力牧老龍告。泰山稽。命魯般。詔工倕，使豐隆。役黔嬴。礪斧鑿。具鑪鎚。取金蓐收。伐材尾箕。修理南極北極樞。斡運太陰太陽機。檄召皇地示。部署岳瀆神。受約天皇墀。生鳥必鳳皇。勿生梟與鴟。生獸必麒麟。勿生豺與貍。生鱗必龍鯉。勿生蛇與鱧。生甲必龜貝。勿生蝓與蜞。生木必松楠。生草必薺葵。勿生鉤吻含毒斷人腸。勿生枳棘覃利傷人肌。螟蝗害禾稼。必絕其蝝蚳。虎狼防畜牧。必遏其孕孳。啓迪天下蠢蠢氓。悉蹈禮義尊父師。奉事周文公魯仲尼曾子輿孔子思。敬習書易禮樂春秋詩。履正直。屛邪欹。引頑嚚。入矩規。雍雍熙熙。不凍不飢。避刑遠罪趨祥祺。謀之不能行。不意天帝錯怪恚。謂此是我所當爲。眇眇末兩鬼。何敢越分生思惟。呶呶向瘖盲。洩漏造化微。急詔飛天神王。與我捉此兩鬼拘囚之。勿使在人寰。做出妖怪奇。飛天神王得天帝詔。立召五百夜叉。帶金繩。將鐵網。尋蹤逐跡。莫放兩鬼走逸入巘巇。五百夜叉個個口吐火。搜天刮地走不疲。吹風放火烈山谷。不問杉柏樗櫟蘭艾蒿芷蘅茅茨。燔焱熨灼無餘遺。搜到九萬九千九百九十九仞幽谷底。捉住兩鬼眼睛光活如琉璃。養在銀絲鐵柵內。衣以文采食以糜。莫教突出籠絡外。踏折地軸傾天維。兩鬼亦自相顧笑。但得不寒不餒長樂無憂悲。自可等待天帝息怒解猜惑。依舊天上作伴同遊戲。

陳伯嚴吏部。義甯撫軍之公子也。與譚瀏陽齊名。有兩公子之目。義甯湘中治蹟。多其所贊畫。其詩不用新異之語。而境界自與時流異。醲深俊微。吾謂於唐宋人集中。罕見倫比。記其贈黃公度一首云。千年治亂餘今日。四海蒼茫到異人。欲挈頹流還孔墨。可憐此意在埃塵。勞勞歌哭昏連曉。歷歷肝腸久更新。同倚斜陽看雁去。天迴地動一沾巾。

吳君遂刑部。武壯公長慶子也。以氣節聞一時。丁酉抗疏陳時事。請變法。格不得達。浩然掛冠歸。近頃復上疏請歸政。迴鑾以後。薄海所想望者。惟此一舉。然莫敢言也。惟君毅然犯政府所最忌而言之。其所養可知矣。其詩肖其爲人。所著有北山樓集。宋平子跋之云。五言古體。多似陶韋。五言律體。多似少陵。七言律體。直逼江西諸祖。蓋道實也。吾最愛其『支那有一士』兩章。其一云。支那有一士。弢迹居越東。抗志希純素。篤性秉淵冲。意曠九州外。神遊三代中。如傷惓心目。無告哀殘癃。一夫苟不獲。叢疢在厥躬。陳詞就重華。問道訪崆峒。著書累萬言。吾道未終窮。哲人不偶世。至論無汚隆。豈惟躋小康。將以致大同。挾策獻太平。疇能識王通。抱玉貴善藏。活國徯良工。

感子他山意。錯石資磨礱。已矣吾何悲。矯首沓鴻濛。右贈宋平子 其二云。支那有一士。戢影居越西。結念抱冰雪。宅心高虹霓。慷慨懷前修。惻愴憫羣黎。邱索與典墳。一一窮探稽。種界析狼鹿。政教疏羌氐。獨永泰皇祚。屢忤末俗詆。畸士自跅弛。良馬空趹踶。始知間代才。動與世相睽。澄澄之江波。曉日鳴天鷄。嶷嶷天台山。仰止難攀躋。賤子奮孤心。逆鱗嘗獨批。荃莫察中情。信讒反怒懠。邪枉固不容。悻直終見擠。三月何皇皇。兩馬猶栖栖。懷哉虞重華。風雨聞弗迷。宣尼未忘魯。子輿思王齊。已而復已而。且俟聖人兮。右贈章太炎

又有集句一首云。青天漫漫覆長路。一紙短書無寄處。欲問平安無使來。乃知貧賤別更苦。四時天氣總愁人。秋月春風等閑度。憂患衆兮歡樂鮮。朱顏日夜不如故。嗟余此去其從誰。萬里蒼蒼煙水暮。構雲有高營。祇見石與土。俛視大江奔。幽憤得一吐。我欲淩風翔。轉上青天去。當面輸心背面笑。翻手作雲覆手雨。煙消日出不見人。至竟江山誰是主。驅使前輩。天衣無縫。而含蓄蘊藉。別有懷抱。余酷愛之。

丁叔雅戶部。雨生中丞子也。卓犖有遠志。憂國如瘏。而詩尤以神味勝。庚子秋。余返滬上。從友人扇頭見其感事一首云。被髮繭足行邅邅。有人流涕哀江南。眼前所見皆餘子。大宙之亂何時戡。余絕愛之。謂以二十八字寫盡當今時局。而自見懷抱。仁言藹如。未有能及此者也。頃從北山樓集復見其將歸嶺南留別一首云。百無聊賴過零丁。遙睇中原一髮青。避地詩人哀故國。渡江名士泣新亭。山河運歇英才盡。鼙鼓聲沈戰血腥。鶉首賜秦天亦醉。祇憐羈客獨長醒。絕似劍南學杜諸作也。

吾黨中天才絕特者。未有吾家伯雋孝廉若也。伯雋以辛卯年與余同遊南海先生之門。年方十四。是歲即舉於鄉。當其未禮南海也。碌碌無以異於常兒。一度摩頂受記。夙慧飆發。而尤耽內典。在齋中終日坐禪。少年同學時

或揶揄捉弄之。弗爲動也。其冬余入都。伯雋贈三詩。其一云。惺惺眞宰愼其微。萬象紛紜任所之。客賊並來善相接。佛魔俱掃得堅持。精魂須歷三千劫。大力常周十二時。遊刃雖然有餘地。族間猶自見難爲。其二云。長嘯一聲天地寬。儵然來去更無難。崑崙頂上鐵船動。魑魅叢中神劍寒。壁立萬仞皆平地。坐斷十方如是觀。河嶽日星通神氣。周遊磅礴在胸肝。其三云。無明有愛如來種。一片慈悲成此身。軀殼衆生託吾輩。肝腸內熱爲斯人。遊行自在虛空架。轉運無方大法輪。七寶莊嚴開世界。卻原步步踏紅塵。十四歲乳臭小兒。何處有此識想。得不歎絕。南海先生曰。伯雋殆有夙根者。遊戲人間耳。顧伯雋寡言。吾無從窺其底蘊。以文字論之。知其非冷腸人也。記其所塡詞摸魚兒一闋云。算只有江山無數。怎盛得靈氣住。氣吞地球常八九。渺爾衆生何有甚情緒。向百尺高樓覷看行人路。滿城簫鼓。算愁裏無人。夢中無地。獨自任情苦。秋風起。春草春花又暮。忍見陀城煙樹。蕭蕭馬鳴催落日。弄得老天憔悴。我何顧。算萬里堂堂。猶是神州土。笑聲歸去。待日闇雲冥。風狂雨橫。重覓舊遊處。又金縷曲一闋。記其末四句云。他若有情吾能見。吾有情更待向誰說。空佇立。肝腸熱。然則伯雋豈忘世者耶。記昔嘗責備之。伯雋曰。我今日正在臥薪嘗膽的時候。但薪膽生涯。忽忽十年矣。海內風雲如此其急。而小舍利佛。尙不肯出定。吾又安能無憾也。

譚瀏陽之有得於佛學。知瀏陽者皆能言之。然瀏陽之學佛。實自金陵楊仁山居士。其遺詩有金陵聽說法一章。卽居士所說也。詩云。而爲上首普觀察。承佛威神說偈言。一任法田賣人子。獨從性海救靈魂。綱倫慘以喀私德。法令盛於巴力門。大地山河今領取。菴摩羅果掌中論。此詩無刻本。見麥孺博箑端。瀏陽手書也。

達縣吳季清先生德瀟。作令西安。庚子義和之變。爲亂民所戕。闔門及難。識與不識。莫不痛心。天之報施善人。眞其誣哉。先生至德純孝。而學識魄力迥絕流俗。尤邃佛理。自號雙遣居士。有子三人。長曰鐵樵。名樵。次曰仲弢。名以棨。季曰子發。名以東。皆有過人之才。余與譚瀏陽及鐵樵約爲兄弟交。而父事季清先生。乙未秋冬間。同客京師。吾三人者。連輿接席。未嘗一日相離也。丙申五月。鐵樵以暴病卒於漢口。瀏陽時在滬。哭之慟。嘗爲作一傳。見時務報中。未幾。季清先生之官山陰。瀏陽贈一詩云。此生當補他方佛。何意微塵補一官。□□□□□□□延陵魂氣北邙寒。（下忘）蓋弔之也。以東當乙未年僅十一。隨侍入都。風采英發。徧交一時名士。瀏陽戲號之曰舍利佛。以其早慧也。丙申受學於余者一年。日讀書盡十餘卷。屬文能二三千言。兼學英法文字。而仲弢亦來居滬上。綜核善治事。瀏陽語余曰。三吳蜀之三龍也。吾國有此等人才。豈是亡國氣象。而不意鐵樵無端以死。而兩弟亦隨季清先生斃於毒刃也。庚子夏。余在夏威夷島。得仲弢一書。曰舍利佛每言及公。卽涕泣不可止。余重感之。重悲之。乃書未及答。而凶耗已聞。天之喪斯夫。復何言。在報中見黃公度有庚子三哀詩。其一卽季清先生也。記其數聯云。以君精佛理。夙通一切法。明知入世事。如幻如泡沫。佛力尚有盡。何況身生滅。將頭臨刃時。定知不驚怛。讀此亦可以略窺先生之學矣。

譚瀏陽獄中絕筆詩。各報多登之。日本人至譜爲樂歌。海宇傳誦。不待述矣。但其詩中所指之人。或未能知之。今錄原文。略加案語。詩曰。望門投止思張儉。忍死須臾待杜根。我自橫刀向天笑。去留肝膽兩崑崙。所謂兩崑崙者。其一指南海。其一乃俠客大刀王五。瀏陽作吳鐵樵傳中所稱王正誼者是也。王五爲幽燕大俠。以保標爲業。其勢力範圍。北及山海關。南及淸江浦。生平專以鋤强扶弱爲事。瀏陽少年嘗從之受劍術。以道義相期許。戊戌之變。瀏陽與謀奪門迎辟。事未就而瀏陽被逮。王五懷此志不衰。庚子八月。有所布畫。忽爲義和團所戕。齎志以歿。

嗚呼。王五眞男兒。不負瀏陽矣。

余識唐瀏陽最晚。乙未秋與譚瀏陽定交。叩其友。則曰二十年刎頸交紱丞一人而已。余心識之。丁酉冬講學長沙。譚公乃爲余兩人介紹焉。譚公之成仁也。唐公慟哭辭家。欲如京師收葬。至上海。則譚公忠骸已南下。因不果往。而東渡謁南海。時有輓聯云。與我公別幾許時。忽警電飛來。忍不攜二十年刎頸交同赴泉臺。漫嬴將去楚孤臣。簫聲嗚咽。近至尊剛十餘日。被羣陰構死。甘永抛四百兆爲奴種長埋地獄。只留得扶桑三傑。劍氣摩空。至今讀之。猶字字精神活現。淒人心脾。蓋唐公所以繼譚公之志者。早於二十年前矣。唐公流血後。同人復有誦其詩者。僅記二句云。賸好頭顱酬死友。無眞面目見羣魔。此詩余未之見也。在南洋時□□□屬余寫之。余爲續成一絕句云。道高一尺魔一丈。天地無情獨奈何。

宗室壽伯福太史富。可謂滿洲中最賢者矣。其天性厚。其學博。其識拔。愛國之心。盎睟於面。乙未秋冬間。余執役强學會。君與吳彥復翩然相過。始定交。彼此以大業相期許。其後君復有知恥學會之設。都人士咸以爲狂。莫或應也。庚子八月。君果以身殉國恥。噫嘻。可不謂朝陽鳴鳳耶。余丙申出都。君有贈詩。不能全記憶。今從北山樓集得其原本。亟錄誌感。詩曰。飛絮亂晴煙。飛花撲綺筵。春風一回送。飄泊去南天。夫子靑雲器。高吟白馬篇。空勞賈生哭。不薦禰衡賢。長楊辭京國。揚舲指媚川。海雲愁望闕。嶺樹引歸船。寶劍終騰匣。明珠暫伏淵。江湖閑歲月。好自惜華年。

武陵何鐵笛烈士來保。余未獲識面。顧夙聞譚瀏陽稱其爲人。謂生平肝膽交。除紱丞外。君爲第一。因此相神交者數年矣。庚子君與唐瀏陽共事。而君實任衡湘一切布畫。漢變後死事最烈。頃趙曰生郵寄其絕命詞四章。亟錄如下。銀鐺鐵鎖出圜牆。親友紛紛送道旁。三百健兒齊護衛。萬頭鑽孔看何郎。(鐵笛被捕於辰州以三百人護衛檻送長沙故云　曰生泣注)

北宋黨人碑甫毀。東林名士獄旋興。千秋公論應猶在。兩廡孤豚愧未能。四萬八千蟲出入。五官五臟我原無。無人何苦爭恆幹。還我淸虛一丈夫。痛哭君親恩太厚。百千萬劫不能酬。忠臣孝子今生了。且向龍潭掉臂遊。

鐵笛復有滿江紅一闋。其自序云。庚子黨禍再作。亡命桃源。遂遊桃源洞。黑箐鬼語。蒼榈猩啼。魂悽魄殭。非復人間世也。援筆賦此。其詞云。造化小兒。簸弄我望門投止。黑夜裏攀藤附葛。雨來風起。燈火一星林際出。忽聞犬吠心頭喜。又山門閉了。寂無人。鐘聲死。撫身世。淚盈眥。悲家國。血盈臆。(叶上聲)問蒼天何苦。磨人至此。靖節先生知甚處。避秦有甚桃源裏。聽天邊啞啞。有慈鴉。歸來只。

武陵蔡樹珊烈士鍾浩。血性過人。治事機警。余承乏湖南時務學堂時。君始來共學。其後復遊學東京。亦以漢難遇害。曰生復錄其獄中作四章見寄。詩云。蟻磨盤舒又一年。玄黃爭戰幾推遷。寒沙白日淹鸞地。短褐雕弓射虎天。終見蜩螗同水火。那堪環玦在風煙。鷄鳴午夜頻搔首。看劍挑燈意惘然。觚稜夢裏寒金雀。諫草堂前起暮鴉。誤國千年仍介甫。通藩幾道問充華。蜉蝣竟夕成毛羽。螳臂當車挫爪牙。西狩無麟天閩爽。遁逃人海豢龍蛇。又聞廉達葛山奇。輕重當年類舉棋。貂珥雙簪矜別邸。蘭椒三熱拜西闈。酬天祀典憐鷄寶。排日笙歌駕鳳蜺。營得菟裘身欲老。克家猶護綠幢兒。蕭牆旋起八王戈。麈寇其如召寇何。碧海膏流成赤鹵。紅蓮豔結舞妖魔。九朝典冊新銷散。千騎宮裝老淚多。辜負香衾驚破夢。不因封事動鳴珂。

邱公恪名宗華。當代青年中一有望之人物也。去冬游學日本。入成城學校。習陸軍。以病退校。歸養滬上。余親送登舟。乃歸。未及一月。竟溘然長逝。年僅逾弱冠耳。懷八斗之才。飲萬斛之恨。一事未就。齎志九原。吳氏兄弟以後。

又弱一個矣。君夫人吳孟班先君數月卒。一時有心人既已痛之。蔣觀雲曾有詩云。女權撒手心猶熱。一樣銷魂是國殤。吾於孟班未得見。若公恪者固夙以爲國流血自祝。吾亦冀其爲鐵血派中一偉人也。豈意天地無情。蘭摧玉折。公恪孟班。吾知爾不瞑於泉臺矣。公恪卒後。葉浩吾有輓聯云。中國少年死。知己一人亡。而成城學校校友會亦有祭文云。沈沈支那。大病長殲。哀哀衆生。噩夢正酣。魑魅攫人。白晝涎饞。嗟我同志。日削月劖。咄咄公恪。海邦雄男。俛仰國事。痛茹酸銜。漆室哀鳴。無裨國阽。矧以憂殉。曷其能堪。嗚呼哀哉。苟生足愧。苟死甯甘。觥觥女權。一例優曇。志未一酬。墓草藍毿。海國龍伯。扶餘虬髯。振劍三彈。淚盈黃衫。讀君遺書。憂心如惔。竟君之志。後死者擔。魂兮來歆。目斷江南。嗚呼哀哉。尚饗。

太平翼王石達開。其用兵之才。盡人知之。而不知其嫺於文學也。近友人傳誦其詩五章。蓋曾文正曾招降彼。而彼賦此以答也。詩云。曾摘芹香入泮宮。更探桂蕊趁秋風。少年落拓雲中鶴。陳迹飄零雪裏鴻。聲價敢云空冀北。文章今已遍江東。儒林異代應知我。祇合名山一卷終。不策天人在廟堂。生慚名位掩文章。清時將相無傳例。未造乾坤有主張。況復仕途多幻境。幾多苦海少歡場。何如著作千秋業。宇宙長留一瓣香。揚鞭慷慨蒞中原。不爲仇讎不爲恩。祇覺蒼天方憒憒。莫憑赤手拯元元。三年攬轡悲贏馬。萬衆梯山似病猿。我志未酬人亦苦。東南到處有啼痕。若個將才同衞霍。幾人佐命等蕭曹。男兒欲畫麒麟閣。早夜當嫺虎豹韜。滿眼河山增曆數。到頭功業屬英豪。每看一代風雲會。濟濟從龍畢竟高。大帝勳華多頌美。皇王家世盡鴻濛。賈人居貨移神鼎。亭長還鄉唱大風。起自匹夫方見異。遇非天子不爲隆。醻泉芝草無根脈。劉裕當年田舍翁。此詩自敍履歷。兼述志氣。所云名山一卷。著作千秋。蓋亦有所自負矣。前後四章。皆不免下里巴人之誚。獨第三章則卽以詩論。亦不媿作者之林。

且仁人之言藹如矣。至其懷抱帝王思想。不知民權大義。則固不足以責數十年前之人物也。又聞石有所作檄文。全篇駢儷。中四語云。『忍令上國衣冠。淪於夷狄。相率中原豪傑。還我河山。』雖陳琳駱賓王。亦無此佳語。豈得徒以武夫目之耶。

南海先生不以詩名。然其詩固有非尋常作家所能及者。蓋發於眞性情。故詩外常有人也。先生最嗜杜詩。能誦全杜集。一字不遺。故其詩雖非刻意有所學。然一見殆與杜集亂楮葉。余能記誦百餘首。所最愛者。己丑出都七律四首之一云。滄海飛波百怪橫。唐衢痛哭萬人驚。高峯突出諸山妬。上帝無言百鬼獰。漫有漢廷追賈誼。豈教江夏貶禰衡。陸沈忽望中原歎。他日應思魯二生。又絕句十首之二云。此去南山與北山。猿鶴哀號松柏頑。或勸蹈海未忍去。且歌惜誓留人間。南山之下豆苗肥。北山之上猿鶴飛。百畝耕桑五畝宅。先生歸去未必非。戊戌國變紀事四首之三云。歷歷維新夢。分明百日中。莊嚴對宣室。哀痛起桐宮。禍水滔中夏。堯臺悼聖躬。小臣東海淚。望帝杜鵑紅。遮雲金翅鳥。啄食小龍飛。海水看翻立。昊天怨式微。哀哀呼后土。慘慘夢金闈。千載龍漦恨。王孫有是非。吾君眞可恃。哀痛詔頻聞。未竟維新業。先傳禪讓文。中原皆沸鼎。黨獄起愁雲。上帝哀臣罪。巫陽筮予魂。

侯官嚴先生之科學。學界稍有識者。皆知推重。而其文學則爲哲理所揜。知者蓋寡。余前作廣詩中八賢歌。內一解云。哲學初祖天演嚴。遠販歐鉛攙亞槧。合與沙米爲鰈鶼。奪我曹席太不廉。蓋深佩之也。頃熊季廉錄其辛丑三月舊作見寄。即先生北行時和季廉作也。詩如下。一十九稘初告終。摶摶負地趨大同。神機捭闔縱變化。爭存物競誰爲雄。至人先天不滯物。高下體合同張弓。心知斯民致仁壽。何徒食苦師蓼蟲。大哉培根氏告我。觀物見道冥織洪。三王五帝各垂法。當其時可皆爲功。蚩蚩之氓俾自主。如適洲渚浮艨艟。及其時過仍墨守。無益徒使百弊叢刓茲天意存混一。異類殊俗終棣通。是時閉拒議自守。何異毛毳當鑪烘。履而後艱常智耳。既懲勿省庸非懵。四萬萬人皆貴種。遂使奴隸神將恫。所以百千億志士。欲持建鼓撾頑聾。賢愚度量幾相越。聽者一一褎耳充。膠膠擾擾何時已。新舊二黨方相攻。去年北方致大釁。至今萬乘猶塵蒙。亦知天心未悔禍。南奔避地甘長終。豈意逃空得謦欬。知交迺遇四五公。就中愛我最親摯。傻指先屈南昌熊。心期渾欲忘彼己。圭角細與加磨礱。人生行止不自詭。扁舟忽欲隨南風。瀕行握手無所贈。惟有空氣如長虹。橫流它日倘相遇。所願身道雙加豐。季廉南昌人。名師復。侯官高足弟子也。

昔嘗推黃公度。夏穗卿。蔣觀雲。為近世詩界三傑。吾讀穗卿詩最早。公度詩次之。觀雲詩最晚。然兩年以來。得見觀雲詩最多。月有數章。公度詩已如鳳毛麟角矣。穗卿詩則分攜以來。僅見兩短章耳。圜沙之感。云何可言。近觀雲以其四長篇見貺。則『己亥秋別天津有感寄懷嚴蔣陳諸故人』之作也。讀竟如枯腸得酒。圓滿欣美。爰急錄之如下。　暮雨掩柴門。秋聲滿庭樹。瑟瑟紙屏間。一燈靜如鷺。髫鬌少年時。讀書未馳騖。即此感生平。流轉亡吾故。乙未在武昌。始與吳生樵遇。丙申在密雲。閉戶亙朝暮。丁酉在京師。張趙日相晤。新機始萌芽。禱祀潤雨露。戊戌在天津。大夢正驚寤。素箏載濁酒。慷慨登樓賦。（在天津時與蔣性才陳瀾深等時相過從飲酒各有詩記之）今年在鄉閭。過此將焉駐。人生幾中秋。何者為我素。問天天不聞。聽雨雨不住。　束髮抱流略。辛勤三十年。一日不忍捨。頗欲窺高堅。才短衣食迫。窮老仍愚顓。慨然望六合。豈無豪與賢。間關十數載。所在窮山淵。山陽一聞笛。中策從此捐。時會既未至。盛業由書傳。旁行百萬卷。精詣窮人天。舌人十萬輩。瞠目無媸妍。學未聞大道。豈能事言詮。昔者山海隔。今有車與船。今者文字隔。誰施蹄與筌。事窮我公起。（謂侯官嚴氏）吾族殆帝憐。公學豈在此。而此世所先。國狗素狂瘈。眈眈吻常誕。興亡有一定。名世獨見全。冥冥津門樹。日暮起蒼煙。扁舟載吾逝。不復相流連。何時一尊酒。黽勉爲執鞭。　蔣子智由起寒素。姓名世不張。乞食走燕野。掃塵書一牀。過從日抵掌。每覺芝蘭芳。農宗已辰秋間蔣子著有農宗篇發大義。精誼貫百王。持此照震旦。可謂見膏肓。陳子錦濤墨者桀。與蔣相翺翔。疇人振絕詣。哲學搜旁行。餘事託雄劍。赴難甘探湯。嗟吾二三子。於世誠蚊虻。然而貞元際。捨此誰與商。艱難困一飽。口呿舌爲僵。浮雲起西北。俄頃滿八荒。瀟瀟涼風至。白露降爲霜。蒲柳與松柏。於理豈久藏。爲我蓄明德。毋亟耀其光。　湛湛一尊酒。淵淵千卷書。蕭蕭兩株樹。寂寂三間廬。微材豈有競。卽此亦足娛。所嗟時日迫。言將戒征車。征車亦何爲。窮達非我圖。但恨萬山外。朋友日夜疏。滔滔浙江水。亙古不得徐。東流到黃海。應瀠故人居。登樓望不見。天海搖空虛。旋歸對塵俗。積澁聊一舒。侘傺獨就枕。夢見遊天衢。九奏動萬舞。熊羆自我涂。丘聃並千古。疇能辨有無。

黃公度集中名篇不少。至其『今別離』四章。度曾讀黃集者無不首記誦之。陳伯嚴推爲千年絕作。殆公論矣。余嚮者每章能舉其數聯。顧迄不能全體成誦。憤恨無任。季廉不知從何處得其副本。寫以見寄。開緘不自知其距躍三百也。亟爲流通之於人間世。吾以是因緣。以是功德。冀生詩界天國。　別腸轉如輪。一刻旣萬周。眼見雙輪馳。益增心中憂。古亦有山川。古亦有車舟。車舟載離別。行止猶自由。今日舟與車。併力生離愁。明知須臾景。不許稍綢繆。鐘聲一及時。頃刻不少留。雖有萬鈞柁。動如繞指柔。豈無打頭風。亦不畏石尤。送者未及返。君在天盡頭。望影倏不見。煙波杳悠悠。去矣一何速。歸如留滯不。所願君歸時。快乘輕氣球。　朝寄平安語。暮寄相思字。馳書迅如電。云是君所寄。旣非君手書。又無君默記。雖署花字名。知誰箝紙尾。尋常並坐語。未遽悉心事。況經三四譯。豈能達人意。只有斑斑墨。類似臨行淚。門前兩行樹。離離到天際。中央亦有絲。有絲兩頭繫。如何君寄書。斷續不時至。每日百須臾。書到時有幾。一息不見聞。使我容顏悴。安得如電光。一閃至君旁。　開函喜動色。分明是君容。自君鏡匳來。入妾懷袖中。臨行翦中衣。是妾親手縫。肥瘦妾自思。今昔將毋同。自別思見君。情如春酒濃。今日見君面。仍覺心忡忡。攬鏡妾自照。顏色桃花紅。開篋持贈君。如與君相逢。妾有釵插鬢。君有襟當胸。雙懸可憐影。汝我長相從。雖則長相從。別恨終無窮。對面不解語。若隔山萬重。自非夢來往。密意何由通。　汝魂將何之。欲與君追隨。飄然渡滄海。不畏風波危。昨夕入君室。舉手牽君帷。披帷不見人。想君就枕遲。君魂倘尋我。會面亦難期。恐君魂來日。是妾不寐時。妾睡君或醒。君睡妾豈知。彼此不相聞。安怪相參差。舉頭見明月。明月方入扉。此時想君身。侵曉剛披衣。君在海之角。妾在天之涯。相去三萬里。晝夜相背馳。眠起不同時。魂夢難相依。地長不能縮。翼短不能飛。只有戀君心。海枯終不移。海水深復深。難以量相思。

吾少年同學中相與共晨夕最久者。惟番禺韓孔广布衣。即其著述自署捫蝨談虎客者是也。孔广評騭人物。最有特識。常在尋常人褒貶毀譽之外。嘗爲詠史絶句十餘章。其張子房一首云。悲智彌綸徧九州。空觀實證一留侯。功成撒手人天去。畢竟亡秦爲國仇。其陳龍川一首云。斬馬盜馬陳同甫。千古英雄僅見之。可惜漆光開眼日。醉時心事已飛馳。蓋孔广謂子房爲國家主義中之樂天派。謂陳同甫爲儒生之有帝王思想者也。

孔广復有熱心一首云。熱心直欲爐天地。落魄依然一國民。病裏觀人原幻境。夢中化蝶是前身。交論血肉天應淚。相到皮毛馬不眞。我亦三千年睡足。東方雄辯已驚神。余昔在美洲時。從報紙中見此詩。酷愛之。顧不知爲誰氏作。後乃詢知其出我孔广也。

黄公度嘗語余云。四十以前所作詩多隨手散佚。庚辛之交。隨使歐洲。憤時勢之不可爲。感身世之不遇。乃始奮萃成編。藉以自娛。卽在湘所見之稿也。公度既不屑以詩人自居。未肯公之同好。余又失之交臂。未錄副本。近於詩話中稱其詩。海內外詩人貽書索閱者甚多。然急切無從覓致也。念其官日本參贊時。如重野安繹森春濤龜谷行諸君皆有唱酬。又聞天南某氏曾在新嘉坡領事署鈔存人境廬詩一卷。余因徵之東瀛南島。幸得數十篇。自今以往。每次詩話中可必有一鱗一爪矣。但所刊錄未必爲公度得意之作。要之公度之詩。獨闢境界。協然自立於二十世紀詩界中。羣推爲大家。公論不容誣也。

公度嘗以光緒七年裁撤美國留學生。爲中國第一不幸事。然至今日。尚有公然與留學生爲敵者。公度聞之。感慨又當何如。錄其罷美國留學生感賦一首。嘻。是亦海外學界一段歷史也。其中情狀。知之者已寡。知之而今能言之者益希矣。錄以流布人間焉。學生乎。監督乎。當道乎。讀之皆可以自鑑也。豈直詩人之詩云爾哉。漢家通西域。正值全盛時。南至大琉球。東逮高句驪。有北同盟國。帝號俄羅斯。各遣子弟來。來拜國子師。皇帝臨辟雍。皇皇漢官儀。石經出玉篋。寶蓋張丹墀。諸王立橫巷。百蠻圜泮池。於戲盛德事。慨想軒與羲。自從木蘭狩。國弱勢不支。環球六七雄。鷹立側眼窺。應制臺閣體。和聲帖括詩。二三老成謀。知難濟傾危。欲爲樹人計。所當師四夷。奏遣留學生。有詔命所司。第一選儁秀。其次擇門楣。高門搜科第。若摘頷下髭。黃背好八股。肯令手停披。茫茫西半球。極遠天無涯。千金不垂堂。誰敢狎蛟螭。惟有小家子。重利輕別離。紇干山頭雀。短喙日啼饑。但圖飛去樂。不復問所之。藍縷田舍奴。蓬頭乳臭兒。優給堂飧錢。榮領行裝衣。舟中東西人。相顧驚復疑。此乃窶人子。胡爲來施施。使者挈乘槎。四牡光騑騑。鄭重詔監督。一一聽指麾。廣廈百數間。高懸黃龍旗。入室闃無人。但見空皋比。便便腹高臥。委蛇復委蛇。借問諸學生。了不知東西。各隨女師去。雛雞母相依。烏語日啾啁。庶幾無參差。就中高材生。亦有出類奇。其餘中不中。太半悲染絲。千花紅氍毹。四窗碧琉璃。金絡水晶柱。銀盤夜光杯。鄉愚少所見。乍見輒意移。家書說貧窮。問子今何居。我今膳雙雞。誰記炊扊扅。汝言盎無糧。何不食肉糜。客問故鄉事。欲答顏忸怩。嬉戲替戾岡。游讌賀跋支。縱譚伊優亞。酣歌妃呼豨。吳言與粵語。病忘反不知。亦有習祆教。相率拜天祠。口嚼天父餅。手繙景教碑。樓臺法界住。香華美人貽。此間國極樂。樂不故蜀思。新來吳監督。其僚喜官威。謂此泛駕馬。銜勒乃能騎。徵集諸生來。不拜即鞭笞。弱者呼暑痛。强者反脣稽。汝輩狼野心。不如鼠有皮。誰甘畜生罵。公然老拳揮。監督憤上書。溢以加罪辭。諸生盡佻達。所業徒荒嬉。學成供蠻奴。否則仍漢癡。國家糜金錢。養此將何為。朝廷命使者。去留審所宜。使者護諸生。本意相維持。監督意亦悔。駟馬舌難追。使者甫下車。含怒故詆諆。我不知許事。我且食蛤蜊。監督拂衣起。怒喘竹筒吹。一語不能合。遂令天地睽。郎當一百人。一一悉遣歸。竟如瓜蔓抄。牽累何纍纍。當其未遣時。西人書交馳。總統格蘭脫。校長某何誰。願言華學生。留為國光輝。此來學日淺。難言成與虧。頗有聰穎士。利錐非鈍槌。忽然筵席撤。何異鞶帶褫。本國愛相助。今胡棄如遺。相公答書言。不過別瑕疵。一旦盡遣撤。譁然稱我欺。怒下逐客令。旋禁華工來。溯自西學行。極盛推康熙。算兼幾何學。方集海外醫。天士充日官。南齋長追隨。廣譯奇器圖。諸器何夥頤。惜哉國學舍。未及設狄鞮。矧今學興廢。尤關國盛衰。十年教訓力。百年富强基。奈何聽兒戲。所遣皆卑微。部婁難為高。混沌强書眉。坐令遠大圖。壞以意氣私。牽牛罰太重。亡羊補恐遲。蹉跎一失足。再遣終無期。目送海舟返。萬感心傷悲。按美國留學生於辛巳年裁撤。奏請派往者曾文正公。募集學生者豐順丁日昌。率往者吳川陳蘭彬。後派出使大臣前監督高州區諤良。新會容增祥。後監督南豐吳嘉善。其僚友為金某。初率學生繼派副使為香山容閎。備誌詩末。以供參考。

頃得上海一匿名書。自題東亞傷心人者。內新樂府一章。屬登報。讀之。香山西堂不是過也。因急擺以實我詩話。

詩如下。

哀星軺　識辱國也

使臣怒。使臣怒。使臣怒。阿誰不怒。赤阪妓。不怒新橋女大夫。學生汝太不曉事。長揖空階求不已。不是龍門汝誤投。市儈認作韓荊州。從來市儈得志慣橫行。未聞獻媚蓄意毆學生。使臣當日好肩背。南洋負米東洋賣。相公堂前袖獻票紙。王爺膝下跪呈扇子。王爺心緒憂肥奴。旁侍喘如牛。親捧留聲機器奏牀頭。翁在街頭賣卦命。兒走上房司門政。兒今作貴人。紫綬金章襯綠巾。綠巾恥富貴。功名由巾起。吁嗟乎。君名不愧替錢死。

近吾以作詩話。故海內名士。頗有以故人詩寫寄者。非獨鄙人欣幸。度亦我文壇同志所願望也。亟最錄之。

潘蘭史以康烈士幼博一詩見寄。乃爲蘭史題獨立圖者也。詩云。迢迢香海小闌干。獨立微吟一笑歡。我亦平生有心事。好花留得與人看。其犧牲一身。爲後來國民謀幸福之心。活現紙上。讀竟愴然。幼博先生詩不多見。吾昔誦其一二。今復不能記憶。得此狂喜不自勝。潘君吾粵人。名飛聲。嘗游德國。久主香港華字報。最主持清議者也。蘭史又寄公度詩三章。其第一章已錄報中。不再錄。其第二章題爲『香港訪潘蘭史題其獨立圖』詩云。四億萬人黃種貴。二千餘歲黑甜濃。可堪獨立山人側。多少他人臥榻容。其第三章題爲『夜泊』詩云。一行歸雁影零丁。相倚雙鳧睡未醒。人語沈沈篷悄悄。沙光淡淡竹冥冥。近家鄉夢心尤亟。拍枕濤聲耳厭聽。急趁天明催艣發。開門斜日帶殘星。案蘭史獨立圖。一時名士題詠殆徧。余記邱倉海一聯云。黃人尚昧合羣理。詩界差存自主權。意境新闢。余亟賞之。

李曉暾以譚瀏陽遺詩見寄。類多見莽蒼蒼齋詩中者。丁酉金陵刻本今錄其『和友人除夕感懷四篇并敘。』敘曰。舊作除夕詩甚夥。往往風雪羈旅中拉雜命筆。數十首不能休。已而碎其稾。與馬矢車塵同朽矣。今見饒君作。不覺蓬蓬在腹。憶除夕商州寄仲兄風檣抗手別家園。家有賢兄感鶺原。兄曰。嗟予弟行役。不知今夜宿何郵。風景不殊。幽明頓隔。歔邑陳言。所感深焉。亦不自知粗放爾許。詩曰。斷送古今惟歲月。昏昏臘酒又迎年。誰知羲仲寅賓日。已是共工缺陷天。桐待鳳鳴心不死。澤因龍起腹難堅。寒灰自分終銷歇。賴有詩兵鬬火田。我輩蟲吟眞碌碌。高歌商頌彼何人。十年醉夢天難醒。一寸芳心鏡不塵。揮灑琴尊辭舊歲。安排險阻著孤身。乾坤劍氣雙龍歗。嘆起幽潛共好春。内顧何曾足肝膽。論交晚乃得髯翁。不觀器識才終隱。即較文詞勢已雄。逃酒人隨霜陣北。談兵心逐海潮東。飛光自撫將三十。山簡生來憂患中。年華世事兩迷離。敢道中原鹿死誰。自向冰天鍊奇骨。暫教佳句關通眉。無端歌哭因長夜。婪尾陰陽賸此時。有約聞雞同起舞。燈前轉恨漏聲遲。曉暾名振鐸。湖南邵陽人。武壯公臣典之子。近主蘇報。能發揮新思想者也。

何擎一以唐瀏陽兩詩見寄。皆嘗見上海亞東時報者也。其一爲送安藤陽洲之燕京。詩云。東風吹滿神勝洲。日落海天飛行舟。壯士拂衣出門去。攫身一劍橫青冥。易水蕭蕭筑聲歇。望斷燕雲十六州。哀哀萇弘血化碧。頸項猶擁仇人頭。魑魅滿城風雨腥。狌鼯穴道窺人行。磨牙厲吻十萬隊。飽不颺去飢則鳴。忽然海飆馳飛電。戰慄聲嘶涕淚并。有時邊警偶不至。梨園歌舞酣承平。晉陽休礙君王獵。文母寧知漢室傾。白馬橫江飲君酒。盧龍憶否何人手。南北中分楚漢秋。太平洋面波亂吼。從來世事如弈棋。可憐被髮伊川走。亞東之局復如何。不見魯陽揮天戈。一髮牽之全身動蒼茫浴日生洪波。羲轡停驂坤紐絕。寂寂人間曳落河。陽洲先生安藤子。芒鞋踏遍萬山紫。黃金市駿今無人。獨向燕門訪奇士。隱隱中原鼙鼓聲。迸入英雄夢魂裏。與君半載相因依。奈何一旦分別離。南浦綠波淚如雨。古愁蕩漾天之涯。其二爲次深山獨嘯荒井昌頓韻坤輿跌宕何其神。紛綸億兆京垓人。中有健者宅扶桑。雄心俠骨輕根塵。讀書不讀陰符經。百卷甲兵羅君身。洪瀾會翻世界海。何用行吟江之濱。嗟我神州黑暗獄。奇憂窒湧詩小旻。東南膏血西北燼。利盡錐刀窮絲緡。邇來二百五十載。蚩蚩牛馬劬且貧。嗜患甘鴆波綿毒。胡人竊取如醪醇。文明新運疇籥之。寧靳中土寒生春。使我羞見數君子。欲吐旋茹多酸辛。波蘭覆轍斯須耳。哀哀天道無屈伸。君不聞輔車相依虞虢勢。奈何坐令黠虜驕絕倫。

吾嘗推公度穗卿觀雲爲近世詩家三傑。此言其理想之深邃閎遠也。若以詩人之詩論。則邱倉海逢甲其亦天下健者矣。嘗記其己亥秋感八首之一云。遺偈爭談黃蘗禪。荒唐說餅更青田。戴鰲豈應遷都兆。逐鹿休訛厄運年。心痛上陽眞畫地。眼驚太白果經天。只愁讖緯非虛語。落日西風意惘然。蓋以民間流行最俗最不經之語入詩。而能雅馴溫厚乃爾。得不謂詩界革命一鉅子耶。倉海詩行於世者極多。余於前後秋感各八首外。酷愛其東山感秋詩六首。詩云。痛哭秋風又一年。觚棱夢落楚江天。拾遺冷作諸侯客。袍笏空教拜杜鵑。天涯心逐白雲飛。瑟瑟秋蘆點客衣。回首大宛山上月。更無緘札問當歸。斜日江聲走急灘。殘棋別墅局方難。後堂那有殘絲竹。陶寫東山老謝安。寒蛟海上趁人來。漠漠秋塵掃不開。滿目桑田淸淺水。五雲樓閣是蓬萊。冷落山齋運甓身。天門八翼夢無因。西風吹起神州恨。麈尾淸談大有人。老樹秋聲撼睡童。讀書情趣遜歐公。挑燈自寫紉蘭句。一卷離騷當國風。

自唐人喜以佛語入詩。至於蘇東坡王半山。其高雅之作。大半爲禪悅語。然如溪聲便是廣長舌。山色豈非淸淨身之類。不過弄口頭禪。無當於理也。人境廬集中有一詩。題爲『以蓮菊花雜供一瓶作歌』。半取佛理。又參以西人植物學。化學。生理學諸說。實足爲詩界開一新壁壘。女媧鍊石補天處。石破天驚逗秋雨。吾讀此詩。眞有此感。詩如下。

南斗在北海。西流春非我春。秋非秋。人言今日是新歲。百花爛漫堆案頭。主人三載蠻夷身。足徧五洲多異想。且將本領管羣花。一瓶海水同供養。蓮花衣白菊衣黃。夭桃側侍添紅妝。雙花並頭一在手。葉葉相對花相當。濃如旃檀和衆香。燦如雲錦紛五色。華如寶衣陳七市。美如瓊漿合天食。如競笳鼓調箏琶。蕃漢龜茲樂一律。如天雨花花滿身。合仙佛魔同一室。如招海客通商船。紅黃白種同一國。一花驚喜初相見。四千餘歲甫識面。一花自顧還自猜。萬里絕域我能來。一花退立如局縮。人太孤高我慙俗。一花傲睨如居居。了更嫵媚非粗疏。有時背面互猜忌。非我族類心必異。有時並肩相愛憐。得成眷屬都有緣。有時低眉若飲泣。偏是同根煎太急。有時仰首翻躊躇。欲去非種誰能鋤。有時俯水瞋不語。無滋他族來逼處。有時微笑臨春風。來者不拒何不容。衆花照影影一樣。曾無人相無我相。傳語天下萬萬花。但是同種均一家。古言猗儺花無知。聽人位置無差池。我今安排花願否。拈花笑索花點首。花不能言我饒舌。花神汝莫生分別。唐人本自善唐花。或者併使蘭花梅花一齊發。飆輪來往如電過。不日便可歸支那。此瓶不乾花不萎。不必少見多怪如橐駝。地球南北倘倒轉。赤道逼人寒暑變。爾時五羊仙城化作海上山。亦有四時之花開滿縣。卽今種花術益工。移枝接葉爭天功。安知蓮不變桃。桃不變爲菊。迴黃轉綠誰能窮。化工造物先造質。控摶衆質亦多術。安知奪胎換骨無金丹。不使此蓮此菊此桃萬億化身合爲一。衆生後果本前因。汝花未必原花身。動物植物輪迴作生死。安知人不變花。花不變爲人。六十四質亦么麽。我身離合無不可質有時壞神永存安知我不變花花不變爲我千秋萬歲魂有知此花此我相追隨待到汝花將我供瓶時還願對花一讀今我詩。

余自己亥冬游夏威夷其後返上海香港檳榔嶼錫蘭遂游徧澳洲全境所至非熱帶地卽暑伏節也於是余不見雪者殆三年澳亞歸舟曾有句云冰心慣住熱世界老國從思新少年蓋紀實也壬寅正月復旅日本獨居塔澤環翠樓者月餘日忽晨起則玉屑滿庭狂喜若逢故人也遂成兩絕句其一云夢乘飛船尋北極層凌壓天天爲窄羽衣仙人拍我肩起視千山萬山白其二云三年越鳥逐南枝汗漬塵巾髩有絲今日緇衣忽化素溪橋風雪立多時。

壬寅九月復偕平子荷庵慧之游箱根實五年前侍南海先生舊游處也旅館壁間懸先生手書一軸卽宿此旅館時所爲詩也詩云電燈的的照樓臺夜屧游廊幾百回明明如月心難掇歷歷微塵劫未灰風葉一秋疑積雨瀑泉竟夕隱驚雷曉珠斗大盈懷抱倚徧銀屏數去來余與三子摩挲環讀不勝今昔之感平子有詩云偶捐塵境尋幽去到眼風光萬念新卽物卽心猶有著度人度我總多情迴環碧水戀紅葉杳渺青山眷白雲各抱相思無可說爲誰西望一沾巾箇中感觸非我同游者不能喻也。

南海先生遊箱根一旬得詩甚多戊戌國變紀事四首卽成於彼時也余最愛誦其五古一章云天地大逆旅家國長傳舍斯人吾同室疾苦誰憐惜萬方凝秋風閉戶誰能謝旣入帝網中重重纓絡絓荆榛蔽大道澗谷起寸巇解脫非不能垢衣吾敢卸化身曾八千惻怛又稅駕仲尼本旅人瞿曇乃乞者我生亦何之歷劫更多暇信宿席不煖去住心無挂灰飛滄海變時放光明夜

有自署章邱生者。以長沙舒烈士閏祥感懷詩八章見寄。烈士字蒲生。晚號萍齋。唐瀏陽至交也。以己亥春成仁於湘中。（章邱生來書敘君性行頗詳恕不能備載寶諸篋中爲他日史料）昔惟聞海上諸君子傳誦其詩。有入市無屠狗。驕人讓沐猴之句。深以片鱗隻甲爲憾。今得此八章。烈士之志節文章。亦略見一斑矣。因亟錄之如下。一夜西風萬木凋。繞枝烏鵲去迢迢。愁邊淚落銀河水。夢裏心翻碧海潮。日月乾坤雙照外。干戈天地一身遙。江關蕭瑟尋常事。銅狄摩挲憾不消。太息回天力尚微。乘秋便欲破空飛。一身詎忍言功罪。萬口偏難定是非。大澤龍蛇終啓蟄。故山猿鶴莫相違。三千死上田橫島。南望中原涕淚霏。軍符一道下從容。宜有昇平答九重。誰向廣寒修月斧。卻致洛浦應霜鐘。越禽背暖孤飛去。桀犬驕人反噬凶。落日營門儆秋色。將軍獨自頌時雍。久已分封向醉鄉。又邀射獵入長楊。渭涇清濁雙流合。門第金張七葉昌。君子何辭化猿鶴。中朝從此有蜩螗。逢人莫道頭顱好。鏡裏相看半是霜。漢南司馬今人傑。萬事應非築室謀。歌舞能銷君國恨。死生空塵友朋憂。功名白髮三持節。霄漢丹心一借籌。遙領頭銜是橫海。祇隨李蔡爵通侯。周宣車馬中興日。漢武樓船鑿空年。奉使更無蘇屬國。談兵偏罪杜樊川。風雲淮海行看盡。子弟湖湘亦可憐。昨夜欃槍又西指。仗誰搔首問青天。重見詞源三峽傾。幾人聯袂又蓬瀛。欲隨幕燕營新壘。已與汀鷗背舊盟。未死秦灰猶有燄。僅存魯壁更無聲。關山直北愁金鼓。要借絃歌寫太平。當年亦是鳳鸞姿。雪壓霜欺歷幾時。官味乍同雞肋戀。壯懷應有馬蹄知。濁醪味薄愁難破。故劍情深有所思。風景不殊悲舉目。峴山何處採華芝。

人境廬集中。性情之作。紀事之作。說理之作。沈博絕麗。體殆備矣。維綺語絕少概見。吾以爲公度守佛家第七戒也。頃見其『都踊歌』一篇。不禁撫掌大笑曰。此老亦狡獪乃爾。歌有序。序云。『西京舊俗。七月十五至晦日。每夜亙索街上。懸燈數百。兒女豔裝靚服爲隊。舞蹈達旦。名曰都踊。所唱皆男女猥褻之辭。有歌以爲之節者。謂之音頭。譯而錄之。其風俗猶之唐人合生歌。其音節則漢人董逃行也。』詩云。長袖飄飄髻峨峨。荷荷。裙緊束兮帶斜拖。荷荷。分行逐隊兮舞傞傞。荷荷。往復還兮如擲梭。荷荷。回黃轉綠兮同按莎。荷荷。中有人兮通微波。荷荷。貽我釵鸞兮餽我翠螺。荷荷。呼我娃娃兮我哥哥。荷荷。柳梢月兮鏡新磨。荷荷。雞眠貓睡兮犬不呵。荷荷。待來不來兮歡奈何。荷荷。一繩隔兮阻銀河。荷荷。雙燈照兮暈紅渦。荷荷。千人萬人兮妾心無他。荷荷。君不知兮棄則那。荷荷。今日夫婦兮他日公婆。荷荷。百千萬億化身菩薩兮受此花。荷荷。三千三百三十二座大神兮聽我歌。荷荷。天長地久兮無差訛。荷荷。

余自去年始獲以文字因緣交蔣觀雲。往在美洲見清議報文苑。有題因明子稿者。大心醉之。顧以爲夏穗卿作。蓋其理想魄力。無一不肖穗卿也。爾後屢讀因明詩。而認爲穗卿之心。益橫亙胸中。在澳洲作廣詩中八賢歌。首頌因明。而下注穗卿。及東還始知其誤。改正之。故歌中竟闕穗卿也。於是乞交因明之心益熱。此吾腔子裏一段歷史。亦可爲藝林增一談柄也。初讀觀雲詩。爲『時運』一首。至今常日三復之。不辭駢枝。再寫一通。鬱鬱思世理。多由無字書。初俗進農桑。震旦足菑畬。爾時號聖賢。倫理爲排梳。亦足致小康。井里安厥居。中間更衰亂。大致復相如。倏忽宙運變。茲理有乘除。昔者尙專制。今茲道猶醵。昔隆禮與法。今書自由陸。孟晉足競存。墨守喪其車。賢豪已奮變。頑靈乃齟齬。由來新舊交。殺氣滿員輿。軒隱雷電已。霓野始靚虛。羣大身則小。此言不可鋤。洶洶朕時艱。攫救寧非予。吾有黨與徒。來者方徐徐。吾有日與月。萬古爲居諸。生民丁時異。四氣有慘舒。蒼然望六合。相要重瓊琚。兒痤不苦擱。何由燎瘍疽。敞敝不拆毀。何由築室廬。綢繆聖所云。不遑事拮据。毋吟雲漢詩。傷哉泣周餘。

余與觀雲至今未識面。今春貽以一影像。媵一絕句云。是我相是衆生相。無明有愛難名狀。施波羅蜜證與君。拈花笑指靈山上。觀雲報我一影像。亦媵一偈云。分明有眼耳鼻舌。一文不値何消說。如我自看猶自厭。暫留蛻殼在人間。觀雲太撝謙生。

平子孝高復訪余於箱根。月夜相與登塔峯絕頂。高歌南海先生舊作。『天龍作騎萬靈從。獨立飛來縹渺峯。懷抱芳馨蘭一握。縱橫宙合霧千重。眼中戰國成爭鹿。海內人才孰臥龍。倚劍長號歸去也。千山雲雨嘯青鋒。』一詩。覺胸次浩然。大有舞雩三三兩兩之意。歸環翠樓。平子寫其近作雜詩十二絕見示。詩云。晚風初定曉雲生。忽把浮名與世爭。忽憶身前身後事。星球幾處現光明。其一意根有著成圓缺。眼識無端說暗明。最是良宵人去後。高樓望月更何人。其二日之方中夜未央。是誰念念續微茫。公情私愛玄黃媾。寸寸靈臺總戰場。其三忽然思想遍諸天。摘取奇情歷歷傳。吾舌猶存何所用。有權斯世創公言。其四人間天上原無別。何處相思可渡河。星月紛紛惟見影。那邊相望又如何。其五構成世界原兒女。俠骨柔腸一例才。莫渡如來寂滅海。不妨齊向愛河來。其六器世微塵作麼生。山馳水湧尚難平。繁星如豆人如蟻。獨倚危樓看月明。其七魂魂色色現靈臺。一例人天大會開。我亦天公一分子。更何心事問天來。其八流水柴門盡日關。鳥聲如夢落花閑。詩情畫意都忘卻。余欲無言對此山。其九都思田里與妻兒。咫尺長安悵別離。四萬萬人皆地主。爲誰爭說客京師。其十千家好夢初成候。我獨高歌也枉然。樓外繁星光悄寂。奇聲應隔萬重天。其十一落照依微月上遲。共誰終古話相思。刹那悟了前生事。恰似今宵夢醒時。其十二余讀竟。灑然若有所得。茫然若有所失。昔與平子及兩劉陽鐵樵同學佛。日輒以『爲一大事出世』之義相棒喝。比年以來。同學少年。死亡流落。余且飽經世態。沈汨外學。吾喪眞吾久矣。平子相見。叩以近所得。且勗以毋忘舊業。不覺冷水澆背。如南泉聞雁聲過去時也。

平子不以詩名。偶有所作。溫柔敦厚。芳馨悱惻。蓋平子性情中人也。余記其庚子秋東渡日本舟中作四絕云。急雨渡春江。狂風入秋海。辛苦總爲君。可憐君不解。解一山被白雲封。水把青山繞。一樣是多情。郎心道誰好。解二宵坐紉春衣。晨興刈秋草。十指豈辭勞。寸心終悄悄。解三三更滿窗風。五更一樓雨。野渡斷人行。夢魂不知處。解四吾酷愛之。謂其爲離騷之音也。平子又爲覺頓書箑。錄舊作一章云。不相菲薄不相羨。入世皇皇出世間。獨立中流喧日夜。萬山無語看焦山。蓋純乎學道有得之言。余昔記曾重伯詩有『萬朶紅蓮禮白蓮』之語。余嘗歎以爲妙想妙語。得未曾有。平子萬山無語看焦山一句。警策相類。而意境似猶過之。可謂無獨有偶。

王紫詮之繙譯事業。無精神。無條理。毫無足稱道者。我國學界中亦久忘其人矣。雖然。其所譯普法戰紀中。有德國法國國歌各一篇。皆彼中名家之作。於兩國立國精神。大有關係者。王氏譯筆。亦尚能傳其神韻。是不可以人廢也。德國祖國歌一長篇。已見新民叢報第十一號軍國民篇。今復錄其法國國歌四章如下。法國榮光自民著。爰興義旗宏建樹。母號妻啼家不完。淚盡詞窮何處訴。吁王虐政猛於虎。烏合爪牙廣招募。豈能復覩太平年。四出搜羅困奸蠹。奮勇興師一世豪。報仇寶劍已離鞘。進兵須結同心誓。不勝捐軀義並高。解一維今暴風已四播。孱王相繼民悲咤。荒郊犬吠戰聲哀。田野蒼涼城闕破。惡物安能著眼中。募兵來往同相佐。禍流遠近惡貫盈。罪參在上何從赦。奮勇興師一世豪。報仇寶劍已離鞘。進兵須結同心誓。不勝捐軀義並高。解二維王泰侈弗可說。貪婪不足爲殘賊。攬權怙勢谿壑張。如納象軀入鼠穴。驅使我民若馬牛。瞻仰我王逾日月。維人含靈齒髮儔。詎可鞭

皆曰摧缺．奮勇興師一世豪．報仇寶劍已離鞘．進兵須結同心誓．不勝捐軀義並高．解三 我民秉政貴自主．相聯肢體結心膂．脫身束縛在斯時．奮發英靈振威武．天下久已厭亂雜．詐僞相承徒自苦．自主刀鋒正犀利．安得智驅而術取奮勇興師一世豪報仇寶劍已離鞘進兵須結同心誓不勝捐軀義並高解四

吳季淸先生一家之死難．實我生朋友中最痛怛之事．而戊戌北京庚子漢口諸烈以外．一大悲慘之紀念也．久欲爲一詩紀哀．至今未成．引爲疚焉．前曾見黃公度所作三哀詩中數語．今復得其全篇．我心中所欲言．殆盡於是．我其亦可以無作矣．亟錄入詩話．『世界隨轉輪．成壞各有劫．適值傾覆時．萬法不必說．以君循吏才．三年官於越．無端桴鼓鳴．伏莽寇竊發．山縣斗大城．城頭黑雲壓．紛紛彼狠心．躍躍欲豬突．君昔理常平．手曾治大猾．鴞音不能革．生性成檮杌．到此播流言．官實通賊諜．作賊兼作官．滿城耳喧聒．城中西教徒．積惡鬼羅刹．閃閃蒼鷹眼．磨刀咸欲殺．公知事不可．大聲作瞋喝．反激蚩蚩怒．一霎盡滅裂．非無防禦使．蠢蠢怯如鼈．噤不發一言．坐視民刼奪．此客市斷頭．彼奴復流血．亂刃白雨點．混殺到手猾．獰犬狂號跳．奔馬肆踶齧．但是縣衙人．一見輒摧捽．郎當子若孫．衣破脚不韈．同寮不肯留．望門走託鉢．指名徧搜牢．牽髮互辮結．驅羊入屠肆．執箠尚鞭撻．天堂變地獄．肉花碎片割．同時遭荼毒．彼此造何業．原注君一家受戮後並尸於天主堂堂中教士被害者共六人少婦幼兒皆以刀臠割其肉肉盡乃斃之 君當就縛時．自知當永訣．上念我佛恩．如何得解脫．下傷戚母慈．如何保生活．可憐八十母．蕭條鬢黃髮．追憶六年前．春酒壽筵設．君披宮錦袍．手執先朝笏．公瑾與伯符．同年小一月．我歌壽人曲．登堂來拜謁．孫曾六七枝．一一芝蘭茁．最小耳銀璫．頳面白勝雪．誰料綵衣舞．回旋僅一瞥．覆巢無完卵．雛鳥鳴亦絕．聞今既半年．未悉子存歿．家人畏驚倒．相戒咸結舌．入則圍紅裙．出乃易墨絰．母尚倚閭望．朝夕拜菩薩．念子歸何遲．此別太契闊．原注家人詭以大府調往勦賊告其母

豈知望子臺。早既堆白骨。以君精佛理。夙通一切法。明知入世事。如露如泡沫。佛力猶有礙。何況身生滅。將頭臨刃時。定知不驚怛。獨怪耶穌教。瓣香未曾爇。如何偕教徒。一例受磨折。觀君遭萬變。已足空一切。只有黃鳥歌。哀吟代嗚咽。』原詩後復有補注敘述吳公死事事實頗詳並錄之以備後之作史者參考焉……君名德潚字季清達縣人部選西安縣知縣光緒二十五年到任庚子六月拳匪之亂作衢州土寇四起江山常山被圍西安土豪有虎而冠者因積穀事侵公款甚鉅君嚴治之至是嗾新募勇反廿五日晨君方集衆議團練聞邏卒問何爲則以毀天主堂對君出呵禁之反徒麕集遽倒戈相向取官裸而反接之送金衢嚴道署誣以通賊道員鮑祖齡儒而愚不能彈壓賊復由道署縛出至堂簷下亂刃斫之又闖入縣署幕賓丁役凡殺二十九人子以以發被縛亂民請不鮑處分鮑言聽汝輩懲治吾不敢庇護罪人廿六日亦受駢戮長孫恕昌倉猝出逃匿於城隍廟之懸匾中搜出亦戮死所賸幼兒二賴乳者抱出得逸太夫人年八十牽出將加刃爲人喝阻乃搶擄簪釧一而去是役也各官署俱獲免鎭道府各員乃議以通賊之罪坐縣令而爲亂民解免派紀綱之僕二三人來搜檢一切文書夫人冉氏君之繼配也已密遣人以絮被褁君父子尸聞搜索之令堅持不可具牘請於道必派委二人監視乃許行各官不得已從之詭計不得逞乃以模棱之詞達大府夫人復控訴之卒得旨昭雪復優恤焉辛丑六月補記

林暾谷烈士旭。少好爲詩，詩孤澀似楊誠齋。卻能戛戛獨造。無崇拜古人意。蓋肖其爲人也。都中有以晚翠軒集寫本見寄者。蓋皆其二十以前之作。晚歲所臻。尚不止此。顧亦可想見其人格矣。摘錄數章如下「病起漫書」云『耳目與口鼻。不思何錄錄。苟能得其養。心亦即快足。四者彼何知。惟心實有欲。所以養心者。必先此四族。愚奢厚自奉。反以滋垢黷。一鳥能遺音。豈必奏絲竹。一花可慰眼。豈必陳綺縠。誦詩味芬芳。聞香氣淸淑。領略信靡窮。我亦我能懤』「效太夷丈」云『松生依澗谷。上爲干霄枝。搖落尙不語。繁華豈嘗知』「感秋」云『淸晨負手行。蟋蟀鳴我門。因知秋氣厲。感此悲流年。病夫日掩戶。一月不窺園。頗聞梧桐樹。飄葉聚其根。歲寒皆黃落。而汝胡爲先。我將種長松。不與時推遷。小庭數盆花。青青亦堪憐。但覺淒淸意。莫向西風前』讀此諸篇。其孤絕高俗之氣。可見一斑矣。又「張園梅花」有句云『芳波照影知誰見。斜日攀條卻獨來』又「無題」云『

思先清曉東輪轉。意共黃昏燭本闌。世界愁風復愁雨。肝脾爲苦亦爲酸。』「雨夜醉歸」云：『時世畫眉將半額。春寒呵手不成團。雨聲月色和同好。馬足燈光一併飛。』余皆酷愛之。

歲暮懷人。萬感交集。自念我入世以來。不過十二三年。而生平所最敬愛之親友。溘亡大半。讀杜少陵死別已吞聲。生別常惻惻。魂來楓林青。魂返關塞黑之句。不自知其涕之淋浪也。丙申間。曾語譚瀏陽曰。吾欲爲三亡友傳以誌哀。三亡友者。一南海陳君通甫。（千秋）二南海曹君著偉。（泰）三達縣吳君鐵樵（樵）也。傳至今未成。而當時所與語之人。墓木亦將拱矣。追思昔游。猶在心目。可勝悼哉。三君皆天才。至今眼中之人。未有其比。斯人之夭。一國之不幸也。陳曹皆萬木草堂同學。吳則季清先生之長公子也。三君思想學詣。並卓絕時流。卽文學亦有開拓千古推倒一時之概。壽皆不及顏氏子。著述未一成。事業未一就。三年之間。賫志並歿。嗚呼痛矣。余昔藏其來往論學箋及詩文零稿甚夥。戊戌去國。散佚無復片紙。並此區區者而天亦妒之耶。三君皆不以詩名。然詩固有獨絕處。辛卯冬。余游京師。通甫贈以五言長句二章。今僅記其四語云：『非無江湖志。跌宕恣游遺。蒼生慘流血。敝席安得煖。』又通甫嘗爲余題箑數語云：『伊川賞「夢魂慣得無拘檢。又逐楊花過謝橋。」通父賞「蝴蝶上階飛。風簾自在垂。」二詞誰工。請問知者。』所記通甫之文僅此而已。辛卯春。著偉突訪余。翌日答視之。見其壁間自署一楹云：『我輩耐十年寒。供斯民煖席。朝廷具一副淚。聞天下笑聲。』心大異之。時著偉僅二十二歲也。自此同學。連輿接席者年餘。爾後余居京師。越三年而著偉遂死。著偉詩甚多。彼時余不好談詩。不記憶之。今印於腦中者。惟餘一首。又脫忘其三句。詩云：『而今已矣三千年。幾個英雄問九淵。胎化有靈觀閒氣。帝王無力笑青天。□□□□□□□□□□□□□□□□□□□□□血書重認涕潸然。』所記著偉之文僅此而已。余初交鐵樵。

在京師實乙未冬也。與譚瀏陽三人相視如兄弟。鐵樵雅不好爲詩。嘗偕游西山碧雲寺。瀏陽强之吟。成一章。乃大佳絕。今惟能誦其一聯云『白雲白鳥相來去。青史青山自古今』所記鐵樵之文僅此而已。通甫嘗爲「仁說」一書。其持論略與瀏陽之仁學相出入。又著「性論」「宗教平議」等書。皆未成而卒。患肺病年餘。枕中猶時時屬稿。易簀時以書之未完不能盡達其意。悉燒棄之。通甫嘗居鄉。辦西樵鄉局事者一年。練民團五百人。與一小學校。建一藏書樓。治事嚴厲。以一新進小生。摧抑豪猾。鄉中十餘萬人令行禁止。賭盜之風頓息。蓋將以爲地方自治之基礎也。甫就緒。而病遂劇。至今鄉中人擬爲立祠奉祀。志功德云。著偉最耽哲理。思想淵淵入微。嘗爲「儒教平等義」十餘篇。未成。晚年欲窮魂學之精髓。以爲佛教密咒必有特別妙諦。捐棄百學。以冥索之。居羅浮歲餘。以暴病卒。其文豪放連犿。波譎雲詭。能肖其心思。鐵樵算學並世無兩。喜以算學談哲理。瀏陽「仁學」多採其說。晚年辦湖南礦事。在漢口得熱病。以誤藥卒。嗚呼。造時勢之英雄。豈在多耶。使今日諸君子者猶在。其勢力之影響於國民者。寧可思議。耗矣哀哉。

中國人無尙武精神。其原因甚多。而音樂靡曼亦其一端。此近世識者所同道也。昔斯巴達人被圍。乞援於雅典。雅典人以一眇目跛足之學校教師應之。斯巴達人惑焉。及臨陣。此教師爲作軍歌。斯巴達人誦之。勇氣百倍。遂以獲勝。甚矣聲音之道感人深矣。吾中國向無軍歌。其有一二若杜工部之前後出塞。蓋不多見。然於發揚蹈厲之氣尤缺。此非徒祖國文學之缺點。抑亦國運升沈所關也。往見黃公度出軍歌四章。讀之狂喜。大有含笑看吳鉤之樂。嘗以錄入小說報第一號。頃復見其全文。乃知共二十四首。凡出軍軍中還軍各八章。其章末一字。義取相屬。以鼓勇同行敢戰必勝死戰向前縱橫莫抗旋師定約張我國權二十四字殿焉。其精神之雄壯活潑沈渾深遠不必論。卽文藻亦二千年所未有也。詩界革命之能事至斯而極矣。吾爲一言以蔽之曰。讀此詩而不起舞者。必非男子。錄全文如下。

出軍歌

四千餘歲古國古。是我完全土。二十世紀誰爲主。是我神明胄。君看黃龍萬旗舞。鼓鼓鼓。

一輪紅日東方湧。約我黃人捧。感生帝降天神種。今有億萬衆。地球蹴踏六種動。勇勇勇。

南蠻北狄復西戎。泱泱大國風。蜿蜒海水環其東。拱護中央中。稱天可汗萬國雄。同同同。

綿綿翼翼萬里城。中有五嶽撐。黃河浩浩流水聲。能令海若驚。東西禹步橫庚庚。行行行。

怒攪海翻喜山撼。萬鬼同一膽。弱肉磨牙爭欲噉。四鄰虎眈眈。今日死生求出險。敢敢敢。

剖我心肝挖我眼。勸我供貢獻。計口緡錢四萬萬。民實何仇怨。國勢衰微人種賤。戰戰戰。

國軌海王權盡失。無地畫禹迹。病夫睡漢不成國。卻要供奴役。雪恥報仇在今日。必必必。

一戰再戰曳兵遁。三戰無餘燼。八國旗颺笳鼓競。張拳空冒刃。打破天荒決人勝。勝勝勝。

軍中歌

堂堂堂堂好男子。最好沙場死。艾灸眉頭瓜噴鼻。誰實能逃死。死只一回毋浪死。死死死。

阿孃牽裾密縫綫。語我毋戀戀。我妻擁髻代盤辮。瀕行手指面。敗歸何顏再相見。戰戰戰。

戟門乍開雷鼓響。殺賊神先王。前敵鳴笳呼斬將。擒王手更癢。千人萬人吾直往。向向向。

探穴直探虎穴先。何物是險艱。攻城直攻金城堅。誰能漫俄延。馬磨馬耳人磨肩。前前前。

彈丸激雨刃旋風。血濺征衣紅。敵軍昨屯千羆熊。今日空營空。萬旗一色盤黃龍。縱縱縱。

層臺高築受降城。諸將咸膝行。降奴脫劍鞠躬迎。單于頸繫纓。四圍鼓吹鐃歌聲。橫橫橫。

禿髮萬頭纏黑索。多少戎奴縛。緋紅十字張油幕。處處夷傷藥。軍令如山禁殘虐。莫莫莫。

不喜封侯虎頭相。鑄作功臣像。不喜燕然碑百丈。表示某家將。所喜軍威莫敢抗。抗抗抗。

旋軍歌

金甌既缺完復完。全收掌管權。胭脂失色還復還。一掃勢力圈。海又東環天右旋。旋旋旋。

輦金如山銅作池。債臺高巍巍。靑蚨子母今來歸。償我民膏脂。民膏民脂天鑒茲。師師師。

璽書謝罪載書更。城下盟重訂。今日之羊我爲政。一切權平等。白馬拜天天作證。定定定。

鷙翼橫騫鷹眼惡。變作旄頭落。蓋海艨艟礮聲作。和我凱旋樂。更誰敢背和親約。約約約。

秦肥越瘠同一鄉。併作長城長。島夷索虜同一堂。併作强軍强。全球看我黃種黃。張張張。

五洲大同一統大。於今時未可。黑鬼紅番遭白墮。白也憂黃禍。黃禍者誰亞洲我。我我我。

黑山綠林赤眉赤。亂民不算賊。鑴羌破胡復滅狄。雖勇亦小敵。當敵要當諸大國。國國國。

諸王諸帝會塗山。我執牛耳先。何洲何地爭觸蠻。看余馬首旋。萬邦和戰奉我權。權權權。

亡友曹著偉詩。哲人之詩也。情人之詩也。余恨不能記憶。前詩話載其一律。殘缺殆半。滋耿耿焉。桂林馬君武見而憐之。以所憶得一律見餉。蓋著偉侍南海先生游桂林時題壁之作也。亟錄如下。『大地權輿我到遲。也曾歌泣也懷思。深山大澤堪容劍。天老地荒獨有詩。龍蛇昔曾歸覺想。涅槃今欲證心期。我行幸有微風舵。元氣舟中任所之」

君武亦好哲學而多情者也。最愛讀「新小說」中羽衣女士所著東歐女豪傑。原書有詩二章云。磊磊奇情一萬絲。爲誰吞恨到蛾眉。天心豈愛玄黃血。人事難平黑白棋。秋老寒雲盤健鶻。春深叢莽殪神魑。可憐博浪過來客。不到沙丘不自知。其二云。天女天花悟後身。苦來說果復談因。多情錦瑟應憐我。無量金針試度人。但有馬蹄黴往轍。應無龍血灑前塵。勞勞歌哭誰能見。空對西風淚滿巾。君武戲爲和之。亦與原作工力悉敵。和章云。憔悴花枝與柳絲。爲誰顰斷遠山眉。競爭未淨六洲血。勝負猶懸廿紀棋。東海雲雷驚睡蟄。北陵薜荔走山魑。遠聞錦瑟魂應斷。沈醉西風不自知。其二云。辛苦風塵飄泊身。人天歷歷悟前因。飛揚古國非無日。巾幗中原大有人。明媚河山愁落日。倉皇戎馬泣飛塵。聞君憂國多垂淚。爲製鮫綃百幅巾。

宗仰上人。可謂我國佛教界中第一流人物也。常慕東僧月照之風。欲爲祖國有所盡力。海內志士。皆以獲聞說法爲欣幸。吾友湯覺頓禮之歸。呈三詩以表景仰。讀之可以想見上人之道行矣。詩云。不離佛法不離魔。出世還憑入世多。好是音雲演眞諦。八千里下瀉黃河。縱浪朱華道自存。心內淵淵有活源。六月霜飛冬自暖。一生從不異寒暄。不言施報亦施報。不落言詮亦言詮。山僧自有山僧相。那得人間再與言。覺頓之詩。亦淵淵有道心矣。上人固好爲詩。詩肖其爲人。屢見詩界潮音集中。自署烏目山僧者是也。

近日時局可驚可怛可哭可笑之事。層見疊出。若得西涯樂府之筆寫之。眞一絕好詩史也。頃從各報中見數章。諧而不虐。婉而多諷。佳構也。錄之。

黃花謠四章

金風荐爽江之涯。江南士子踏黃花。大江從古號材藪。况值新政初萌芽。經義王半山。策論賈長沙。嶄新花樣憑翻取。會看落筆走龍蛇。愁殺專門八股家。

八股復。志士哭。八股廢。志士慰。吾謂志士且毋爾。廢而不廢猶復耳。志士聞之咈且吁。煌煌天語不聞乎。不知此理人易曉。君不見今年兩主考。

三聲大礮轟天衢。多士入場若貫魚。上江下江多通儒。考籃式如牛腰麤。中有代表腹中書。頭場挾何書。經世文編。校邠廬。二場挾何書。盛世危言。五洲圖。三場挾何書。箋疏鄭孔註程朱。不則大題文府化整爲散亦可供鈔胥。就中價值知幾許。便宜金陵蔡益所。一事臨文須記取。莫作平權自由語。

臨文夫如何。最好是騎牆。調停新舊融華洋。不然極口駡康梁。便作空言也不妨。若納吾言准擷桂花香。不納吾言空逐槐花忙。此是元魁眞祕訣。不辭瘏口爲君說。謂予不信看闈墨。

辰州教案新樂府四章

都司斬

亂民攘臂起。蟻聚而蠭屯。教士跣足逃。豕突而狼奔。都司高閉麒麟門。白刃紅濺桃花痕。飆輪火琯歸其魂。公使一紙書。大官三尺劍。送君直上森羅殿。嗚呼都司爾莫哀。手提髑髏浴血來。一笑相逢似相識。衢州新鬼周之德。

總兵囚

建牙樹纛亦何用。前塵都付春婆夢。赭衣夜過洞庭湖。白叟黃童走相送。總兵總兵何慣慣。已是瓦全非玉碎。不然且作漢寃鬼。從此一身苦拘束。東風年年草痕綠。白頭自守犴狴獄。

太守流

辰州辰州好風土。獉獉狉狉一如古。虬髯碧眼悲停車。議論鑫然拜天父。萬人削梃逐犬羊。花驄星夜來黃堂。洶洶奈此南方强。敎士斃。知府流。吳頭楚尾空悠悠。北風吹起鄉關愁。差勝鍾會悲纍囚。

縣官戍

李陵臺高不可上。玉關立馬匆匆望。蠻煙野雨三十丈。回憶縣銅綰墨時。前驅鹵簿紛然馳。鐵索琅璫今載道。白雲回首心如擣。漢庭望斷金雞詔。朱顏綠鬢垂垂老。

昔在上海。譚復生嘗以其舊作八律見示。蓋丙申春就官浙江。留別湘中同志者也。余讀而愛焉。顧此後茫不復憶得一字。此詩未見於莽蒼蒼齋詩中。無刻本也。故每念及之。輒養養若有失。頃邱菽園以其近著揮麈拾遺見寄。中乃有其全文。吾喜可知矣。亟錄諸詩話中。　睡觸屏風是此頭。也曾開絹向荊州。生隨李廣眞奇數。死傍要離實壯游。洛下埋名王貨畚。蘆中託命伍操舟。東家書劍同纍狗。南國衣冠借沐猴。　白龍魚服辦輕裝。紫鳳天吳舊業荒。儘有乾坤容竈笑。斷無雅頌出雲章。傳觀怕造金樓子。落寞兼思水部郎。去馬來舟多歲月。北山翻覺稚圭狂。　寰海惟傾畢士馬。逢時差喜衞哀駘。風雲煙鳥堂堂陣。河洛龜龍的的才。秦粟擬因三晉泛。蜀山虛遣五丁開。禪心劍氣相思骨。幷作淮南一寸灰。　射虎誰言都飲羽。辟蛟何處好文身。種來天上榆將老。賦到江南草不春。爲撫銅駝尋洛社。更騎銀馬降濤神。袁公弦上堪容我。溫尉桃中別有人。　楚囚遼鶴兩無歸。重向危時謁帝屝。鐵騎角聲殷地發。玉龍鱗甲滿天飛。山河風景皆殊異。城郭人民有是非。畿甸猶然況鄉里。絕糧誰爲解匡圍。莫嫌南宋小京都。句踐錢鏐有霸圖。枳棘鳳鸞魂九逝。人文龍虎淚雙纚。成軍自是須君子。亡國偏來作大夫。剩水殘山憐馬遠。天教留得一西湖。大好湖山供宦學。妄憑愚魯到公卿。生爲小草陶公願。誰寄當歸魏武情。七尺杖拋離葛杵。八分書密愧王荊。會稽誓墓徒淒苦。回首師門感易生。經年焚却硯君苗。何意投來策繞朝。淒矣悲其今麥秀。思之爛熟古弓招。點頭自拜生公石。拗項爭趨御史橋。手版倒持裘反著。是儂吳市一枝簫。　復生自刻莽蒼蒼齋詩。題曰東海褰冥氏三十以前舊學第二種。蓋斷自乙未前也。此八章即其所謂三十以後新學之初唱矣。沈雄俊遠。誠在莽蒼蒼齋之上。但篇中語語有寄託。而其詞瑰瑋連犿。斷非尋常所能索解。唐紱丞嘗語余云。此詩惟我能解之。余時匆匆未暇叩紱丞也。而今紱丞亦云亡。誦元遺山獨恨無人作鄭箋之句。又愴然涕下矣。

復生自憙其新學之詩。然吾謂復生三十以後之學。固遠勝於三十以前之學。其三十以後之詩。未必能勝三十以前之詩也。蓋當時所謂新詩者。頗喜撏撦新名詞以自表異。丙申丁酉間。吾黨數子皆好作此體。提倡之者爲夏穗卿。而復生亦綦嗜之。此八篇中尙少見。然寰海惟傾畢士馬。已其類矣。其金陵聽說法云。綱倫慘以喀私德。法會盛於巴力門。喀私德即 Caste 之譯音。蓋指印度分人爲等級之制也。巴力門即 Parliament 之譯音。英國議院之名也。又贈余詩四章中有三言不識乃鷄鳴。莫共龍蛙爭寸土等語。苟非當時同學者。斷無從索解。蓋所用者乃新約全書中故實也。其時夏穗卿尤好爲此。穗卿贈余詩云。滔滔孟夏逝如斯。亹亹文王鑒在茲。帝殺黑龍才士隱。書飛赤鳥太平遲。又云有人雄起琉璃海。獸魄蛙魂龍所徒。此皆無從臆解之語。當時吾輩方沈醉於宗教。視數教主非與我輩同類者。崇拜迷信之極。乃至相約以作詩非經典語不用。所謂經典者。普指佛孔耶三教之經。故新約字面絡繹筆端焉。譚夏皆用龍蛙語。蓋時共讀約翰默示錄。錄中語荒誕曼衍。吾輩附會之。謂其言龍者指孔子。言蛙者指孔子教徒云。故以此徽號互相期許。至今思之誠可發笑。然亦彼時一段因緣也。穗卿有絶句十餘章。專以隱語頌教主者。余今不能全記憶。憶其一二云。冰期世界太清涼。洪水茫茫下士方。巴別塔前分種教。人天從此感參商。此其第一章也。冰期洪水。用地質學家言。巴別塔云云。用舊約述閃含雅弗分闢三洲事也。又云。帝子采雲歸北渚。元花門石鎮歐東。口口口口口口口。一例低頭向六龍。六龍冉冉帝之旁。三統芒芒軌正長。板板上天有元子。亭亭我主號文王。所謂帝子者。指耶穌基督自言上帝之子也。元花云云。指回教摩訶末也。六龍指孔子也。吾黨當時盛言春秋三世義。謂孔子有兩徽號。其在質家據亂世則號素王。在文家太平世則號文王云。故穗卿詩中作此言。其餘似此類之詩尚多。今不復能記憶矣。當時在祖國無一哲理政法之書可讀。吾黨二三子號稱得風氣之先。而其思想之程度若此。今過而存之。豈惟吾黨之影事。亦可見數年前學界之情狀也。

此類之詩。當時沾沾自憙。然必非詩之佳者。無俟言也。吾彼時不能爲詩。時從諸君子後學步一二。然今既久厭之。穗卿近作殊罕見。所見一二。亦無復此等窠臼矣。劉陽如在。亮亦同情。

過渡時代。必有革命。然革命者。當革其精神。非革其形式。吾黨近好言詩界革命。雖然。若以堆積滿紙新名詞爲革命。是又滿洲政府變法維新之類也。能以舊風格含新意境。斯可以舉革命之實矣。苟能爾爾。則雖間雜一二新名詞。亦不爲病。不爾則徒示人以儉而已。儕輩中利用新名詞者。麥孺博爲最巧。其近作有句云。聖軍未決薔徵戰。黨禍驚聞瓜蔓抄。又云。微聞黃禍鋤非種。欲爲蒼生賦大招。皆工絕語也。吾自題所著新中國未來記二詩。有云。青年心死秋梧悴。老國魂歸蜀道難。亦頗爲平生得意之句。

莽蒼蒼齋集中有詩云。身高殊不覺。四顧乃無峯。但有浮雲度。時時一盪胸。地沈星盡沒。天躍日初鎔。半勺洞庭水。秋寒欲起龍。蓋晨登衡嶽祝融峯作也。瀏陽人格。於此可見。南海先生己丑出都作一律云。滄海飛波百怪橫。唐衢痛哭萬人驚。高峯突出諸山妒。上帝無言百鬼獰。漫有漢廷追賈誼。豈教江夏貶禰衡。陸沈忽望中原歎。他日應思魯二生。南海人格。於此可見。『身高殊不覺。四顧乃無峯。』『高峯突出諸山妒。』此何等自負語。兩先生作此詩時。皆未出任天下事也。先時之人物。其氣魄固當爾爾。

麥孺博不多爲詩。然有作必佳。余最愛誦其贈韓无首一律末四句云。晏歲坐聞山鬼嘯。臨江東指海雲生。中年哀樂應消盡。肯近彈碁恨不平。无首名曇首。孔广之從昆也。三年前已爲異物矣。

余向不能爲詩。自戊戌東徂以來。始强學耳。然作之甚艱辛。往往爲近體律絕一二章。所費時日。與撰新民叢報數千言論說相等。故間有得一二句。頗自憙。而不能終篇者。輒復棄去。非志行薄弱。不能貫徹初終也。以爲吾之爲此。本以陶寫吾心。若强而苦之。則又何取。故不爲也。記去年正月廿六日在東海道汽車中遇三十初度。欲爲一長古。不能成。僅成四語云。風雲入世多。日月擲人急。如何一少年。忽忽已三十。今年正月廿六日在太平洋汽船中過三十一初度。欲爲四律。不能成。亦僅成四語云。十年十處度初度。頗感勞生未有涯。歲月苦隨公碌碌。人天容得某栖栖。片鱗碎甲。拾而存之。亦一紀念也。余十年來度生日。凡得十處。無一複者。癸巳在家鄉。甲午在黃海舟中。乙未在京師。丙申在上海。丁酉在武昌。戊戌在洞庭湖舟中。己亥在日本東京。庚子在夏威夷島。辛丑在澳洲雪梨市。壬寅在日本東海道汽車中。今年癸卯航海游亞美利加。在太平洋舟中。

鄉人有自號珠海夢餘生者。熱誠愛國之士也。游宦美洲。今不欲著其名。嘗仿粵謳格調成「新解心」數十章。且自爲題詞六首。詞曰：百粵雄藩鎮未開，尋春怕上越王臺。可堪流盡珠江水，猶有秦箏洗耳來。一　樂操土音不忘本，變徵歌殘爲國殤。如此年華悲錦瑟，隔窗愁聽杜秋娘。二　軟紅何處醉花仙，一掬胭脂灑大千。不見秦時舊明月，鷓鴣啼破夢中天。三　萬花扶起醉吟身，想見同胞愛國魂。多少皂羅衫上淚，未應全感美人恩。四　小蠻妝束最風華，鬆髻香盤茉莉花。除卻後庭歌玉樹，不教重譜入琵琶。五　當筵誰唱望江南，傳徧珠江亦美談。一樣俠情今日訊，簫聲吹滿白鵝潭。六　芳馨悱惻，有離騷之意。吾絕愛誦之。其新解心有「自由鐘」「自由車」「呆佬祝壽」「中秋餅」「學界風潮」「唔好守舊」「天有眼」「地無皮」「趁早乘機」等篇。皆絕世妙文。視子庸原作有過之無不及。實文界革命一驍將也。

南海先生積年詩不下千章。率散佚無復存。家仲弟嘗手鈔二百餘首。檢行篋得之。裒錄其古風數章如下。

八月廿四夜晉陽寺夜坐書事

古佛無靈僮僕無聲。先生獨坐長夜五更。轉大地於寸竅。噫萬籟於碎瓊。四海翻波黑山橫。帝座炯炯接長庚。鼻孔噴火滅日星。羲皇轡走爲之停。囚魘百怪踏萬靈。天龍血戰鬼神驚。神鼠推倒雙玉瓶。金輪忽放大光明。萬千世界蓮花生。先生開眼但見秋蟲唧唧。佛殿燈焰青。

望小姑山

長江波濤浩洶湧。南北諸山皆立拱。何處飛來一片石。獨立江中無所恐。蒼厓百尋峭若削。昂首向天神氣竦。

插脚巨浸中崩浪。日夜相嚙不爲動。小姑小姑爾女郎。是何骨力健且勇。崖巔傑閣何隆隆。高跨蒼穹轉烈風。我欲置身於其中。謝絕世人不與通。手弄白日踏諸峯。夜聽江聲流向東。祿靈仙人時相逢。披髮長嘯江天空。

廬山謠

紫漢吹落青芙蓉。隨風飄墮江之東。瓣開四面花玲瓏。化作碧玉千百峯。倒影翻潮黛色濃。突兀萬丈絢青紅。層巒重阜築爲宮。五老拄杖碧雲中。子孫諸峯咸侍從。爾來一萬四千歲。白頭昂首嘯鴻濛。我來經喪亂。九十九寺皆在焚劫中。瀑泉又已枯。秀色減昌丰。惟有重崖與疊嶂。蒼翠合匝轉無窮。陶謝妙述作。幽人不可逢。長臥龍潭石醉欲騎。蒼龍青鸞未能馭。白鹿已無蹤。夜投東林訪遠公。殿宇隳剝瓦礫封。誠懸北海殘碑在。古佛露坐似慚居尊無寸功。長蘿蓋山樹蒙茸。天黑虎嘯蕩驚風。萬籟笙竽瀉青松。塔鈴夜語不聞鐘。宵深月出山徑白。虎溪之水鳴潺淙。似聞山鬼說法談空空。

題羅浮華首臺

石徑犖确鬱萬木。密纏棕櫚盤龍竹。桄榔倒掛依巖壁。菖蒲側生出澗谷。洞門幽閟瀝霜雪。華首高臺居其麓。飛雲廣長瀉飛瀑。夜夜說法龍虎伏。山僧採藥鋤坩子。鋤得寶塔供尊宿。景泰宗風猶可希。頑石合掌受戒囑。蝙蝠不來蛺蝶飛。諸山花雨長霏霏。華鬘會上散珠璣。半月巖中孤坐微。夢入梅花一笑歸。

讀日本松陰先生幽室文稿題其上

孔學在成仁。春秋通國身。拱噲爲巧宦。中庸托妄人。全軀保妻子。秦越視斯文。儒術久矣喪。安問起傳薪。舜水發高蹈。寓公搏桑濱。太道重扶輪。學派盛彬彬。軒動東國波。大業輝維新。王政忽復古。三島劇慶雲。元功在誰手。慨慷松陰君。正學宗洙泗。高蹈抗邱墳。鼎鼎宏大道。軒軒表蒼旻。弟子同激昂。大師國所尊。首創尊攘義。誓心掃武門。武門何赫赫。政柄八百春。天王實守府。生殺惟收軍。忿激發義唱。豈不憚禍艱。救國心既苦。殉道勇可羆。遂使羣處士。憤起摑血痕。前覆後軌繼。大獄慘酸辛。終能覆霸圖。版籍奉元君。千年大革命。磅礴壯乾坤。豈知一志士。誓死奮所聞。創業騖絶偉。道義實其根。固知下無學。不足振國羣。我今讀遺書。正氣照千春。一讀生慚悚。再讀起輪囷。諸夏愧無士。東國存斯文。

南海游羅浮詩頗多。內一首云。萬峯走神僕。絶頂立飛仙。俯視但雲氣。山岳盡茫然。迷濛難見日。呼吸欲通天。白帝如能問。蓬萊駕紫煙。又一首云。萬紫千紅總是春。升天入地不猶人。曲徑危橋都歷徧。出來依舊一吟身。此皆可見人格之詩也。

南海有登萬里長城一詩。於我民族偉大之紀念。三致意焉。詩云。秦時樓堞漢家營。匹馬高秋撫舊城。鞭石千峯上雲漢。連山萬里壓幽幷。東穹碧海羣山立。西帶黃河落日明。且勿卻胡論功績。英雄造事令人驚。又過昌平城望居庸關一首云。城堞逶迤萬柳紅。西山岧嵽霽明虹。雲垂大野鷹盤勢。地展平原駿走風。永夜駝鈴傳塞上。極天樹影遞關東。時平堡堠生青草。欲出軍都弔鬼雄。又由明陵出居庸關一首云。鏑弦老死不聞聲。身是漁陽戍卒營。胡婦琵琶傳大漠。幷兒勑勒倚長城。帝陵千幛秋盤馬。玉塞平沙曉閱兵。百里盤厓紅柳路。騎駝到驛月微明。讀之尚武精神油然生焉。甚矣地理之感人深也。

南海己丑上書不達出都。作前已錄一首。今復鈔六絶。落魄空爲梁父吟。英雄窮暮感黃金。長安乞食誰人識。只許朱公知季心。海水夜歠黑風獵。杜鵑啼血秋山裂。虎豹猙獰守九關。帝閽沈沈叫不得。此去南山與北山。猿鶴哀號松柏頑。或勸蹈海未忍去。且歌惜誓留人間。南山之下豆苗肥。北山之上猿鶴飛。百畝耕桑五畝宅。先生歸去未必非。六朝碑版一千紙。行裝綑大如牛腰。長安臣朔飢欲死。猶抱墨刻作紅綃。平生頗有回天志。今日眞成去國吟。回首五雲宮闕迥。柴車惻惻愴余心。

丁酉秋。先生嘗屬草堂諸子彙刻其功課箚記。繫以三絕云。萬木森森散萬花。垂珠連璧照紅霞。好將遺寶同珍護。勿任摧殘毀瓦沙。一春華秋實各爲賢。幾年傷逝化風煙。偶登羣玉山頭望。八萬珠瓔總可憐。二萬木森森萬玉鳴。隻鱗片羽萬人驚。更將散布人間世。化身萬億發光明三此亦萬木草堂一掌故也。斯時陳通甫曹著偉已逝矣。故第二首云云。刻竟不成。而兩君宏邃之理想。雄遠之高文。竟無復吉光片羽以傳於後。惘夫。

吾最念通甫著偉。而苦不能憶其遺文。通甫辛卯冬有贈余入都長古一首。記其四句云。『豈無江海志。詄蕩恣游遺。蒼生慘流血。敝席安得煖』。他皆忘矣。著偉他文不能記。卻記其少年所作八股。題爲天地之大也人猶有所憾。凡二千餘言。連犿瑰偉。不可思議。八股界之革命也。末兩股云。『同人以咷爲始。則憂患已伏於生時。可知泣血漣而。卽降孕已受天囚之慘。未濟以火爲歸。則乾坤必毀於灰燼。可知亢龍有悔。卽上帝難爲乞命之身』。亦可見其理想之一斑也。昔夏穗卿嘗於十年前戲語余云。八股之運必絕矣。此亦五百年來中國文學之一種也。吾將別其流派。著一書焉。以存於後。果爾。則著偉之八股。亦有可記之價値也歟。

甲午夏。南海先生曾以詩三絕書余箑。今錄之。神鬼天龍日夜圍。六時說法萬花飛。金輪千轉不相動。紫府燈光寶燄微。華嚴國土時時見。大地光明無語言。只是衆生同一氣。要將悲憫塞乾坤。鯤鵬變化且隨風。出入千重雲水中。行到光音應少住。鏗鏘天樂海雲紅。又題孺博箑一首云。三千劫裏橫金翅。二六時中看白牛。終日散花忘結習諸天聞樂少淹留。脫將瓔珞親貧子。故入泥犂救重囚。丈室億千師子座。金身偶現不須收。

今年美國金山大埠我領事館有隨員譚侍衞錦鏞者。無端爲美警吏辱毆。憤極歸而自裁。我公使以國際問題與美政府起交涉。竟莫伸也。邦人哀之。多有輓作。余亦爲三絕句。今錄第一第三兩章云。丈夫可死不可辱。想見同胞尚武魂。只惜轟轟好男子。不教流血到櫻門。國權墮落嗟何及。來日方長亦可哀。變到沙蟲已天幸。驚心還有劫餘灰。

冰壺女史者。同學順德譚君張孝之夫人也。夫婦同盡瘁於國事。美洲風氣之開。功最多焉。今秋余游羅省。客其家。未幾。家兄均歷從墨西哥來。亦客焉。均歷有贈女史七章。錄如下。……嫁作通人婦。何妨屬女流。我聞天上女。無礙散花遊。憶昔夢維摩。助我幻師力。化得男女身。毋使兩敵國。人種溯厥始。先聖女媧皇。如何後聖人。抑陰獨扶陽。佛說大解脫。西人得自由。不願步金蓮。縱橫蹴地球。攬鏡鑑容顏。圓顱綴橫目。萬彙總同塵。一絲界人畜。天下一興亡。匹婦亦有責。纖手豈辭勞。釵鈿鑄矛戟。十年採芳草。憔悴盈懷抱。未得美人憐。涕淚爲君道。

去年聞學生某君入東京音樂學校專研究樂學。余喜無量。蓋欲改造國民之品質。則詩歌音樂爲精神教育之一要件。此稍有識者所能知也。中國樂學發達尚蚤。自明以前。雖進步稍緩。而其統猶綿綿不絕。前此凡有韻之文。半皆可以入樂者也。詩三百篇皆爲樂章。尚矣。（孔子稱誦詩三百歌詩三百弦詩三百舞詩三百）如楚辭之招魂九歌。漢之大風柏梁。皆應弦赴節。不徒樂府之名如其實而已。下至唐代絕句。如「雲想衣裳」「黃河遠上」莫不被諸弦管。宋之詞。元之曲。又其顯而易見者也。蓋自明以前。文學家多通音律。而無論雅樂劇曲。大率皆由士大夫主持之。雖或衰靡。而俚俗猶不至太甚。本朝以來。則音律之學。士夫無復過問。而先王樂教。乃全委諸教坊優伎之手矣。讀泰西文明史。無論何代。無論何國。無不食文學家之賜。其國民於諸文豪。亦頂禮而尸祝之。若中國之詞章家。則於國民豈有絲毫之影響耶。推原其故。不得不謂詩與樂分之所致也。鄭夾漈有言『古之詩曰歌行。後之詩曰古近二體。歌行主聲。二體主文。詩爲聲也。不爲文也。浩歌長嘯。古人之深趣。今人既不尙嘯。而又失其歌詩之旨。所以無樂事也。凡律其辭。則謂之詩。聲其詩。則謂之歌。詩未有不歌者也。（中略）嗚呼。詩在於聲。不在於義。孔子曰。關雎樂而不淫。哀而不傷。亦謂關雎之聲和平。能令聞者感發。而不失其度耳。若誦其文。習其理。能有哀樂之事乎。二體之作。失其詩矣。』（通志樂略）其言可謂特識。夾漈時已然。輓近迺益甚。至於今日。而詩詞曲三者。皆成爲陳設之古玩。而詞章家眞社會之蝨矣。頃讀雜誌「江蘇」。屢陳中國音樂改良之義。其第七號已譜出軍歌學校歌數闋。讀之拍案叫絕。此中國文學復興之先河也。惜余亦一門外漢。僅如夾漈所謂誦其文。習其理而已。寄語某君。自今以往。更委身於祖國文學。據今所學。而調和之以淵懿之風格。微妙之辭藻。苟能爲索士比亞。彌兒頓。其報國民之恩者。不已多乎。

近年以來。愛國之士。注意此業者。漸不乏人。而黃公度其尤也。公度所製軍歌二十四章。幼稚園上學歌若干章。既行於世。今復得見其近作『小學校學生相和歌』十九章。亦一代妙文也。其歌以一人唱。章末三句。諸生合唱。今亟錄如下。

來來。汝小生。汝看汝面何種族。芒碭五洲幾大陸。紅苗蜷伏黑蠻辱。虬髯碧眼獨橫行。虎視眈眈欲逐逐。於戲我小生。全球半黃人。以何保面目。

來來汝小生，汝所踐土是何國。身毒淪亡猶太滅。天父悲啼佛祖默。四千餘歲國僅存。蓋地舊圖愁改色。於戲

我小生。胸中日芥蔕。芒芒此禹域

來來汝小生。人於太倉稊米身。人非羣力奚自存。裸蟲三百不能羣。菹龍柙虎人獨尊。非衆生恩其誰恩。於戲

我小生。人不顧同羣。世界人非人。

來來汝小生。汝之司牧爲汝君。尊如天帝如鬼神。伏地謁拜稱主臣。汝看東西立憲國。如一家子尊復親。於戲

我小生。三月麛裘歌。亦曾歌維新。

來來汝小生。汝身莫作瓶器盛。牛兒馬兒墮地鳴。能飲能食能步行。三年鞠我出入腹。須臾失母難生成。於戲

我小生。佛亦報親恩。忘親乃畜生。

聽聽汝小生。人各有身卽天職。一身之外皆汝敵。一身之內皆汝責。人不若人吾喪吾。怙父倚天總無益。於戲

我小生。絕去奴隸心。堂堂要獨立。

聽聽汝小生。天賦良能毋自棄。誰能三頭與六臂。誰不一心轄百體。聽人束縛制於人。是犬縶尾牛穿鼻。於戲

我小生。汝非狠疾人。奈何不自治。

聽聽汝小生。汝輩卽是小團體。相親相愛如兄弟。相友相助如盟會。一羣苟敗羊盡亡。敢憚爲犧私斷尾。於戲

我小生。六經新註脚。要補合羣誼。

聽聽汝小生。人不可無謀生資。糞短懶飛雀啼饑。游手坐食民流離。黃金世界正在手。人出隻手能維持。於戲

我小生。而今廿世紀。便是工戰期。

聽聽汝小生。人人要求普通學。不願百鳥出一鶚。不願牛毛變麟角。空談高論不中書。一任代薪束高閣。於戲

我小生。三年幾巍科。何補國昏弱。
聽聽汝小生。我愛我書莫如史此一塊肉摶摶地軒頊傳來百餘世。先公先祖幾經營。長在我儂心子裏。於戲
我小生。開卷愛國心。掩卷憂國淚。
聽聽汝小生。人言汝國多文辭。彼尖尖筆毛之錐。此點點墨染於絲。何物蟹行肆蠶食。努力努力爭相持。於戲
我小生。世無文弱國。今非偃武時。
聽聽汝小生。欲求國强先自强。食案以外卽戰場。劍影之下卽天堂。偕行偕行若赴敵。朝歌夕舞黑裲襠。於戲
我小生。生當作鐵漢。死當化金剛。
聽聽汝小生。雪汝國恥鼓汝勇。芙蓉薰天天夢夢。鬼幽地獄隨地湧。吸我脂膏扼我吭。使我健兒不留種。於戲
我小生。誰甘魚爛亡。忍此飲鴆痛。
勉勉汝小生。同生吾國胥吾民。南音北音同華言。左行右行同漢文。索頭椎髻古異族。久合鑪冶歸陶甄。於戲
我小生。願合同化力。摶我諸色人。
勉勉汝小生。旣爲國民忍作賊。國民貴保民資格。國民要有民特色。任鋤非種任瓜分。心肝直比黑奴黑。於戲
我小生。焚盡白降幡。有我無他國。
勉勉汝小生。汝讀何書學何事。佛經耶約能救世。宗敎神權今半廢。莫問某甲聖賢書。我所信從只公理。於戲
我小生。口唱漢兒歌。手點堯典字。
勉勉汝小生。汝當盡職務民義。嬴顚劉蹶幾興廢。蚩蚩不問官家事。棟折榱崩汝所知。天墜難逃天壓己。於戲

我小生。誓竭黔首愚。同救蒼天死。
勉勉汝小生。汝當發願造世界太平昇平雖有待。此責此任在汝輩。華胥極樂華嚴莊。更賦六合更賦海。於戲我小生。世運方日新日進日日改。

惜公度亦不解音律。與余同病也。使其解之。則制定一代之樂不難矣。此諸編者。苟能譜之。以實施於學校。則我國學校唱歌一科。其可以不闕矣。抑吾猶有一說焉。今日欲爲中國制樂。似不必全用西譜。若能參酌吾國雅劇俚三者而調和取裁之。以成祖國一種固有之樂聲。亦快事也。將來所有諸樂。用西譜者十而六七。用國譜者十而三四。夫亦不交病焉矣。但語此者。非於中西諸樂神而明之不能。吾儕門外漢。蓋無取喋喋云爾。

公度之詩。詩史也。頃檢其舊集。有朝鮮嘆七解。蓋癸未所作。距今二十有一年矣。朝鮮迄今猶擁虛號。當亦作者當時所不及料也。乃者俄日戰機懸於眉睫。區區朝鮮。朝露之命。蓋可知矣。而隨朝鮮之覆轍者。復將有一巨靈在。以吾儕居今日而讀此詩。其感慨更何如。詩曰。有北有北鄂羅斯。展翼巨鷲張牙獅。欲囊六合鞭四陲。夢中伸脚直東下。諒爾無過土耳其。吁嗟乎朝鮮。吾爲朝鮮危。(解一)雌王寶劍猴王刃。邇來又唱征韓論。躊躇四顧權且忍。有人欲殺西隣牛。宰肉平分先一分。吁嗟乎朝鮮。何以待日本。(解二)四夷交侵强隣逼。皇皇者華黯無色。保藩字小有何力。黃龍府又黑龍江。方醢小龍供鳥食。吁嗟乎朝鮮。汝毋恃上國。(解三)前有檀君後衞滿。夜郎自大每比漢。幾經內屬幾外叛。黃幄拜天九叩頭。受降又留百世患。吁嗟乎朝鮮。恨不改郡縣。(解四)尊漢如天、使如父。前兒在子求保護。四隣環伺眈眈虎。不能雞口作牛後。高下句驪定誰土。吁嗟乎朝鮮。奈何不自主。(解五)山中之天海中市。中央如礪可辟世。列强畫作局外地。贏顛劉蹶百興亡。任我華胥閉門睡。吁嗟乎朝鮮。安得如瑞士。(解六)峨冠博帶三代

前。蜷伏蟓息海中間。猘欲鎖港堅閉關。土崩瓦解縱難料。不爲天竺終波蘭。吁嗟乎朝鮮。朝鮮吾忍言。七解

客有自署楚青者。余屢讀其詩。好之。顧憾未得交並姓名亦不諗也。頃復從觀雲處得見其秋感四首。殊妙。攘以入詩話。塵海浮生感逝波。沈沈大陸竟如何。睡獅未醒千年夢。野馬行看萬丈過。便欲奮身蹈東海。誓將被髮向陽阿。荒山楓葉紅于染。半是英雄血淚多。……病骨支離太瘦生。西風吹我上臺城。黃埃澒洞龍蛇戰。白晝晦冥魑魅爭。僅有微塵渺滄海。恐無大地住秋聲。太空近亦昏霾甚。不似頻年爽氣清。……湖海論交肝膽傾。晦明風雨感雞鳴。陸沈不盡千秋恨。歌哭無端四座驚。並世英雄空有志。一般豎子盡成名。□吾將濟扶桑去。會策金鰲背上行。……蕭艾當階未許刪。美人香草自幽閒。狂奴不解趨時態。山鬼猶知帶笑顏。亂世杜陵哀蜀道。暮年庾信泣江關。古今一樣傷心事。檢點青衫涕淚潸。

平等閣主人狄楚卿高平子。其別號也。余憶其泊長崎有感絕句二首云。腸斷如花彼美人。媚紅嬌綠爲誰春。轉憐小妹深閨坐。珍重明珠不字身。霧鬢風鬟空掩映。柳腰蓮步枉輕盈。淺山如黛波如鏡。小小眉彎自畫成。以美人喻中日兩國。不着一字。感愴甚深。令讀者心酸。

平子長於絕句。其五絕如急雨渡春江四首。七絕如夜過焦山一首。余最愛之。其平等閣筆記中庚子亂後北京雜詩。如帝子不歸秋又去。萬鴉如葉撲宮牆。國自興亡誰管得。滿城爭說叫天兒。要亦名句。燕京感懷云。甘爲游俠流離子。孺婦無顏長者憂。何不掃除公義盡。讓他富貴到心頭。其律詩雖不及絕句。近作倚枕不成寐。見樓外繁星有感云。不寐中宵萬念灰。明星何意儘徘徊。憐他天上無窮事。疑是人間第幾回。點點相思成世界。塵塵春夢現樓臺。個中兒女知多少。都放清光上枕來。意遠情深。皆未經人道語。其避地泰州時一絕云。草草生涯白鷺

飛。柳絲菱葉露初晞。卻將身世忘情久。又聽花間鶯亂啼。平子頗自愛之。謂其氣韻幽逸。無煙火氣。當勝於諸作。然余意卻不以爲然。

余故交中復生鐵樵之外。惟平子最有切密之關係。相愛相念。無日能忘。前月在美洲時。得所寄小詞。自序云。九月十五日。午夢初醒。念我故人遠隔太平洋。此時卻月影正圓矣。洲別東西。時異晝暝。然相隔僅一塊土耳。戲占一闋以寄遙思。故鄉日影初停午。郵書電話渾無據。兩面總高山盈盈一水間。頻思穿地脈。一望君顏色。皓月正當天。知君眠未眠。

夏穗卿被薦入都。當道出天津時。于方藥雨處留詩二首。其自署云。丙申之冬入天津。洎己亥秋。始得歸。將行賦此二律詩云。鴻飛本不爲留計。竟見荒原萬瓦稠。又舉離觴辭舊雨。爲思身世怯登樓。青山白浪馳黃海。細雨疎燈過秀州。從此歸颿好雲物。分明點點入新愁。天問無靈白日徂。素箏濁酒欲何如。起看天地斜陽裏。浪策興亡作計疏。今古幾回蕉鹿夢。江湖相勸計然書。河流一道窗三面。贏得他年入夢無。愴往悲來。深情無限。穗卿之近作。余僅見此二律。平子曾郵寄其舊作二章。乃爲藥雨題扇者。金堂慊慊憺忘歸。百姓容容無所依。遠遠春秋愁覽竟。淫淫霧雨溼征衣。三招悔攤來丹劍。每下眞成監市豨。聞道仙人共噉糞。壺中樓觀是耶非。江水湛湛楓樹林。風絃嫋嫋女環琴。冥昭瞢闇成千古。渤靡波流見素心。闔視吾良秋柏實。化爲薔草洞庭深。有情最算神州土。曾見提符直到今。穗卿詩從不留稿。庚子之亂。斠藥雨他物無存。於彈煙礮雨之中。惟夫人與此扇得無恙。

湘潭楊皙子度。王壬秋先生大弟子也。昔盧斯福演說。謂欲見純粹之亞美利加人。請視格蘭德。吾謂欲見純粹之湖南人。請視楊皙子。頃皙子以新作『湖南少年歌』見示。亟錄之。以證余言之當否也。……我本湖南人。唱作湖南歌。湖南少年好身手。時危卻奈湖南何。湖南自古稱山國。連山積翠何重疊。五嶺橫雲一片青。衡山積雪終年白。沅湘兩水淸且淺。林花夾岸灘聲激。洞庭浩渺通長江。春來水漲連天碧。天生水戰昆明沼。惜無軍艦相衝擊。北渚傷心二女啼。湖邊斑竹淚痕滋。不悲當日蒼梧死。爲哭將來民主稀。空將一片君山石。留作千年紀念碑。後有靈均遭放逐。曾向江潭葬魚腹。世界相爭國已危。國民長醉人空哭。宋玉招魂空已矣。賈生作弔還相瀆。亡國游魂何處歸。故都捐去將誰屬。愛國心長身已死。汨羅流水長嗚咽。當時猿鳥學哀吟。至今夜半啼空谷。此後悠悠秋復春。湖南歷史遂無人。中間濂溪倡哲學。印度文明相接觸。心性徒開道學門。空談未救金元辱。惟有船山一片心。哀號匍匐向空林。林中痛哭悲遺族。林外殺人聞血腥。留茲萬古傷心事。說與湖南子弟聽。於今世事翻前案。湘軍將相遭訶訕。謂彼當年起義師。不助同胞助胡滿。奪地攻城十餘載。竟看結局何奇幻。長毛死盡辮髮留。滿洲翎頂遍湘州。捧茲百萬同胞血。獻與今時印度酋。英獅俄鷲方爭躍。滿漢問題又挑撥。外憂內患無已時。禍根推是湘人作。我聞此事心慘焦。赧顏無語謝同胞。還將一段同鄉話。說與湘人一解嘲。洪楊當日聚羣少。天父天兄假西號。湖南排外性最強。曾侯以此相呼召。盡募民間俠少年。誓翦妖民屏西教。蚌鷸相持漁子利。湘學紛爭滿人笑。學誤耶穌湘誤孔。此中曲直誰能校。一自西船向東駛。民教相仇從此起。此後紛紜數十春。割土賠金常坐此。北地終招八國兵。金城坐被聯軍燬。拳民思想一朝熄。又換奴顏事洋鬼。國事傷心不可知。曾洪曲直誰當理。莫道當年起事時。竟無一二可爲師。羅山鄉塾敎兵法。數十門生皆壯兒。朝來跨馬衝堅陣。日暮談經下講帷。今時敎育貴武勇。羅公此意從何知。江彭游俠時惟耦。不解忠君惟救友。意氣常看匣裏刀。肝腸共矢杯中酒江公爲護死友骨道路三千自奔走。曾侯昔困南昌城。敵壘如雲繞前後。彭公千里往救之乞食孤行無伴偶。芒鞋踏入十重圍大笑羣兒復何有桂陽陳公慕囂述湘鄉王公兵反側大勢難將隻手回。英雄卒令呑聲沒。更有湘潭王先生少年擊劍學縱横游說諸侯成割據東南帶甲爲連衡。曾胡卻顧咸相謝先生笑起披衣下。北入燕京肅順家自請輪船探歐亞事變謀空返湘渚專注春秋說民主。廖康諸氏更推波學界張皇樹旗鼓鳴呼吾師志不平。强收豪傑作才人。常言湘將皆傖父使我聞之重撫膺。吁嗟往事那堪說。但言當日田間傑。父兄子弟爭荷戈義氣相扶團體結。誰肯孤生匹馬還。誓將共死沙場穴。一奏軍歌出湖外。推鋒直進無人敵。水師噴起長江波陸軍踏過陰山雪。東西南北十餘省。何方不覩湘軍幟。一自前人血戰歸後人不歎無家別。城中一下招兵令。鄉閭共道從軍樂。萬幕連屯數日齊。一村傳喚千夫諾。農夫釋耒只操戈。獨子辭親去流血。父死無尸兒更往。弟魂未返兄逾烈。但聞嫁女向母啼。不見當兵與妻訣。十年斷信無人弔。一旦還家誰與詰。今日初歸明日行。今年未計明年活。軍官歸爲竈下養。秀才出作談兵客。只今海內水陸軍。無營無隊無湘人。獨從中國四民外。結此軍人社會羣。茫茫回部幾千里。十人九是湘人子。左公戰勝祁連山。得此湖南殖民地。欲返將來祖國魂。憑茲敢戰英雄氣。人生壯略當一揮。崑崙策馬瞻東西。東看浩浩太平海。西望諸洲光陸離。欲傾亞陸江河水。一洗西方碧眼兒。於今世界無公理。口說愛人心利己。天演開成大競爭。强權壓倒諸洋水。公法何如一門礟。工商盡是圖中匕。外交斷在軍人口。內政修成武裝體。民族精神何自生。人身血肉拚將死。畢相拏翁盡野蠻。腐儒誤解文明字。歐洲古國斯巴達。强者充兵弱者殺。雅典文柔不足稱。希臘諸邦誰與敵。區區小國普魯士。倏忽成爲德意志。兒童女子盡知兵。一戰巴黎遂稱帝。內合諸省成聯邦。外與羣雄爭領地。中國於今是希臘。湖南當作斯巴達。中國將爲德意志。湖南當作普魯士。諸君諸君愼於此。莫言事急空流涕。若道中華國果亡。除是湖南人盡死。盡擲頭顱不足痛。絲毫權利人休取。莫問家邦運短長。但觀意氣能終始。埃及波蘭豈足論。慈悲印度非吾比。我家數世皆武夫。只知霸道不知儒。家人仗劍東西去。或死或生無一居。我年十八遊京甸。上書請與倭奴戰。歸來師事王先生。學劍學書相雜半。十載優游湘水濱。射堂西畔事躬耕。隴頭日午停鋤歎。大澤中宵帶劍行。竊從三五少年說。今日中原無主人。每思天下戰爭事。當風一嘯心縱橫。地球道里憑空縮。鐵道輪船競相逐。五洲四入白人囊。復執長鞭趨亞陸。探馬惟搖教士鐘。先鋒只著商人服。郵航電線工兵隊。工廠鑛山輜重續。執此東方一病夫。任教數十軍人辱。人心已死國魂亡。士氣先摧軍勢蹙。救世誰爲華盛翁。每憂同種一書空。羣雄此日爭追鹿。大地何年起臥龍。天風海潮昏白日。楚歌猶與笳聲疾。惟恃同胞赤血鮮。染將十丈龍旗色。憑茲百戰英雄氣。先救湖南後全國。破釜沈舟期一戰。求生死地成孤擲。諸君盡作國民兵。小子當爲旗下卒。

皙子復贈余一詩云。志遠學不逮。名高實難副。古來學者心。慄慄惟茲懼。噫吾新會子。夙昔傳嘉譽。德義期往賢。流風起頑錮。曩余初邂逅。講學微相忤。希聖雖一途。稱師乃殊趣。（原註）戊戌春在長沙論春秋公羊傳各主師說有異同 楊朱重權利。墨子尊義務。大道無異同。紛爭實俱誤。（原註）余嘗謂湘潭王先生援莊入孔南海康先生援墨入孔實爲今世之楊墨而皆託於孔者也 茫茫國事急。惻惻憂情著。當憑衞道心。用覺斯民寤。古人濟物情。反身先自訴。功名豈足寶。貴克全予素。君子但求己。小人常外騖。願以宣聖訓。長與相攻錯。詩末復媵以小札云『近以國中青年子弟道德墮落。非有國粹保存之教育。不足以挽狂流。如前數次所面論者。因時取舊書溫閱。思欲有所編述。乃每一開卷則責人之心頓減。責己之念頓增。時一反省。常覺天地之大。竟無可以立足之地。自治之道。其難如此。因思古今社會風俗。其能致一時之醇美者。必由於二三君子。以道相規。以學相厲。流風所及。天下效之。以躬行爲之倡。而因以挽一世之頹俗。此必非口舌論說之功所能比較者。古聖賢之爲學。必求其返躬自省。而無絲毫不歉於心。乃爲有得。若夫名滿天下。功滿天下。曾於吾身無一毫之增損者。常人道之。君子不許焉。以其無關於求己之道也。今同處異國。於衆人之中而求可以匡吾過而救吾失者。無如足下。輒以其意成詩一首。知足下亦無取乎便佞。故自附於直諒之末。亦以託於先施而求誨迪。特錄以奉呈。詩中追述往事者。欲以紀實著其離合之迹。君子之道。不貴苟同也。而又必稱師者。薄俗忘本。非度等所當出。足下擔任一世之教化者。倘以予言爲信乎。若能俯賜酬答。而無辜我嚶鳴。是所幸也』嗚呼。自萬木草堂離羣以來。復生鐵樵宿草之後。久矣夫吾之不聞斯言也。吾之疚日積。而德日荒也。十年於兹矣。風塵混混中。獲此良友。吾一日摩挲十二回。不自覺其情之移也。

鄧君何負。吳摯甫先生門下佳士也。頃見示由東京寄河北同人一律。其言沈痛。令我生感。亟錄如下……異日彎弓未報胡。祇今不臘見亡虞。八千子弟猶堪死。十六燕雲忍再輸。豎不足謀空幕燕。侯能竊國亦城狐。艱難惟倚諸君在。莫負湘纍萬里書。

同學歐伊广榘甲。自署太平洋客者也。自言不能詩。然吾在美洲見其爲人題箑一絕句。乃大佳。錄之……乾坤何茫茫。一鳥孤飛往。大江自橫流。紅淚隨江漲。

公度之詩。見余詩話中者最夥。然聞韶三月。不以爲饜也。頃復錄其詩史兩章。

流求歌庚辰

白頭老臣倚牆哭。頹髻斜簪衣慘綠。自嗟流蕩作波臣。細訴興亡湖天蹴。天孫傳世到舜天。海上蜿蜒一脈延。彈丸雖號蕞爾國。問鼎猶傳七百年。大明天子雲端裏。自天草詔飛黃紙。印綬遙從赤土頒。衣冠幸不珠崖棄。使星如月照九州。王號中山國小球。英蕩雙持龍虎節。繡衣直指鳳麟洲。從此包茅勤入貢。艷說扶桑繭如甕。酋豪入學還請經。天王賜襲仍歸賵。爾時國勢正稱強。日本猶封異姓王。只戴上枝歸一日。更無尺詔問東皇。黑面小猴投袂起。謂是區區應余畀。數典橫徵貢百牢。乘弱忽然加一矢。鯨鯢橫肆氣吞舟。早見降幡出石頭。大夫拔舍君銜璧。昨日蠻王今楚囚。畏首畏尾身有幾。籠鳥惟求寬一死。但乞頭顱萬里歸。妄將口血羣臣誓。歸來割地獻商於。索米仍輸歲歲租。歸化雖編歸漢里。畏威終奉嚇蠻書。一國從茲臣二主。兩姑未覺難爲婦。稱臣稱姪日爲兄。依漢依天使如父。一旦維新時事異。二百餘藩齊改制。覆巢豈有完卵心。顧器略存投鼠忌。公堂纔錫藩臣宴。鋒車竟走降王傳。剛聞守約比交隣。忽爾廢藩夷九縣。吁嗟君長檻車去。舉族北轅誰控訴。鬼界明知不若人。虎性而今化爲鼠。御溝一帶水溶溶。流出花枝蝴蝶紅。尙有丹書珠殿挂。空將金印紫泥封。迎恩亭下蕉陰覆。相逢野老吞聲哭。旄麾莫覩漢官儀。簪纓未改秦衣服。東川西川弔杜鵑。稠父宋父泣鸜鵒。興滅曾無翼九宗。賜姓空存殷七族。幾人脫險作逋逃。幾次流離呼伯叔。北辰太遠天不聞。東海雖枯國難復。氈裘大長來調處。空言無施究何補。只有流球卹難民。年年上疏勞疆臣。

越南篇甲申

於戲我大清。堂堂海外截。封貢三屬藩。有若古三蘖。流球忽改縣。句驪不成國。右臂既恐斷。兩足復悲刖。今日南越南。戎夏又交捽。芒芒弔禹迹。眼見日乖剌。溯當始禍萌。事由一身齕。無端犯王師。妄持虎須捋。天威震壘久。又恐張撻伐。當有祆敎僧。敎以求佛法。鋌鹿急難擇。飮鴆姑止渴。爾時路易王。挾強逞饕餮。假威許蒙馬。染指思食籠。雖逢國步艱。鞭長遠莫及。南北萬里海。從此生交涉。道咸通商來。來往寄蕃舶。偶思許田假。遂挾秦權喝。搏兔猊獅威。含鼠縱鴟嚇。可憐雜雄王。蠢蠢正似鴨。豐岐初王地。手捧土一撮。弱肉供强食。一任鸞刀割。神弩不能飛。天柱亦隨折。尾擊須彌翻。掌鳴太華擘。山河寸寸金。攫取到手滑。新附裸狼䐠。今復化鬼蜮。海口扼爾吭。定知國難活。同治中興初。滇南擾回鶻。購運佛郎機。苦嫌烏里闊。時有西域賈。請從間道達。直溯富良江。萬里若庭闥。一符挾萬鎗。絶無吏糾察。歸言取九眞。無復煩兵卒。但鳴一聲礮。全國歸鈐轄。豕蛇薦食心。聞此益堅決。遂以法王法。運彼廣長舌。到今割地約。終畫花名押。緬稽白雉來。初見於越納。眉珠竊弩歸。每每附南粵。顓臾等附庸。思摩當一設。或隨降王梃。或拜夫人節。中間賢太守。龍度推士燮。遠地日歸化。常朝非荒忽。唐初設都護。窮海益震慴。安南僅道屬。何嘗稱國別。陵夷五季亂。漸見蠻夷猾。曲矯與吳丁。擁兵日猖獗。方嘆黎侯微。又歌李華發。陳氏甫代齊。虞公復不臘。中朝節度名。初未敢抹摋。帝號聊自娛。後乃縱僭竊。壯哉英國公。桓桓仗黃鉞。三擒名王歸。懸首在觀闕。龍編入鱗冊。得地十七八。復古郡縣治。南人咸大悅。狠子多野心。豨勇復冒突。疆埸互彼此。王命迭予奪。逮明中葉後。中乾國力竭。置君無定棋。遣將多覆轍。遂議珠崖棄。坐視金甌缺。巍峨鬼門關。從此淪異域。夜郎妄比漢。更有吠堯犬。黎莫新舊阮。此亡彼興勃。版圖二千年。傳國數十葉。雁去復雁來。狐埋更狐搰。蠻觸雖屢爭。同種出駱越。得失共一弓。磨礱非兩鉞。而今入法界。盡將漢幟拔。吁嗟銅柱銘。眞成交趾滅。乾隆全盛時。四海服鞭撻。忽有黎大夫。求救旄邱葛。興滅字小邦。皇皇大義揭。出關萬熊羆。一月奏三捷。元夜失崑崙。忽爾全師蹶。猿鶴與沙蟲。萬骨堆一穴。爾時金川平。國威震窮髮。方統羽林軍。大會長楊獵。西北五單于。渭橋伏上謁。當此我武揚。何難國恥雪。鵰勦索倫兵。人人肅愼筈。倘命將軍行。徑取此獠殺。廢藩夷九縣。明正蹊田罰。赤土與朱波。左提復右挈。凱樂奏兜離。文化拓蒼頡。或者南天南。盡將海囊括。胡爲奸虜謀。轉信中行說。金人作代身。非人究是物。桃根將李代。壹意防蟲嚙。是何黎邱鬼。變態極詭譎。謂秦豈無人。爾鑾何太黠。妄稱佛誕日。親拜天菩薩。化身魔波旬。竟許日三接。直從仇虜中。躋之親王列。哀哀馬革尸。棄置情太恝。贋鼎納神姦。於史更汚衊。明明無敵兵。忽當小敵怯。豈其十全功。勢成强弩末。抑當倦勤年。樂聞有苗格。每論武皇功。怪事呼咄咄。噫嘻大錯鑄。奚啻九州鐵。邇來百年事。言之更蹙頞。國小亦一王。乃作無賴賊。烏艚十總兵。豢盜縱出沒。國餉藉盜糧。公與海寇結。嗣後紅巾亂。更作狠鼠竄。外人詰庇盜。遇事肘屢掣。王師迭出關。徒作驅魚獺。聞今越南王。自視猶滕薛。君臣共鼾睡。忘是他人榻。無民卽無地。地維早斷絕。黃圖轉綠圖。舊色盡塗抹。譬如黑風船。永墮鬼羅刹。何時楚南士。復編史檮杌。滇粤交犬牙。無地畫甌脫。舐糠倘及米。剝膚恐到骨。不見彼波蘭。四分更五裂。立國賴民强。自棄實天孽。不見美利堅。終能脫羈紲。我來浪泊遊。仰視鳶站站。神祠銅鼓聲。海濤共嗚咽。精衞志塡海。荊卿氣成蜺。安得整乾坤。二三救時傑。共傾中國海。灑作黃戰血。地編歸漢里。天紀亡胡月。

去年六月間。琉球故王尚泰卒於日本東京。余在新聞紙上見其訃告書侯爵尚泰家扶字樣。蓋王降後。侯於日本。家扶者府中長史之稱也。余感慨不能自禁。口占一絕云。千年噩夢漢珠崖。一夜降王走傳車。哀絕伊川披髮者。忍更侯邸問家扶。公度見此詩。其感又當何如。

在楚卿箑上見有曾重伯廣鈞見懷之作。自署曰中國之舊民。原稿未以相寄。然故人拳拳之意。致可感也。錄之。

……海外鵾鵬憶鷽鳩。蟪蛄朝菌各春秋。多君詩界新無敵。容我潮音擅一漚。難與瀏陽爭甲首。況聞巨子泛辛頭。嗟余五嶽嶙峋氣。偃蹇中原過十愁。

李亦園希聖當辛丑回鑾時，有感事詩數十首。芳馨悱惻，湘纍之遺也。今得見其二，錄之。……天遣多情有別離，綠楊枝外抵天涯。粉蛾點滴牽絲出，金雁零丁怨柱移。錦字無多裁恨遠，重簾不捲放愁遲。高唐夢雨相逢道，賦就春寒已後期。……帝子苔痕玉座青，鷓鴣啼處雨冥冥。北門劍珮迎蕃使，南極風濤接御亭。江海佳期愁晼晚，水天舊事夢婷娉。秦絲解與春潮語，一曲蘼蕪忍淚聽。其風格在少陵玉谿之間，眞詩人之詩也。特此二章已須人作鄭箋耳。

昔同學潘鏡涵者，乙未丙申間及南海之門。時南海好言佛，而鏡涵契證獨深，實行坐禪刻苦工夫。吾亦不知其造詣何若也。顧聞同人頗謂其歌哭無端，有類狂疾。丁酉秋余在上海，聞鏡涵以丁母憂嘔血盈斗。一慟死矣。驚惋久之。今春返香港，友人有存其遺墨一紙者，丙申臘遊桂林舟中作也。七古一首云……昨日忽悲空王喜壽王，不解空王謫今日，忽喜空王悲空王，却忘壽王歲壽王。純想飛想欲學禪，空王故使壽王聲聞入塵世。塵世紛拏不可親，壽王祇得太虛作搖曳。悲哉須彌界裏日月長，四大海水圍中央。蓮花出沒不得見，祇見清風世界徐送香。西方有一星，東方一太陽。曝物育物不留物，逐之何苦過倉皇。流轉生死種種是，九十一說非荒唐。烏乎苦惱衆生根器太棉薄，可驚可怖復可傷。……七律四首云……幾生灰劫問瞿曇，百結繩頭已不堪。太一獨留行九九，元虛無據釋三三。精流日月形何在，族合龜龍性可參。知是別圓通法旨，滿天雲雨護伽藍。……寒江落魄意蒼涼，憔悴行吟我自傷。魍魎揶揄紅日盡，英雄飄發大風狂。茫茫海水容魚鱉，莽莽關山逐虎狼。身世無聊忽有主，和南應是梵天王。……西山日落到龍宮，龍樹依稀拱日紅。今去已經無量劫，再來是否此狂童。金輪頂上諸峯擁，明月江前一葉通。我讀華嚴得自在，山河大地任飛鴻。……沉沉心事着無邊，半壁寒燈照巨川。壯歲始參人我相現身聊作水雲緣無多別業能容世祇有靈光欲接天海鳥忽驚漁鼓落空中還自俯坤乾……讀此諸篇鏡涵其果非狂也根器深遠矣游戲人間撒手一哭悲夫

鏡涵又有贈家兄君力(啓田)一詩云君能飄泊我能狂獨有生靈且費商縹緲昆侖悲白首蒼茫人海入愁腸空同不仕儒冠客葱嶺能來南面王是道是魔純是想好從飛處認微茫又有贈龍贊侯(煥綸)詩中四句云大地山河斜倒影荒邱神鬼問餘灰天人分際君應識涯海倉皇志莫頹

吾鄉張南山先生近代耆宿與九江(朱先生次琦)東塾(陳先生澧)齊名而尤以詩聞余最愛其俠客行一首錄之……貴人烜赫門如山門前鷹犬日日不得閑(解一)高堂華屋大酒肥肉粉白黛綠哀絲豪竹貴人不足(解二)貴人不足鷹犬僕僕天陰鬼哭(解三)鬼哭聲啾啾怪樹啼鵂鶹客從何方來下馬直上酒家樓(解四)寒風如刀雪如水酒家樓頭劍光起明日喧傳貴人死(解五)

上海曾志忞留學東京音樂學校有年此實我國此學先登第一人也今日不從事教育則已苟從事教育則唱歌一科實爲學校中萬不可闕者舉國無一人能譜新樂實社會之羞也曾君頃編一書名曰教育唱歌集凡爲幼稚園用者八章尋常小學用者七章高等小學用者六章中學用者五章皆按以譜而於教授方法復懇切說明凡教師細讀一過自能按譜以授從此小學唱歌一種可以無缺矣吾見刻本不禁爲之狂喜原詩卷首有「告詩人」一條足爲文學家下一針砭而增其價值茲錄如下

曰戀曰窮曰狂曰怨四者古今詩人之特性舍此乃不足以成詩人其爲詩也非寒燈暮雨卽血淚冰心求其和平爽美勃勃有春氣者鮮不可得且好爲微妙幽深之語務使婦孺皆不知惟詞章家獨知之其詩乃得傳

於世。總言之。詩人之詩。上者寫戀窮狂怨之態。下者博淵博奇特之名。要皆非教育的音樂的者也。近數年有矯其弊者。稍變體格。分章句。間長短。名曰學校唱歌。其命意可謂是矣。然詞意深曲。不宜小學。且修辭間有未適於教育之理論實際。病焉。雖然。是皆未得標準。以參考之耳。歐美小學唱歌。其文淺易於讀本。日本改良唱歌。大都通用俗語。童稚習之。淺而有味。今吾國之所謂學校唱歌。其文之高深。十倍於讀本。甚有一字一句。即用數十行講義。而幼稚仍不知者。以是教幼稚。其何能達唱歌之目的。謹廣告海內詩人之欲改良是舉者。請以他國小學唱歌爲標本。然後以最淺之文字。存以深意。發爲文章。與其文也寧俗。與其曲也寧直。與其塡砌也寧自然。與其高古也寧流利。辭欲嚴而義欲正。氣欲旺而神欲流。語欲短而心欲長。品欲高而行欲潔。於此加意。庶乎近之。

其所編之歌。亦煞費苦心。如其「告詩人」篇中之言。茲摘錄數折。

老鴉（幼稚園用）

老鴉老鴉對我叫。老鴉眞正孝。老鴉老了不能飛。對着小鴉啼。小鴉朝朝打食歸。打食歸來先喂母。自己不吃猶是可。母親從前喂過我。

馬蟻（尋常小學校用）

馬蟻馬蟻到處有。成羣結隊滿地走。米也好。蟲也好。啣了就往洞裏跑。誰來與我爭，一齊出仗大家把命拚。不打勝仗不肯回。守住洞口誰敢來。好好好。他跑了。得勝回洞好。有一處。更好住。要做新洞大家去。

莫說馬蟻馬蟻小。一團義氣眞正好。人心齊。誰敢欺。一朝有事來。大家都安排。千千萬萬都是一條心。鄰舍也是親兄弟。朋友也是自家人。你一擔。我一肩。个个要爭先。你莫笑。馬蟻小。義氣眞正好。

黃河(中學校用)

黃河黃河出自崑崙山。遠從蒙古地流入長城關。古來聖賢生此河干。獨立堤上心思曠然。長城外。河套邊黃沙白草無人煙。思得十萬兵長驅西北邊。飲酒烏梁海策馬烏拉山。誓不戰勝終不還。君作鐃吹觀我凱旋。

有自南昌以譚壯飛遺詩一章見寄者。蓋戊戌入都留別友人之作云。吉光片羽。願與來者共寶之。詩云。……家國兩愁絕。人天一粲然。祇餘心獨在。看汝更千年。世界幾痕夢。微塵萬座蓮。後來憑弔意。分付此山川。

鄉人有自署東莞生者。以無題八首見寄。哀艷直追玉谿。而言外之美人芳草。字字皆湘纍血淚也。亟錄以諗同好者。但蒹葭伊人。尚希示我姓字耳。詩云……長門幽怨訴年年。身住蓬萊學散仙。思子臺空吹暮雨。回心院冷鎖寒煙。早傳滄海塡精衞。苦聽荒山叫杜鵑。誰遣蝦蟇呑魄去。幾回翹首望團圓。……幾聞滄海變桑田。見慣麻姑亦可憐。雲暗鼎湖龍去日。塵荒華表鶴歸年。嫦娥應悔偷靈藥。天女偏愁欠聘錢。八駿不來桃又熟。瑤池昨報宴羣仙。……庭院深深閉暗塵。西風殘照易黃昏。相思相望成終古。愁雨愁風又一春。怨到湘妃惟有血。招來宋玉已無魂。團圝記得年時月。酒冷燈昏不忍論。……覽鏡雙蛾獨自羞。怕隨鄰女鬬風流。泥人春病全無狀。誑我歸期又是休。紅袖背人惟有淚。白雲望遠不勝愁。章臺夾道車如水。日暮珠簾莫上鉤。……紫臺一去苦相思。馬角烏頭可有期。尺帛漫傳蘇屬國。千金誰贖蔡文姬。素衣珍重休教染。紈扇飄零且莫辭。回首秋波應一哭。樓臺甲帳已全非。…… 一雨桃花委馬蹄。東風狼籍黯悽悽。惱人天氣春如醉。似水年華日又西。連夜夢魂煩鎮壓。一春心緒總淒迷。鞭絲漫指關山道。紅雪紛飛鳥亂啼。…… 誰向修羅問夙因。塵寰一謫若沈淪。劇憐雞犬雲中客。盡是蟲沙劫後身。回望風雲俱慘淡。過來花鳥亦精神。蓬山此去無多路。青鳥殷勤好問津。…… 玉樹悲涼唱後庭。琵琶胡語不堪聽。紅羊失記何年劫。白雁淒聞故國聲。繅盡春蠶絲有恨。淘殘秋水浪難平。沈沈心事無人識。獨倚銀屏待月明。

美人香草。寄託遙深。古今詩家一普通結習也。談空說有。作口頭禪，又唐宋以來詩家一普通結習也。狄楚卿之詩。殆兼此兩種結習而和合之。每詩皆含有幽怨與解脫之兩異原質。亦佳構也。茲錄其近作一章…… 又有東風拂耳過。任他飛絮自蹉跎。金輪轉轉牽情出。帝網重重釀夢多。珠影量愁分碧月。鏡波掠眼接銀河。爲誰竟著人天界。便出人天也奈何。…… 此體殆出於譚瀏陽。瀏陽詩。無端過去生中事。兜上朧朦業眼來。徐甲儻容心懺悔。願身成骨骨成灰。死生流轉不相值。天地翻時忽一逢。卻喜無情成解脫。欲追前事已冥濛。等句皆是也。

平等閣詩話錄蟄菴感事五絕云。十日層樓九風雨。三年故國百思量。逢人怪道春憔悴。不信聞歌覺小傷。別夢依稀過謝橋。心中風雨暗瀟瀟。自從拾得楊花片。不見章臺見柳條。別來細雨閉孤館。歸去華鐙爛九枝。悵望青溪神女曲。去年今日蔣神祠。秋河別夜太淒涼。一曲伊州淚萬行。愁絕五陵年少事。金鞭玉勒送王昌。宮扃葳蕤半褪金。一篇哀麗舊傷心。他時漫滅無文字。留得情人宛轉吟。蓋迴鑾時之作也。吾昔在京師。與蟄菴連輿接席者歲餘。見其詩最多。余最喜其二絕云。回首東風淚滿巾。舊歡新夢覺無因。醒來正是黃昏雨。車馬中原有暗塵。

落日黃沙塞草枯。朔風前夜雪平鋪。漢唐遺壘模糊甚。還有陰山鐵騎無。又丙申春。余出都。蟄菴贈行一首云。樓頭缺月夜向曉。騎馬與君相送行。前路殘春亦可惜。柳條藤蔓有啼鶯。

平等閣詩話又載惺庵有留別居東同人迴風辭四章。詩云。日暮思君苦未來。飛紅狼藉舊亭臺。沈沈遠夢迷千劫。慘慘新詞賦八哀。心比梧桐疑半死。淚如殘蠟漸成灰。玉關人老愁何極。窈窕春星望幾回。……此去風雲方百變。側身天地更何之。行吟芳草無歸路。倚遍銀屏繫所思。別有溫柔馨一握。是它幽怨亂千絲。轆轤永夕煩懷抱。誰獨西風黯別離。……艱難行路黯魂銷。帝遺巫陽賦大招。愁雨愁風才易盡。傷春傷別意無聊。相看鏡匣驚消瘦。暗繫香韄慰寂寥。獨自思量自凝竚。碧城十二總迢迢。……手挼殘紅不忍看。輕寒無賴倚闌干。陰晴未定天如醉。疢疾方迷淚易彈。舊恨尊前歌昔昔。新愁簾外雨潺潺。傷心思婦遼西夢。冷怯空閨人未還。又將發江戶留別日本祭詩龕詩社四律云。飆輪萬轉重行行。向夕扶桑少客星。久託逍遙消塊壘。略無名刺訝公卿。相看鄰下諸豪俊。應憶江東老步兵。好事若煩志流寓。石橋門巷認東櫻。……消瘦西風褪帶圍。多愁多病賞心違。參差玉管吹誰思。冷落瑤箏獨自歸。虛負花開歌緩緩。只憐人去夢依依。繁英繡甸渾如昨。已是差池燕子飛。……聲聲拍枕下關潮。歷劫成塵恨不消。三五團圞輕惜別。萬千哀感及今朝。虛傳打槳迎桃葉。獨上離亭泣柳條。半嚮銷凝前夜夢。帷燈一穗冷殘宵。……怕聽陽關第四聲。河梁攜手若爲情。掉頭不肯留詩卷。懷刺應知少送迎。燕領虎頭空萬里。飄鸞泊鳳怨三生。阿誰識得臨歧感。更與慇懃唱渭城。

余年來絕少爲詩。正月從橫濱返國。將經神戶。舟中晨起得一首。意味淺薄。不足道也。姑存之以塞紙。……皞皞朝曦浴萬山。冷冷風磬下人間。翛翛雲影隨明翳。落落漁謳自往還。點點白鷗沒浩蕩。峯峯神女嘯空頑。此中多少天機在，卻是勞人不得閑。……將至上海，有所感觸，欲爲一長古，未成。中有四句云：未至吳淞三百里，海波已作江波色。我生航海半天下，氣象無如此雄特。此實可見我祖國意態之雄傑。黃河下流，演爲黃海，不待論矣；即揚子江入海之力，不亦已氣象萬千耶。

戊戌六君子中，劉裴邨先生尤醇粹嚴肅，吾昔所爲傳，未能表揚其學行之十一也。去歲有以先生之衷聖齋詩鈔見貽者，全屬古體，已擇登詩界潮音集十餘章。今夏有友自蜀來，口述先生近體詩九首，雖劉覽景物之作，然穆然可見其爲人，乃錄以貽當世。……春漵眷幽遇，野楂立拳鷺。忽驚銜得魚，飛過蝦蟇渡。（觀音巖津口） 沙瀨月有聲，娟娟何妙可。夜涼足清絕，時復見漁火。（觀音灘） 幽林不逢人，空澗響鳴濼。時睹麕鹿蹤，疏疏碎黃葉。（幽林） 彩翠浴鳴禽，孤舟泊斜堰。佳人杳難即，心與雲俱遠。（失題） 獨立極蒼茫，夕陽臨迥野。風吹萬里心，歸鶴長松下。（野外） 松根有茯苓，呼童且休斸。不見今時枝，猶爲古人綠。（古松） 山路不逢人，舉頭忽歸鳥。茅亭暝色多，斜日下林杪。（山中） 江南逢八月，春風猶未歸。萬綠接平曠，山山橫翠微。（江南） 松口來雲斷，江陰秀嶺浮。一帆斜日裏，又過秣陵秋。（秋晚）

四年前從友人扇頭見畫二幅，題畫六章，一曰「羣羊」，二曰「有老」，詩畫雙絕，心好之，詢知爲賀醴芝作也。屢欲以入詩話，然不能全記憶，滋耿耿焉。今有以原詩相貽者，且加以張弓五章，皆名詩也，錄之。

羣羊三章

羣羊在山，齕彼秋草。霣霜其黃，終日不飽。（一解） 羣羊突圃，踐我秋蔬。朝食所需，羊口之餘。（二解） 羣羊入戶，磨觡相觸。投以豐蕘，不饜其欲。（三解）

有老三章

有老扶藜。日夕不歸。南山路迷。(解一)商籟滿谷。獶猱相逐。老人躑躅。(解二)斜景匿光。翔燐繞場。老人徬徨。(解三)

張弓五章

張弓引滿。不可失機。立表測景。不可後時。火已燎原。水已潰隄。焚溺多憂。爾猶遲遲。(解一)抱薪救火。祝融愈驕。沈璧塞河。河伯自豪。長蛇緣木。破彼鵲巢。有母戀雛。驚翔悲號。(解二)皇天何私。匪德不右。我瞻東土。行亦有臭。如何興戎。我邦傾覆。豈爾得天。惟我召寇。(解三)孤兒號天。眷念慈母。懷抱三年。棄我不有。日暮苦飢。隨人奔走。兒今無歸。匪兒之醜。(解四)長鯨奮鬐。白波山立。鼓雷噴雨。寀魚潛泣。遼海潮腥。淫威不戢。箕子無靈。我何嗟及。(解五)

君遂頃以懷人詩八章見寄。殆去歲作也。其自序云『羈跡逆旅。北風淒其。歲暮懷人。百端交集。睠山河以哀眙。復撫膺於逝者。作懷人詩』。其詩云章氏文章何若。價重梨洲衡陽。亶使非種鋤去。畏壘來茲大穰。(太炎)江都天人三策。太平十二王通。勿謂卮言無當。終見九洲大同。(明夷)歎長夜兮漫漫。況來日之大難。恥并腥羶民族。裂此塗炭衣冠。(子民)道不同而爲友。古有申胥伍胥。竟作懷沙屈子。猶癒亡國大夫。(天四)我所思飲冰子。一水蒹葭千里。子無謂秦無人。獨不見噶蘇士。(任公)人言病夫老大。我見支那少年。東方盧梭有幾。申叔夫子最賢。(申叔)驚才不可一世。嗚呼其人已亡。空向黃壚感舊。可憐鄰笛山陽。(曼君)時誦卷中佳句。幽憂爲病難禁。詩人而爲邊帥。房琯復見於今。(无悶)

與蟄广不相聞問者七年矣。有自津門以其近作五章見寄者。使我感舊情懷。不能自禁。亟錄之。……恨臥春歸十日陰。落花臺殿更清深。被欄碧葉如相語。辭世青鴛不可尋。物外精藍誰捨宅。亂餘梗莽漸成林。迷陽卻曲饒憂患。那得端居長道心。(崇效寺看花)在山猛虎今無用。蔽日浮雲終古陰。三穴未營儳免計。一官眞擬汨羅沈。頗聞賈誼酬宣室。徒遣相如賦上林。惆悵故人成獨往。江湖滿地有遐心。(送蔣惺甫侍御)遠下鸞皇閉九閽。更無鷹隼擊秋原。匡牀諫草收殘篋。歸路荷花感聖恩。一郡江湖閒不極。五更朝鼓斷相聞。王尼虛有橫流歎。又向新亭悵失羣。（送王撫州乃徵之官）十年虛鍊媧皇石。萬里遙經黑水祠。吾道聖賢輒相許。夢中謌泣復誰知。還休暫動誠何意。悵望蕭條併一時。此去共傳邊郡美。使君獨有鬢如絲。（送秦曲靖樹聲之官）終年咄咄無一字。去日悠悠有僊塵。自信勞生行未已。偶來盃酒坐相親。醉歸馬上聞孤柝。倦枕雞聲滿四鄰。除卻垂腰煩惱帶。不妨歌笑逐時新。（癸卯除夕）有以觀物篇四章見寄者。自署曰雪如。樂府中之逸品也。誦其詩。不獲交其人。悵望何已。詩如下。

崇巖　傷門第隔也

崇巖崒嵂高插天、膚寸薄植生其巔。盤根據跗一萬年。傲岸日月餐雲煙。蔦蘿欲攀杳無緣。翹首仰睇涕淚漣。松柏蔽虧灌莽間。墝埆斥薄紛聚羶。雖爾勁立氣骨堅。牛羊斧斤不爾全。到頭碌碌竈底然。

細萍　嗟教澤衰也

細萍甫生子。一朝兩朝綠貼水。衆草初萌芽。忽然遍地青牙牙。崇蘭幽。老梅古。岑寂無聊厭風雨。問爾曷爲生不蕃。貴種無競力。異族且復蹂其藩。崇蘭老梅泣無言。

大鵬　歎賢否混也

大鵬苦無風。僵伏北海隅。燕雀喜得地。談笑營巢居。騶虞識戒殺。枵腹不得飽。豺虎羆且碩。巉巉厲牙爪。鳳凰栖栖無所如。鴟梟以鼻嗤其愚。麒麟宛轉泣刀俎。天生此材供作脯。

紉楮　病粉飾也

紉楮不可當衣。毀水不可代糜。刻鵠類鶩。縱形肖。畫地作餅將無飢。黔山驢。遼東豕。彼何爲乎聊復爾。蜀中犬。吳中牛。吠所未經喘所怪。淄澠氣味深相投。吁嗟公等莫歡譃。屠伯磨刀正霍霍。

嘉應楊儁子惟徽。人境廬詩弟子也。其理想風格。皆茹今而孕古。人境有傳人矣。錄其秋感四章。昂藏七尺軀。農夫寡所異。自從覽圖史。冥想際天地。欲放一隙光。微燭造物祕。理窟洞玄素。機體究形器。上循已往情。下測未來事。縱橫空時間。神經爲激刺。二百萬年後。懸知滅人類。汲汲鞭影心。憂患紛總至。誰能挈長繩。繫住羲和轡。噫吁人間世。如何有文字」扶桑之新國。旭光曜華胥。歐花與美果。移植俱扶疏。嶺南大癡子。渴慕五載餘。一朝出門去。忍絕高堂裾。江流迓遊子。片刻容躊躇。明日滄海上。白沫吹大魚。飛鳥天際沒。竟使雙輪如。到此望鄉國。魂夢猶蘧蘧。東京五月中。寒雨振林於。俯鏡江戶流。仰攀駿河墟。不見紅櫻爛。惟見黃塵噓。行行大道旁。羣兒皆軒渠。睨余便爾汝。譃笑互吐茹。歐洲視猶太。亦是同文書。信彼類族誣。嗟我兄弟與。輾轉上學去。淹留逮秋初。學語慚小兒。聽講充鈔胥。但令珠混魚。胡乃芋賦狙。仰天涕淚橫。懷抱不可攄。糞丸轉蜣螂。甘帶嗜蝍蛆。勿怨黏網苦。卻恨兩翼舒。噫吁人間世。如何有舟車」莽莽五大洲。歐亞共非墨。蠕蠕億千形。黃白暨棕黑。十八世紀中。西士忽轉側。強大六七分。各事闢疆域。沙島爭一粒。冰洋探兩極。縱橫地球圖。妄自占顏色。天賦羣民族。遠征騁帝力。怒潮撼東方。洶湧不可塞。咄咄扶桑夷。感覺富腦識。蜻蜓冲霄飛。勢搏九萬翼。朔風吹血腥。一擊天鵝殪。名實此舉兼。仗義宣詔敕。德色慮耰鋤。陰謀實鬼蜮。而我黑甜鄉。竟滋他族逼。雷池不敢越。中立若劃洫。保全與瓜分。旦暮誰能測。革命與保皇。攻擊令人惑。專制戰立憲。大勢已敗北。萬流旋一渦。性命在頃刻。山河痛神隩。臣妾悼兆億。土崩無拓都。瓦全有么匿。劣根成痿痹。久矣負天職。九頓訴閶闔。竊恐不得直。眼看此種人。終古受壓抑。念此勿重陳。重陳淚交臆。噫吁人間世。如何有家國」泰初有人類。誰能究厥始。猿猴祧遠祖。之說未敢是。動物之一部。

或想當然爾。混沌未鑿時。茫昧富元理。惜哉陳死人。一眠不復起。至令萬劫後。考索到石史。地殼辨影形。種源溯遷徙。適者能生存。人羣蛻化耳。茲論已出世。一切俱披靡。法輪轉世界。釋典殆枝指。靈魂同主宰。耶約亦詼詭。知死不知生。孔雖有微旨。余今獨棄置。胸中塡塊壘。濁酒不能澆。放言且掌抵。盜蹠爲柳弟。丹朱固堯子。草間微箕活。粟食夷齊恥。宏範與世傑。同胞異函矢。三桂與定國。末路共猶芷。況乃號咷生。驚心憂患裏。及其還大虛。瞑目含笑矣。地獄勿恐怖。天堂勿歡喜。賢愚一蓬蒿。侯王殉螻蟻。旅逆天地中。過客竟若此。所以古今人。苦樂不自止。夜長怨美人。日短惜志士。容顏頻看鏡。功業輒拊髀。噫吁人間世。如何有生死。

友人悔餘生。九江先生再傳弟子也。不欲以文章顯。故吾爲隱其名。吾於十二年前。聞其爲人。偕亡友陳通父兩度訪之。不遇。近兩年來。彼此三度過從。皆相左。至今未得見顏色也。顧相慕日益饑渴。頃得其近詩數章。拉雜錄入詩話。以志因緣。題三十小像云。食肉何曾盡虎頭。卅年書劍海天秋。文章幸未逢黃祖。襆被今猶窘馬周。自是汝才難用世。豈眞吾相不當侯。須知少日拏雲志。曾許人間第一流。」井蛙穴鼠豈稱豪。會向天門跳擲高。牛背讀書逢越國。車中奏笛識敖曹。金臺駿骨誰爲購。海上虬髯未易遭。壯志無成人欲老。怕看明鏡有霜毛。」當年曾說阿龍驕。中歲功名尙寂寥。長劍斫蛟徒有願。短衣射虎故無聊。江東人物誰爲比。海外名流頗見招。挽住狂瀾要身手。不曾瘦損沈郎腰。」幾曾彈鋏去依人。骯髒平生認此身。鳳泊鸞飄徒自恨。箕張牛憤太能伸。爛羊作尉何堪說。健犢奔車故絕塵。不學王郎悲斫地。倚天狂笑萬花春。」意氣猶堪撼百城。目星舌電幾縱橫。臥龍自昔勞三顧。大鳥他年會一鳴。何用升天與成佛。且當結客更論兵。關河異日無窮事。待看書生赤手撐。」春感云。高冠長劍不言歸。又見天涯燕子飛。太史文章牛馬走。杜陵詩卷鳳凰饑。山雖可買身難隱。海到能塡力已微。斗酒欲沽沽未得。江頭準擬典春衣。」垂柳朱樓大道邊。怕看春氣入歌筵。人間此日知何世。客裏新愁似去年。絕塞寄書情婉轉。廣陵留曲恨纏綿。桃花點點枝頭淚。細雨空山泣杜鵑。」秋感云。薄寒天氣雨瀟瀟。酒淺愁深未可澆。倚枕但工諧競病。書空常自詫無聊。難迴日馭黃塵遠。會泛星槎碧海遙。孤館秋燈頭易白。五更心事湧如潮。」春明舊夢認模糊。搖落時芳客思孤。珠箔飄燈歸獨夜。玉釵沽酒泥當壚。人間絕少埋憂地。海上應多逐臭夫。種豆南山亦何恨。不須擊缶唱烏烏。」贈何易一先生云。鳳泊鸞飄已幾年。牢愁難訴與哀絃。滄桑變後還成世。文字刪餘別悟禪。弔影江潭人欲老。棲身瘴海客如遷。恩仇未了心猶熱。雄劍摩挲向枕邊。

日俄戰事初起時。楚卿適在東京。以所作感事四絕見示。余能爲作鄭箋也。（其一言日本之愛國）郎著征裘女脫簪。私情何似國情深。莫愁風露沾衣冷。此是寒閨夜夜心。（其二言政府之安閑）楊外妖雲百怪陳。但垂鴛帳駐穠春。問他鷸蚌緣何事。袖手神州大有人。（其三言外交之失策）爲他眞個話相思。鏡殿春殘事事疑。昨夜西風今夜雨。明朝消瘦更誰知。（其四言內政之無望）冉冉天涯遍綠陰。萍吹絮墮意沈沈。思量舊恨都無着。夢雨纏綿直到今。

浙江潮第十期登有自署君木者所作刺時六絕。雖嬉笑怒罵之言。其志固忠厚也。詩如下。世界有同胞。家族無倫理。愛國忘其親。大哉志士志。」抵掌談合羣。肝膽映人熱。一言不相中。刀光起同室。」男子有血性。奈何以憂死。金尊檀板中。不忍談厭世。」敦品與立行。璅璅非公德。廉恥何足論。國民有天職。」自由復自由。自由肯放棄。醇酒與婦人。甘爲自由死。」昂頭詈科舉。低頭盼鄉榜。今朝新貴人。昨日革命黨。

黃公度臺灣行云。城頭逢逢雷大鼓。蒼天蒼天淚如雨。倭人竟割臺灣去。當初版圖入天府。天威遠及日出處。我高我曾我祖父。艾殺蓬蒿來此土。糖霜茗雪千億樹。歲課金錢無萬數。天胡棄我天何怒。取我脂膏供仇虜。眈眈無厭彼碩鼠。民則何辜罹此苦。亡秦者誰三戶楚。何況閩粵百萬戶。人人效死誓死拒。萬衆一心誰敢侮。成敗利鈍非所覩。一聲拔劍起擊柱。今日之事無他語。有不從者手刃汝。堂堂藍旗立黃虎。傾城擁觀空巷舞。黃金斗大印繫組。直將總統呼巡撫。今日之政民爲主。臺南臺北固吾圉。不許雷池越一步。」海城五月風怒號。飛來金翅三百艘。追逐鉅艦來如潮。前者上岸雄虎彪。後者奪關飛猿猱。村田之銃備前刀。當輒披靡血杵漂。神焦鬼爛城門燒。誰與戰守誰能逃。一輪紅日當空高。千家白旗隨風飄。搢紳耆老相招邀。夾跪道旁俯折腰。紅纓竹冠盤錦條。青絲辮髮垂雲髾。跪捧銀盤茶與糕。綠沈之瓜紫蒲桃。將軍遠來無乃勞。降民敬爲將軍犒。將軍曰來呼汝曹。汝我同種原同胞。延平郡王人中豪。實闢此土來分茅。今日還我天所教。國家仁聖如唐堯。撫汝育汝殊黎苗。安汝家室毋譊譊。將軍徐行塵不囂。萬馬入城風蕭蕭。嗚呼將軍非天驕。王師威德無不包。我輩生死將軍操。敢不歸依明聖朝。」噫吁嚱悲乎哉。汝全臺。昨何忠勇今何怯。萬事反覆隨轉睫。平時戰守無預備。曰忠曰義無所恃。

新民社校對房一敝篋。忽有題七律五章於其上者。塗抹狼籍。不能全認識。更不知誰氏作也。中殊有佳語。第一章末聯云。行矣臨流復一歎。泠然哀瑟奏雍門。第二章末二聯云。休矣著書俟赤烏。悄然揮扇避青蠅。衆生何事干霄哭。隱隱朝廷有笑聲。第三章首二聯云。富春江上夕陽微。那有閑情理釣絲。神女何歸洛水綠。聖人不作海波飛。第四章首二聯云。黑龍王氣黯然銷。莽莽神州革命潮。甘以清流蒙黨禍。恥於亡國作文豪。

君武以其友馬一浮四律見似。蓋刻意學褰冥而神肖者也。今錄二章。身前不住閻浮界。死後應生他化天。自性華嚴離我我。有情流轉自年年。靜排諸相觀空餤。閒繫千山種白蓮。獨向須彌最高頂。衆生無語月孤圓。」而爲上首無量佛。自生飛行馬一浮。八萬天魔羣擾擾。微塵國土總幽幽。倮蟲無命埋深海。熒惑當年墮石頭。我是虛空創造者。一毛一孔一星球。

有投箋者曰。『公灑瀝熱血喚起國魂。愛國之傑。今古推敬。貴報曲終奏雅。附列詩歌。最發深省。友人唾莽者。長沙志士。感種族之將燼。代一棒於當頭。撰有詩歌。不忍獨嗜。謹介貴報以備采登。此君於戊戌之變。有句云。石氣古逾勁。蘭心秋豈搖。志士誦之多泣下者。渠游日本東京。它日相逢。此其媒介。』謹讀所寄有滅種吟十二章。以樂府體。鎔鑄進化學家言。而每章皆有寄託。眞詩界革命之雄也。具錄之。（悲恐龍）哀龍哀龍。產於美國槐衣烏密洲。長三丈兮高丈五。前短肢兮後長肢。尾大脊巨氣虎虎。借問此種何處尋。石堊層中時太古。吁嗟乎。此鳥非無同種禽。始祖鳥兮名最尊。無嘴之口森利齒。强莫强兮皆不存。汝與哀龍共血族。恐龍殄滅何速速。白華麗國好戰場。得毋同種相魚肉。」（莫捕猫）請君莫捕猫。留猫捕野鼠。君不見吉黎山下一叢蘭。移向紐西崙中翻失所。莽莽平原野鼠狂。蜜蜂游此塡貪腸。吁嗟乎。蜜蜂游此塡貪腸。雄莖雌蕊空開張。誰銜花粉於其房。蘭種將絕余心傷。又不見紐西村落蘭欲語。蜜蜂翩翩故容與。傳精送子全恃汝。食蜂野鼠何獨無。此間賴有猫逼處。請君莫捕猫。留猫捕野鼠。（原注此詩感戊戌之交捕黨人而作）」（東市骨）地中海旁風泱泱。麥痕東市燐火涼。中有一洞穿地核。多少遺骨縱橫僵。洞熊洞師與犀牛。其骨龐大無與行。昔時强梁獸中傑。羣獸咋舌神頹唐。汝既不能智。棄之不能羣。平生伎倆弱同種。可憐斷送强中强。獸兮經知不足語。胡爲人也瘞其旁。昂昂鬚眉丈夫子。額高於鼻身手長。千五九六立方糎。是爲腦髓頭中藏。昔年血族衍何許。得毋如獸先自戕。吁嗟乎。洪積時代已如此。茫茫來日心焉傷。」（無針蜂）澳洲土蜂古無針。小小世界容浮生。胡爲有針之窩蜂。攔入爾界强哉爭。有針者勝無者淪。天演之律胡不平。吁嗟乎。土蜂身後無子孫。窩蜂徒黨方縱橫。」（大蟋蟀）俄羅蟋蟀大且長。秋宵月冷登戰場。籠中骨肉方鬬力。誰知安息新種侵其彊。舊種昂昂猶自戕。謂汝新種身小烏敢當。吁嗟乎。古今勝負洵無常。大者長者翻滅亡。小而智者進化還未央。」善鳴鳥 西瀛蘇格蘭。有鳥名畫眉。善鳴之技擅一世。自謂雄長枝中枝。何方更產斑畫眉。羣羣而來光奇離。鳴者鄙其不善鳴。嘈嘈唧唧咸忽之。居無幾何彼族滋。昔時故族晨星稀。」枝寄生 昔年一林青葱葱。廿餘種木杈枒撐。不雹不凌年數更。只餘數木交縱橫。中有一種奇絕倫。十餘新種枝寄生。」甘穆番 伯令海峽萬態碧。甘穆斯島水中宅。土民十萬孳洪荒。酋長團體矜地僻。誰知他族來綿綿。强權箇箇主爲客。薙之吸之牛馬之。可憐血灑乾坤赤。借問番種羸幾何。數萬愚奴待天擇。」煤層空 叢林既滅生莓苔。莓苔滅後生微蟲。飛魚滅蟲鳥滅魚。更產他種亡哀龍。非禽非獸過渡時。惟有蝙蝠淩長風。自此遞生鼠兎口。虎豹犀象犬與熊。迭生迭滅殺氣橫。惟熊稍近人乃雄。熊漸滅兮猿愈靈。乃與其所餘禽獸誓掃山都木客稱霸於山中。吁嗟乎。山都木客戰勝方告終。毛氏猺獠翻戰攻。就中數種心文明。綮之逐之戮之開鴻濛。吁嗟乎。黃白二種爭主盟。危乎一髮懸。黑紅高等人朽煤層空。生滅滅生何時窮。」前猿劣 人兮人兮猿化身。人與人猿爭乾坤。後優前劣力不敵。世界猿種幾希存。亞洲之猿亦多族。至今惟餘吉貢倭蘭兩種猿。斐洲有何猿。名者僅遺戈粟金木之孫子。其餘近人之智猿。惟有美門僻嶺而已矣。吁嗟乎。猿猿戰罷人戰猿。同種異種多戰死。請問猿猿人猿權力强弱何以逼。腦髓重輕比比比。」悲舊獸 君不見。李徒尼亞之野牛。蘇格蘭國之赤鹿。當時强碩無與京。同種寒心咸側目。更有龐熊產諾威。同此冥頑自魚肉。借問狀態今何衰。他種炎炎來大陸。況乃生聚繁哉繁。危乎危乎汝舊族。」長角牛 黑牛戴長角。羣中稱卓卓。欄邊滄海無波瀾。誰知短角來相殘。昔年雄態渺何處。祇今遺骨寒灰寒。約師克見人何愚。僉謂毒疫戕其軀。吁嗟造化胡爲乎。能使短角之牛同時同地災獨無。

查嗣庭以誹謗蒙大戮。至今言民族主義者哀而敬之。頃偶閱柳北紀聞。載其女遺什一章。女名蕙纕。蓋嗣庭獲罪後。家屬徙邊。驛次題壁之作也。詩云。薄命飛花水上游。翠蛾雙鎖對沙鷗。塞垣草沒三韓路。野戍風淒六月秋。口讀父書心未死。目懸國難淚空流。傷神漫譜琵琶怨。羅袖香消土滿頭。蕙纕可謂不媿名父之子矣。

葉君夢梨自署江蘇一少年。以近詩數章見寄。讀之穆然想見其人。今錄實詩話。十幅花箋錄楚騷。江天寥闊雁聲高。地經百戰河山壯。心有千秋魂夢勞。銀燭半闌秋臥月。羅衫斜曳夜磨刀。舊遊如夢那堪說。兩度西風感鬢毛。片帆浩蕩入風塵。雲水漫漫魚鳥瞑。斗酒橫胸縱奇氣。萬花得雨傲殘春。自憐年少凋華鬢。更爲情多作恨人。手綰天龍翔帝闕。五雲深處叩前因。浮生何事說黃農。兵火撩人劍氣濃。青史有靈雄鬼嘯。亂山如故白雲封。曉星斗大明滄海。鐵甕潮寒泣臥龍。欲溯芳懷何處是。涉江遙指最高峯。蓼花吹盡水生紋。漁笛聲淒不耐聞。北望關山空極目。南飛烏雀自成羣。幾家羅襪濕流露。兩處青天夾斷雲。秋盡海門鯨跋浪。故應夜夜夢終軍。」右四首鎮江晚泊　百尺危城萬尺山。黃流日夜繞其間。丈夫對此壯顏色。上帝無言獨往還。治亂千年助歌哭。風雷一氣震冥頑。夕陽黯淡江雲黑。寥落秋心問故關。」右一首金陵　陰山鐵騎縱橫入。天地無情江自流。痛哭千家思故主。兵戈三月賦同仇。地連東海羞秦帝。手執南冠似楚囚。合與文山參帝闕。兩行血淚話神州。」右一首江陰懷閻應元　南望珠崖惟一慟。北來胡騎又千重。荒魂夜嘯銅標冷。大漠秋高古壘空。地起崑崙亘河嶽。書傳秦漢數英雄。情絲萬轉無人識。獨上危樓望斷鴻。」右一首與客談中國邊事有感　前生渺渺問青史。去路茫茫趁晚潮。何日風雷慰岑寂。即今魂夢也蕭條。瑤池夜晏羣仙醉。渤海雲飛萬象凋。倘記中原全盛日。羽旌百道破天驕。」右一首黃海舟中　玉皇舉金扇。秋風渺然至。吹我魂夢飛。忽遇赤松子。攜手上玉京。萬縷暮煙紫。天女鬱雙眉。靈氣吁瑤齒。拾得淚痕歸。寫作相思字。」右一首秋

風

秦皇兩勁敵．荊卿與子房．白虹起天末．尺劍寒秋霜．博浪飛鐵錐．鸞鳳深潛藏．處士一震怒．天地爲低昂．竟碎獨夫魂．縞素旋相望．白帝泣斷蛇．赤幟入咸陽．一令止苛政．衆生福穰穰．懿歟古之人．俠氣盤中腸．歌哭太無聊．隻手迴滄桑．遺烈各千古．日月同輝煌．況聞聖天子．從古稱武湯．義旗動風雲．萬國傾壺漿．神器歸有德．時謂之小康．青史信不誣．來日知方長．小試得將相．大舉爲帝王．中國好山河．閒眼睨八荒．手綰兩白龍．莫邪與干將．大聲呼九京．齒頰餘芬芳．」右一首讀張良傳書後

北風搖殺氣．瞑色滿神州．年少偏多恨．時危獨倚樓．碧雲何處雨．殘日一簾秋．玉笛聲聲喚．悠然望帝邱．右一首倚樓

樂學漸有發達之機．可謂我國教育界前途一慶幸．苟有此學專門．則吾國古詩今詩．可以入譜者正自不少．如岳鄂王滿江紅之類．最可譜也．近頃橫濱大同學校爲生徒唱歌用．將南海舊作演孔歌九章譜出．其音溫以和．將鄙人舊作愛國歌四章譜出．其音雄以强．能叶律如是．是始願所不及也．推此以譜古詩．何憂國歌之乏絕耶．今錄其譜如下．

C調 4/4

（演孔歌）譜之一

1. 3 5 6 | 5 5 5 1 | 0 2. 3 4 | 6 5. 0 5 |

尼 山 嵂 崒 猗 彼 魯 東 靈 麟 吐 書 —— 亶

5 3 1 5 | 5 1 7 6 | 5 $\dot{2}$ $\dot{3}$ $\dot{2}$ $\dot{1}$0 | 1 $\dot{3}$ — $\dot{2}$ $\dot{1}$ |

縱 睿 聽 智 周 萬 物 道 與 天 通 脫 然 一 世

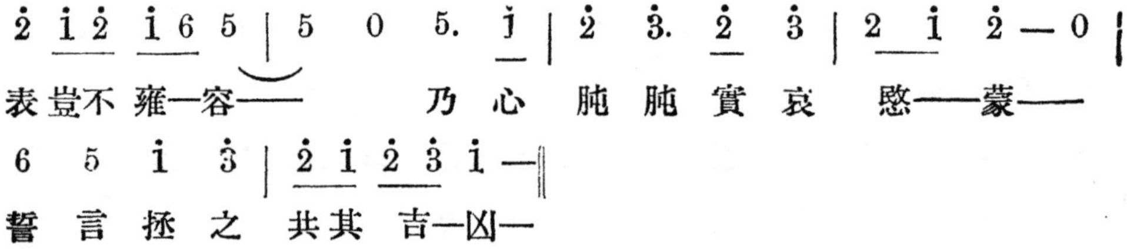
表豈不雍一容——　乃心肫肫實哀愍——蒙——
誓言拯之共其吉一凶一

C調 4/4

(愛國歌)譜之一

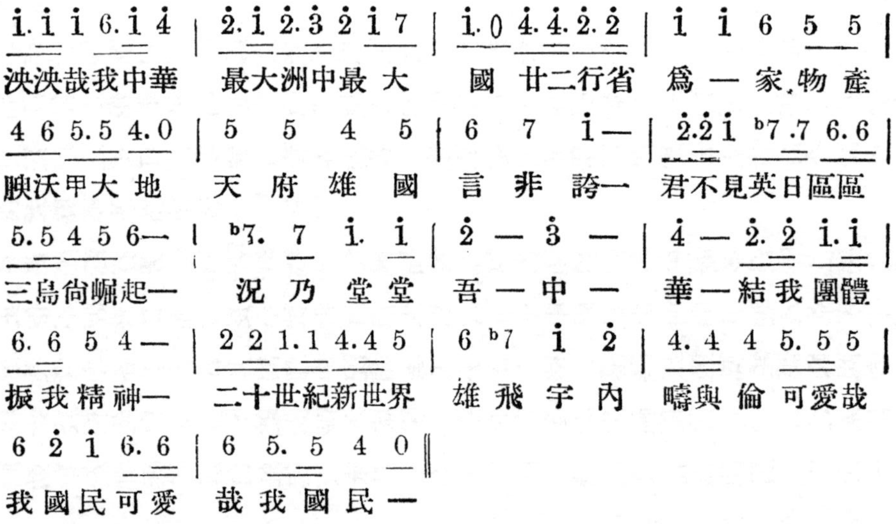
泱泱哉我中華　最大洲中最大　國廿二行省　爲一家，物產
腴沃甲大地　天府雄國　言非誇一　君不見英日區區
三島尙崛起一　況乃堂堂　吾一中一　華一結我團體
振我精神一　二十世紀新世界　雄飛宇內　疇與倫　可愛哉
我國民可愛　哉我國民一

今欲為新歌。適教科用。大非易易。蓋文太雅則不適。太俗則無味。斟酌兩者之間。使合兒童諷誦之程度。而又不失祖國文學之精粹。眞非易也。楊皙子之黃河揚子江諸作。庶可當之。亞雅音樂會之成立。鄙人嘗應會員諸君之命撰黃帝四章。該會第一次演奏。卽首唱之。和平雄壯。深可聽。但其詞弗能工也。今將譜與文兩錄之。

一　赫赫我祖名軒轅。降自崑崙山。北逐獯鬻南苗蠻。馳驅戎馬間。掃攘異族定主權。以貽我子孫。嗟我子孫無忘無忘乃祖之光榮。

二　溫溫我祖名軒轅。世界文明先。考文教算明曆元。還將醫藥傳。科學思想尋厥源。文明吾最先。嗟我子孫遺傳繼續乃祖之光榮。

三　巍巍我祖名軒轅。明德一何遠。手闢亞洲第一國。布地金盈寸。山河錦繡爛其明。處處皆遺念。嗟我子孫保持勿墜乃祖之光榮。

四　繩繩我祖名軒轅。血胤多豪俊。秦皇漢武唐太宗。寰宇威稜震。至今白人說黃禍。聞者顏爲變。嗟我子孫發揚蹈厲乃祖之光榮。

（黃帝歌）譜之一

2 2 2 1 | 2 — 3 3 | 5 5 6 5 | 3 —

赫 赫 我 祖 名 — 軒 轅 降 自 崑 崙 山

3 3 5 5 | 6 6 5 3 | 2 2 2 1 | 2 —。

北 逐 獯 鬻 南 苗 蠻 馳 驅 戎 馬 間 掃

6 6 7 7 | 5 — 3 5 | 6 6 5 3 | 6 —.

攘 異 族 定 主 一 權 以 貽 我 子 孫 嗟

7 — 7 6 | 5 5 3 5 | 6 6 5 3 | 2 —.

我 一 子 孫 無 忘 無 忘 乃 祖 之 光 榮

又終業式四章

一　國旗赫赫懸當中。華旭照黃龍。國歌肅肅諧笙鏞。漢聲奏大風。借問儀式何其隆。迎我主人翁。於乎。今日

一少年。來日主人翁。

二　五千年來文明種。神裔君傳統。二十世紀大舞臺。天驕君承寵。國民分子盡人同。責任君惟重。於乎。眇眇

一少年。中國主人翁。

三　衆生沈痛吾其恫。吾將儲藥籠。國民奮飛吾其雄。吾待毛羽豐。不然赤手雙拳空。壯語終何用。於乎。以何

一少年。成就主人翁。

四　前途進步靡有窮。一得寧自封。河伯語海含驕容。遼豕眞如夢。業耶業耶終未終。來日君珍重。於乎。勉勉

一少年。無忝主人翁。

C調　　(終 業 式) 譜之一

2 2 1 2 | 3. 3 5 — | 6. 6 6 6 | 5 — 0 —

國 旗 赫 赫 懸 當 中 — 華 旭 照 黃 龍 ——

6 6 1 6 | 5. 6 5 3 | 2 2 1 1 | 2 — 0 —
國歌肅肅諧笙鏞 漢聲奏大風 ——
6 6 5 6 | 1̇ — 2̇ 1̇ | 2̇ 3̇ 2 1̇ | 6 — 0 —
借問儀式何 — 其隆 迎我主人翁 ——
2̇. 3̇ 2̇ 1̇ | 6 6 5 — | 6 6 5 3 | 2 — 0 —
於乎今日 — 少年 來日主人翁 ——

客有自署袖東者，以五詩惠寄，且媵數語，謂以此爲將來相見第一句之資料云。讀其詩，則宋人風格中之最高尙者，俊偉激越，芳馨悱惻，三復之不忍去也。錄賁詩話。東京除夕感事贈叔香云：鳴鳳不聞龍戰野，夕陽如夢鳥啼煙。將軍自古稱橫海，世變無端欲問天。黃禍聲中諸白帝，紅羊劫後兩青年。人生別有相思處，說向天涯各惘然。」旅居何事最關情，一角紅旗萬喙鳴。燈下談兵掩長涕，樓頭望月怨今生。豈因我輩多癡骨，無奈他家有笑聲。夜半黃龍作人語，年年風雨太縱橫。」白雲渺渺風千里，翠袖蕭蕭筆一枝。縱酒可能銷舊恨，多愁雅不合時宜。近來閱世無他法，解得憐儂是可兒。手執菱花感遲暮，半庭黃葉故吟詩。」陰晴天氣兩蹉跎，遙憶神州喚奈何。忍見河山莽荊棘，祇憑雷雨靖風波。年華如水霜侵鬢，海島飄蓬夜枕戈。從古文章名最小，漫將歲月換狂歌。」青山閱日兵慶賀天長節感賦云：甲辰歲云秋，斷髮走扶桑。劍氣拂青雲，海波明空霜。旅居甫十日，枯坐殊徬徨。呼聲忽雷動，萬喙祝天長。言造青山巔，一覽無盡藏。烈日上大旗，亘霆出道旁。耳目相告語，氣象何發皇。偶遇白髮翁，爲我道其詳。此是有阪炮，彼乃村田鎗。鎗炮尙餘事，幸哉國民强。精神與道德，相續而發揚。故能懲暴露，凱歌奏沙場。西風渺然來。感此懷故鄉。興廢無定數。天意終渺茫。欲使國運昌。實恃人謀臧。藐茲一島國。孤峙太平洋。在昔閉關時。慘慘來羣狼。磨牙復磨牙。血肉瀕于亡。一令下新政。辨晰及微芒。於今四十年。撥亂爲小康。嗟余文明國。聲譽冠東方。五嶽峙其蒼。大江流其黃。尙文亦尙武。歷史有榮光。狂瀾忽傾倒。百川齊横行。客星掩紫微。亘劫悲紅羊。我皇本仁孝。着念自非常。抱策開明堂。揮戈覽斜陽。鼠兔故無狀。穿穴崩長城。刀下六鳳凰。哀鳴聲鏘鏘。中更黃巾亂。戰氛動八荒。紅海灌神州。血流更湯湯。近史紀波蘭。讀之魂悽愴。百病已纏身。不醫毋乃傷。紫氣吐神京。登高遠相望。願起舊風雲。赫赫振朝綱。華胄滿中原。覆車勿健忘。勉爲大英雄。瑰然留淸芳。庶幾吾國威。一飛莫可當。大風表東海。萬古此泱泱。

龔定庵有己亥雜詩三百六十首。言近世文學者喜誦之。近頃見人境廬主人亦有己亥雜詩數十首。蓋主人一生歷史之小影也。從其哲弟由甫處得見之。不能全錄。錄關於道心者數章。亦曾忍死須臾坐。正用此時持事來。今午垂簾春睡起。擁爐拈箸撥寒灰。」夢回小坐淚潸然。已誤流光五十年。但有去年無現在。無窮生滅看香煙。「日光野馬息相吹。夜氣沈沈萬籟微。便到無聞無見地。衆蟲仍著鼻端飛。」亂草刪除綠幾叢。舊花能換日新紅。去留一一歸天擇。爭自物存我自公。」

日本圍攻旅順軍司令長官乃木希典將軍。自今茲奏捷後。其勇名漸震吾邦人耳目。將軍之長子名勝典。死於金州之役。未幾。將軍統師至金州。嘗有詩云。征馬不前人不語。金州城外立斜陽。日人傳誦之。聞將軍得其長子凶耗時。命勿舉葬典。待父子三人之喪皆至。乃合葬云。蓋彼與其次子保典並從軍也。既而旅順之役。保典亦殉焉。而將軍乃得以戰勝之名譽。至今巋然尙存。日人某爲三典歌以頌之。文曰。阿兄勝典勇拔羣。阿弟保典武兼文乃父將軍名希典。一家三典悉從軍。將軍發日告遺志。武夫捨命尋常事。一人戰死勿出棺。留一且待兩個至。果然南山激戰時。冒險奮鬥失長兒。敵彈無情旅順役。又爲乃木折一枝。接報將軍色不動。將軍不痛聞者痛。棺守夫人感如何。夫人不慟國民慟。君不見嗚呼忠臣三楠公。殉難報國闔門空。壯烈古今堪相比。三典獻身取遼東。」詩雖平平。然能寫出日本武士道之氣概。讀此而知日人所以享戰勝之名譽者。非偶然也。故錄入詩話。

太平洋客自美洲寄筆記一則至。有唐瀏陽遺詩數章。余所未見也。錄之『余戊戌年入長沙與佛塵同爲時務學堂教習。至相得也。佛塵曾贈余一詩云。沈沈苦海二千載。疊疊疑峯一萬重。舊衲何因困蟣蝨。中原無地走蛇龍。東山寥落人間世。南海慈悲夜半鐘。用九冥心湘學會。行看鐵軌踏長空。湘撫陳公寶箴建議湘學鐵路。由湘學兩省人合辦。故末句及之。及戊戌六月。余與韓孔广葉仲遠出上海。佛塵與學堂諸生祖餞于左文襄祠。席間佛塵執筆成五古一篇。五絕一首。五古名曰俠客篇。辭氣慨慷。讀之怒髮上衝。其全篇已忘之。惟記有「不爲鄉愿死。誓斬仇人頭。」二語。漢上勤王之志。肇于斯時矣。政變後。余與佛塵各竄一方。己亥年冬。乃相見於香港。適余將有加拿大之行。佛塵贈我七絕。爲書諸箑。以勵吾志。詩云。咄咄天心不可常。茫茫塵世幾滄桑。燈花劍蕊深深綠。海國自多南面王。(下略)

門人長沙田均一(邦璿)丁戊間湖南時務學堂同學也。己亥東來游學。共講席者又數閱月。庚子八月。隨唐瀏陽倡義湖湘。不克死之。其行誼別有傳。見清議報。今得其遺詩數章。讀之猶凜凜有生氣也。和湯仙洲閒居雜感四首云。吾友湯生今健者。狂歌痛飲氣無前。尺書斷句勞相贈。幽憤牢愁不可捐。獨立乾坤成嘯傲。暫時離索亦纏綿。不須太息儒冠誤。偃鼠鷦鷯且自賢。」頻年戈馬滿邊城。海上鯨鯢事可驚。款敵黃金人笑汝。守官赤芾我憐卿。倒阿授柄知非策。揖盜開門太不平。倉葛一呼究何補。斜陽孤島哭田橫。」中興文運盛湘沅。歌舞承平里俗敦。誰使養癰成痼疾。坐令伏莽動羣喧。沈憂妄冀補媧石。小隱無從謀庾園。蒿目時艱軫餓殍。茫茫天意總難論。」少年歲月去堂堂。貧女生涯暗自傷。笑彘廟犧隨命分。行尸走肉太羸尫。好山好水時相遇。爲我爲人有底忙。寒鳥無聲天釀雪。風遒日短意徬徨。古劍一首云。秦耶漢耶不可識。寶氣騰騰躍龍泉。荊軻豫讓幾知己。周鼎殷球同大年。腥血多時生古駮。髑髏無數泣秋煙。何人更問王喬墓。出手寒芒正懍然。右詩爲均一從弟均卜所寄。均卜亦健者。庚子之難。瀕於九死云。

均一復有寶劍篇云。雄芒燭霄氣懍懍。朝横在腰暮作枕。聽雞祖生眠不得。拔鞘起舞寡顏色。荊軻豫讓嗟已矣。千古萬古無知己。不屠仇人腹。風雨鬼夜哭。不斫仇人頭。長虹亘天愁。安得貢入上方任人請。一掃天下魑魅白日晒。蓋戊戌之作。其時湘中頑紳反對汚蔑均一憤之作以見志今日大局事固茫茫。卽前此之與時務學堂反對諸頑物。猶依然張氣燄於社會。吾知均一其未瞑矣。

上海伶隱汪笑儂。以戲劇改良自任。吾未識其人。大約一種之實行家也。頃上海發刊叢報一種。曰二十世紀大舞臺。其目的卽專主改良戲劇。第一號篇首有笑儂題詞二絕云。歷史四千年成敗如目覩。同是戲中人。跳上舞臺舞。」隱操教化權。借作興亡表。世界一戲場。猶嫌舞臺小。」又揭小儂小照自題二絕云。銅琶鐵板當生涯。爭識梨園著作家。此是廬山眞面目。淋漓粉墨漫相加。」手挽頹風大改良。靡音曼調變洋洋。化身千萬儻如願。一處歌臺一老汪。」儼然詩人之詩。不徒以技名耳。

二月二十八日。忽得噩電。嘉應黃公度先生遵憲既歸道山。嗚呼痛哉。今日時局。遽失斯人。普天同恨。非特鄙人私痛云爾。吾友某君嘗論先生云。有加富爾之才。乃僅於詩界闢一新國土。天乎人乎。深知先生者。必能信此言之非阿好也。先生於光緒初參何子峨星使如璋幕府。使日本。其時正值琉球事作。何使所與總署及北洋文牘。吾近頃乃獲見全案。凡往返數十函。殆十餘萬言。皆力主强硬手段。策日本當時國勢。謂我若堅持。彼必我屈。洞若觀火。纖悉周備。其出先生之手者。十七八也。而政府不能用。朝鮮方將開港。先生力言其外交當由我主持。且擬一約稿。致當局。謂朝鮮與他國之交涉。必當爾爾。政府復不能用也。而後此甲午之役。卽坐是生紛議喪國威。蹙蹙以極於今日。使先生能行其志於三十年前。今之中國。豈其至此。余曾游美。彼中人爲余述先生任舊金山領事時遺事。時正值美國工黨倡議全逐華人之時。先生對付彼等之手段。有奇妙不可言者。今非片紙所能盡罄。且勿記之。甲午敗後。日人要我開租界於蘇杭。政府以交涉屬南洋大臣。先生受檄劉忠誠。當其衝焉。忠誠以全權畀之。與日領事珍田捨已會議。珍田氏者。日本第一流外交家。後此曾歷任數國公使者也。先生時持蘇杭爲內地。與疇昔沿江沿海之口岸有別。乃草新約。刻意收回治外法權。珍田竟莫能難。草約已畫押。議達日政府。日政府怒珍田之辱命。乃撤回。而抗嚴議於我政府。我政府亦終屈也。而先生所擬之約遂廢。使先生之志得行。則此後中國雖實行門戶開放主義可也。此先生外交上經歷之大略也。其內政上未嘗有獨當一方面之事。故所發表者希然。丁酉戊戌間。陳臬長沙。首倡保衛局。當時舉國無或知警察爲行政機關所必需者。先生行之數月。輿情翕然。今舉國語警察矣。而丁戊間長沙保衛之精神。渺乎無存也。故知有治人無治法之說。抑亦信矣。先生治事文理密察之才。以吾所見國人多矣。未有一能比也。天禍中國。蹉跌之數十年。抑亦甚矣。乃更於其存亡絕續之頃。遽奪斯人。嗚呼。何一酷至此極耶。先生著述百餘萬言。其數年來與鄙人通信。則亦十數。壬寅本報中所載師友論學牋題東海公法時尚任齋主人水蒼雁紅館主人者皆先生之文也其他述作或演國學或箴時局一皆經世大業不朽盛事鄙人屢請布之先生以未編定不之許也嗚呼先生所以貽中國者乃僅此區區而已耶天道無知夫復何言先生平生所爲詩不下數千首其贈余詩僅二疇昔以自居嫌疑之地不欲布之今者先生已矣仇先生者亦可以息矣平生風誼兼師友不敢同君哭寢門嗚呼吾安得不屑涕記之已亥歲暮懷梁任甫云「風雨雞鳴守一廬兩年未得故人書鴻離魚網驚相避無信憑誰寄與渠」甲辰冬病中紀夢述寄梁任甫三章云陰風颯然來君提君頭顱自言逆旅中倏遇狙客狙閃電刃一揮忽如絳市蘇道逢兩神人排雲上天衢此挹褰民袖彼褰烈士裾邂逅哭復歌互訊今何如君言今少年大罵余非夫當報九世讎折箠笞東胡逐逐揮日戈彎彎射天弧汝輩主立憲寧非愚復迂我方欹枕聽雞鳴驚亂呼殘月挂危簷猶照君眉須遙知白日光明明曜子軀子魂渡海來道有風波無蛟螭日攫人子行猶坦途懸金購君頭彼輩安敢辜在在神護持天固弗忍誅君頭倚我壁滿壁紅模糊起起拭眼看噫嘻瓜分圖」我生託此國舉國重科第記昔持墨卷出應羣兒試夢謁文宣王旁立朱衣吏手指平頭憲云是汝名字爾時意氣盛年少矜爪嘴謂彼牛醫兒徒一虛名士不如黨錮傳人人主清議汪汪千頃波陋彼蹄涔水投龜訴天呼區區竟余畀烏知當是時東海波騰沸攘夷復尊王僉議以法治立憲定公名君民同一體果由此道行日幾太平世我隨使槎來見此發深喟嗚呼專制國逮今四千歲豈謂及余身竟能見國會以此名我名蒼蒼果何意人言廿世紀無復容帝制舉世趨大同度勢有必至懷刺久磨滅惜哉吾老矣日去不可追河清渺難俟倘見德化成願緩須臾死」子今歸自美云夢俄羅斯憤作顛倒想故非癡人癡中原今逐鹿此角復彼掎此鹿究誰得夢境猶迷離遼東百萬家戰血黃淋漓不特薄福龍重

重圍鐵圍。哀彼金翅鳥毛羽咸離披。方圖食小龍。展翼漫天池。鼓衰氣三竭。偏體成瘡痍。吁嗟自專主。（華俄條約中之稱）天鑒明在茲。人人自爲戰。人人公忘私。人人心頭血。塗染紅日旗。散作鎗礮聲。能無驚睡獅。睡獅果驚起。牙爪將何爲。於今託中立。自忘當局危。將來立憲詔。太阿知在誰。我慚加富爾。子慕瑪志尼。與子平生願。終難償所期。何時睡君榻。同話夢境奇。卽今不識路。夢亦徒相思。」

有不署名某君。以歲暮雜感四章見寄。詩云。飄鴻海上共時昏。旦暮梅花發故園。初雪江城幾登眺。殘年風物易㥦喧。寸閒隱隱銷塵壒。百感茫茫夢國門。者度星迴試循數。迷離閱境匪思存。」蓬萊處處都非昔。幽恨沈沈欲語誰。差喜傲人猶剩骨。偶然說夢亦非癡。高樓明月今生怨。細雨梅花去國思。待寫滿懷騷雅意。蕙蘭零落萎芳池。」夕陽西處憶鄉園。妹髮垂垂弟貌翩。別已忘情書忽至。國猶未破愛終牽。從前厭世依稀聽。夢裏逢君宛轉憐。四海及今同急難。教人長憶鶺鴒篇。」一寸江山勝自移。受降城外角聲悲。已非樹柵驕劉日。忍見衣冠去漢時。渤海有聲沈戰骨。監門無筆寫流離。興亡見慣哀吾族。說與顚危是廢辭。」四詩皆寄託遙深。風格遒勁。吾尤愛其第三章。天性之言。純肖少陵也。

有自署瀚華者。以一詩見寄。以新理想入古風格。佳詩也。無題。今爲補一題曰「髭髮問答」。詩云。乙巳人日夕。翦髮理髭鬚。主人兩無心。鬚髮相誼呼。髮言主人翁。今昨何異圖。惟余追隨久。死生宜不渝。憶昔成童後。十五二十餘。愛余烏且長。日日施爬梳。是時君幼弱。茁萌被殄誅。主婦美且艶。妒爾鬑鬑愚。況乃如芒刺。倔彊不工諛。人性憎老邁。爾促彼徑途。況乃面目改。見之笑齟齬。操持乖僻術。竊嗤爾怯迂。不圖病狂客。今乃幻厥謀。爾我同族類。相悲等兔狐。移愛作仇讎。看碧忽成朱。焉知朱不碧。愛弛遭誅鋤。鬚曰妖由己。漫云蒙無辜。近代天演興。乾坤一洪爐。優勝劣者敗。屢驗信不疏。腐臭百無能。萬有孰過諸。爾罪固當爾。主人豈爾誣。牽爾全身痛。震撼徹肌膚。握爾乃見賢。幾塞聖心慮。爾亂人意煩。爾被斥蠻吳。爾指心則怒。怒積每捐軀。爾凭爲城旦。轉眼即官奴。爾弱招異族。割地許雜居。隱隱託援助。謀保爾聲譽。欺世與盜名。技倆皆夙儲。佛言煩惱絲。評不失錙銖。爾罪不堪數。爾德尤卑汚。東西閱地員。古今翻詩書。安見婦女子。而稱美髯嫗。女性原有他。女行異所趨。獨爾嬰鍾愛。美惡執其樞。澤爾以膏蘭。加爾以璠瑜。贈爾以奇花。飾爾以明珠。爾癒樂爲盡。綢繆博懽娛。或卷如蠆尾。或聳如鳳雛。或動如蟬影。或垂如睡烏。或鬟稱湘女。或鬟號麻姑。工諂復善媚。扶翼傾國姝。公然據巔頂。膏露受涵濡。眉睫同種類。翻如轅下駒。幾令天下人。不見圓頭顱。吾聞居顯秩。德與位相符。媚悅妾婦道。智識祗裙裾。鬚眉不吐氣。官骸究何如。試思爾高曾。蓬蓬不芟除。爾墮爾祖訓。强半已荒蕪。撫臂如龍蛇。掉尾如豚豬。敗類招譏罵。詎堪忍須臾。諺云口有毛。志堅無踟躕。吾雖他無能。諂諛非吾徒。主人宛然喜。爾輩何齟齬。鬢髮女子耳。鬚髯終丈夫。

有自署芸子者。以數詩見寄。不知吾所識之芸子歟。但其詩則學杜有得。且愛國憂種之誠。溢於楮墨也。夷陵述感云。迢遞東南路不通。十年戎馬萬方同。秋歸蘆荻蕭騷裏。家在河山破碎中。草莽憂時心似擣。書生誤國語偏工。年來事事消除盡。惟有殲胡氣尚雄。」初秋楓葉未全紅。草色淒迷趁遠風。絕壁晴時雲氣少。陰崖深處碧流通。心縈故國三年戰。目極中原萬里空。代北戈鋋憂不細。將軍急爲備遼東。」逐鹿中原事未闌。忽傳旗鼓駐江干。三湘雲渺離憂滿。五國城高夜月寒。風掠日光吹變白。肉摶草色染成丹。六洲龍戰知多少。欲到崑崙頂上看。」至金陵有感云。石頭東走浪花麤。水涸堤高萬木枯。撲地風雲吞北固。大江煙雨鎖南都。丹甍繡柱知多少。禁柳宮槐尚有無。最是夜來悽絕處。莫愁愁對月輪孤。」霞光旖旎滿晴空。萬里煙波一望通。雲裏高山猶有雪。渡頭落葉不關風。金戈灼鑠皆新壘。玉樹荒蕪失舊宮。一自鼎湖龍去後。更無霸氣騰江東。」孝陵云。遠堞悲笳日欲曛。樓臺高並咽愁雲。山川獨賸盤龍氣。松柏深迴古帝墳。陌上草茸周黍稷。路傍翁仲漢將軍。銅駝荊蔓誰憐念。夜夜來遊麋鹿羣。」金陵述感云。盤龍山勢接南徐。偉業豐功夕照餘。碧血晴依芳草現。黃狐晝穴古墳居。石城在昔稱雄鎮。天塹於今屬子虛。英魄有靈猶應恨。尙留非種未驅除。」沿城老樹靜風煙。斷砌頹垣滿眼前。龍去鼎湖纔幾日。鶴歸華表又千年。翻盆雨碎琉璃瓦。擊筑歌停翡翠筵。廢井胭脂零落盡。北風撩亂錦帆偏。

瀏陽劉湘渠善涵壯飛摯友也。蒙以壯飛遺詩二章見餉。私心欣喜。無待言矣。願共寶之。詩云。「同住蓮花證四禪。空然一笑是橫闐。惟紅法雨偶生色。被黑罡風吹墮天。大患有身無相定。小言破道遣愁篇。年來嚼蠟成滋味。闌入楞嚴十種仙。」又過戰鳥山一首云。冰玉相生愧獨頑。可兒豪膽鎮心關。悲秋賸有桓宣武。雪涕重經戰鳥山。」湘渠又錄壯飛贈唐佛塵聯云。」皇皇思作衆生眼。板板知爲上帝形。」又贈黎桂蓀聯語云。「一鶚忽翔萬雲怒。羣虬相奮孤劍啼。」片鱗隻甲。皆可想見風采也。

梁溪蔣君萬里。其詩屢見各報。頃以新詞二闋見寄。氣象壯闊。神思激揚。洵足起此道之衰。錄之。揚子江一闋調寄大江東去云。乘風萬里。看長流日夜。更番潮汐。舊是神州形勝地。天界華夷南北。襟帶淮湘。幷吞漢泗。吐納猶嫌窄。茫茫天塹。當年雄視無敵。　記得初導岷山。濫觴一勺。水勢奔湍急。終古英雄淘未了。巫峽千尋崔崒。擊檝雄心。投鞭壯志。人物原奇特。六朝遺恨。江流嗚咽如泣。」黃河一闋調寄望海潮云。濫觴星宿。導源積石。滔滔今古長流。勢薄秦關。氣吞大野。紆迴灌遍神州。逝水幾時休。看河聲入塞。嶽色橫秋。一氣鴻濛。直隨大陸共沉浮。西風一葉扁舟。奈迅如駛箭。難着閒鷗。水激桃花。歌悲瓠子。投鞭此去堪憂。借箸共誰籌。慨澄淸有志。挽救無謀。

欲上崑崙山頂遙望海東頭。

哲子以哭黃君篤恭詩寫出見示。黃君者湘中礦局主動人。哲子稱其才不可一世云。遘急病奄逝於上海孤旅。哲子適以爭路權事至滬。親其含殮。以此思哀。哀可知耳。詩云「人鬼悽惶一榻間。孤燈和雨送君還。一身談笑捐生易。萬衆顛危出死難。魂氣好隨秋雁遠。哭聲時與夜潮酸。海天獨立同誰語。暫撫君屍亦自寬」又挽聯云。憐我自棲皇。有時縱酒抽刀。太息人生不如死。羨君能解脫。唯是人亡國瘁。每憂時事一傷心」

鄉人有自署嘉應健生者。以八律見寄。題曰「燕京秋感次友人東莞生韻」與原作工力悉敵。可稱雙絕。錄之。

西風羈客愴華年。披髮山中欲學仙。塞北黃沙沈鼓角。天南蛋雨撼烽煙。中原大獵悲秦鹿。橋畔先機悟宋鵑。獨上燕臺弔秋色。胡笳吹淚月華圓」畢參暈月海翻塵。天帝沈沈亦醉昏。座上神師供走卒。宵中荊棘竄王孫。兵開馬邑挑胡釁。賦到江南斷國魂。蜀道歸來西內冷。劫灰愁共老僧論」百二山河掃地羞。破舟斷楫縱狂流。龍泉劍雪忠臣盡。驢背眠雲老將休。棘裏銅駝吟暮雨。殿門金狄淚秋愁。恆沙無量冤禽語。苦訴甘陵黨獄鉤」何日能歸鄴闈田。瓜分魚爛儘堪憐。驪山宮殿成烽後。公主琵琶出塞年。胡馬東來空苜蓿。傳車南下括緡錢。玉塵萬斛渾閒事。縱博逍遙橘裏仙」獨對煤山有所思。官儀草創中興期。誰言平勃能安漢。豈有桓文復戴姬。翡翠明珠充內帑。鸞笙鳳管奏青詞。京華冠蓋依然滿。天北天南自鼓鼙」秋陰殺氣滿陪京。劍躍西風意不平。一自涼州捐鄧隲。至今冒頓逼長城。白山空憶興王業。青海驚傳射鏑聲。擬乞習流兵十萬。樓船橫海搗昆明」欲爲諸生種善因。依然劫海此沈淪。鷄嗤鵬翼三千里。魔妬金仙丈六身。幾輩青牛出西極。多年童女滿三神。君房去後虬髯遁。浩蕩滄波幾望津」落日胡塵起馬蹄。黃沙衰草莽悽悽。醉歌燕市天應裂。怒捲胥濤海欲西。四野龍蛇吟寂寞。九邊風雪路離迷。關河萬里鄉書滯。怕聽南飛塞雁啼。

哲子以陽曆歲暮聽講義於箱根。歸而以詩三章見示。吾讀之而有以知哲子道心之增進也。詩如下。大地茫茫起暮雲。危樓孤倚海天昏。萬山擁翠來迎我。一月當空出照人。世上死生同逆旅。眼前哀樂寄蒼生。當年耕釣同遊者。知我今宵故國情。」夢裏還家醒後疑。明明茅屋月光欹。山間老樹依然翠。水際漁歌更許奇。一世逍遙常自在。千年哀樂倩誰知。檻邊風物非吾有。舉目徒增去國悲。」五嶽遊還剩此身。偶然棲息寄高林。半山落葉披簾入。萬壑飛泉夾枕鳴。欲語名山中土好。須知浮海聖人憎。求仙欲謝長生客。未許徐郎得避秦。

歐美學校。常有於休業時學生會演雜劇者。蓋戲曲爲優美文學之一種。上流社會喜爲之。不以爲賤也。今歲橫濱大同學校年假時。各生徒開一音樂演藝會。除合歌新樂府外。更會串一戲。曰易水餞荊卿。其第一幕「餞別」內有歌四章。以史記所記原歌作尾聲。近於唐突西施。點竄堯典。然文情斐茂。音節激昂。亦致可誦也。今錄之。「等閑譚笑見心肝。壯別寧爲兒女顏。地老天荒孤劍在。風蕭蕭兮易水寒。嗚—嗚—風蕭蕭兮易水寒。壯士一去兮不復還。解一 啼鴃聲聲行路難。夕陽雖好近黃昏。不啼清淚長啼血。風蕭蕭兮易水寒。嗚—嗚—風蕭蕭兮易水寒。壯士一去兮不復還。解二 天地無情歲又闌。恩仇稠疊淚闌干。男兒死耳安足道。風蕭蕭兮易水寒。嗚—風蕭蕭兮易水寒。壯士一去兮不復還。解三 別時容易見時難。我欲從之路阻艱。既悲逝者行自念。風蕭蕭兮易水寒。嗚—嗚—風蕭蕭兮易水寒。壯士一去兮不復還。解四 右歌於席間酒酣唱之。前後皆唱俗樂。獨此四章拍以新譜。用風琴節之。每章前四句以扮高漸離者獨唱。其「嗚嗚」以下。則舉座合唱。聲情激越。聞者皆有躬與壯會之感。茲並錄其譜。

C調 4/4

3 3 3 3 | 5 2 3 0 | 6 6 6 6 | 6 — 5 0 | 5 5 5 5 | 5 — 3 0 |
等閒談笑　見心肝　壯別寧爲　見女顔　地老天荒　孤劍在

3 3 6 5 1 2 | 3 2 1 | 3. 4 | 5 1̇ 3̇ 2̇. 1̇ | 6 1̇ — | 7 6 |
風蕭　蕭　兮　易水寒　嗚———嗚　風　蕭

5 6 5 3 2 3 | 2 — | 3 4 | 5 1̇ 3̇ 2̇. 1̇ | 6 1̇ — | 1̇. 6 |
蕭兮易　水　寒　壯　士——去　兮　不

5 3 2 1 | — ‖
復——還。

湘人有自署悔晦者。蓋烈士李虎村之師。慈利之先達也。以譚瀏陽絕句五章見寄。亟錄以諗海內之敬瀏陽者。詩云。「太行一脈走蝹蜿。莽莽畿西虎氣蹲。送我搖鞭竟東去。此山不語看中原。」「掌故羅胸是國恩。小胥脫腕萬言存。他年金匱如蒐采。來叩空山夜雨門。」「荒村有客抱蟲魚。萬一談經引到渠。終勝秋燐無姓氏。沙渦門外五尚書。」「文侯端冕聽高歌。少作精嚴故不磨。詩漸凡庸人可想。側身天地我蹉跎。」「文章合有老波瀾。莫作鄱陽夾漈看。五十年中言定驗。蒼茫六合此微官。」悔晦原注云。右詩前一首爲一題。後四首爲一題。今俱忘之矣。悔晦並寄自作數十章。理想風格。皆絕流俗。讀之穆然想其爲人也。今次第甄錄。題東谿草堂圖云。吾孋譬世罟。

分作寂寞投。君窮躭丘壑。喜爲汗漫游。月巖山峨峨。東溪水浮浮。各有宅五畮。同在東半球。飛甍一挂眼。赤日爲之秋。妙筆犇道人。今之李營丘。解及瓜分前。圖君草堂幽。狹幅萬里勢。一一粗可求。對此證吾國。地廣物信稠。方謂可自雄。比例大九洲。翻天十載事。風潮簸罌歐。公私到庚子。糜爛不可收。斬使獎羣盜。謬言九世仇。聯軍怒犯闕。八國屯貔貅。狠狽六飛狩。空函丞相頭。維時急黨獄。君我同百憂。失子孟郊悼。土音鍾儀囚。盆覆無可說。缺裂看金甌。泝自甲午還。臺澎棄悠悠。膠威與廣九。臠割東南陬。厝火又西北。二藏危綴旒。主權一不保。四鄰眈强侯。遂激兩虎鬥。破門爭占優。遼瀋痛我人。犬鷄之不猶。坎凶惴及溺。盡然念同舟。黃種將不種。亞洲亦不洲。怵懷波埃禍。豈曰民無尤。存亡匹夫責。羅馬來軫遒。變法嘉富洱。許君彼一流。四十而講學。抑又黑拔儔。維新蓋公理。病夫行有瘳。願熱愛國力。與借前箸籌。根本之根本。急農農政修。次國民教育。勸工厲戈矛。東谿一塊土。團體尚可謀。孤蹤師天下。合羣尊自由。茲亦三田町。日本君知不。展圖敬相謝。縱我商聲謳。

前所錄悔晦鈔寄絕句五章。題爲譚瀏陽作。出報後。卽有人以片郵來糾正者。曰乃龔定盦詩也。檢之良信。吾初讀此詩。已覺其似曾相識。但以爲或從他處曾見瀏陽作。不意乃十五年前舊雨之定广也。東坡詩云。「山燈欲暗飢鼠出。夜雨忽來修竹鳴。知是何人舊詩句。也應知我此時情。」古人亦往往如是。不得以誚寄者也。顧余之健忘。良自失耳。乃爲兩絕以解嘲。宣聖低眉彌勒笑。（昔傳試官笑柄有云佛胖乃西土經文宣聖低眉彌勒笑）一重公案太空疏。版權所有分明甚。字出南華非僻書。蝃周交夢誰爲是。王謝爭墩乃爾奇。息壤飄零君莫問。今番重定定盦詩。（定盦有飄零行云臣將請帝之息壤慚愧飄零未有期萬一飄零文字海他生重定定盦詩）

月來得海內外貽書以詩挽公度先生者頗多。其最佳爲何翽高外部六絕句。情文沈鬱。風格遒絕。詩云。一場恩怨蝗蝻錄。半世功名薏苡車。（丙申將使英赫德以星加坡領事贓汚事讒之）身後未除鈎黨籍。獄中寧有自陳書。（戊戌上海逮捕鞫獄未成遂廢棄終身）」
他年倘爲蒼生起。今日益傷吾道孤。地下若逢楊侍讀。除書曾到九京無。（四川楊叔僑侍讀死後余屢夢見之相持痛哭而醒）」入都五日
三訪予。（叶仄）自言介紹梁任甫。（丙申四月公奉召入都爲余識公之始甫卸裝即攜人境廬集來訪頗怪公何懃懃如此既自言任甫所介紹也）北海風流今寂寥。死抱幽
蘭淚如雨。（庚子後余服闋再入都當道諸公求以虛聲取士於孤寂中者亦無人矣翁常熟張樵野亦不可再見每下愈況矣）」潸焉出涕睠同舟。槖筆東瀛抱隱憂。（日本國志
已見及今日東亞大勢）漢志十篇誰纂續。（明治十五年後史尙闕然）可憐無命得譙周。」牖下尋思亦國恩。逋臣況有未招魂。飄零海外
無歸日。贏得中原七尺墳。」汰弱難逃天演理。涅槃未了衆生緣。靈魂不死轉輪去。又作人間新少年。
翩高篤行熱誠士也。故其詩肖其爲人。余記其送江孝通戶部出都一首云。忍淚吞聲立片時。斯人寧有出山期。
過江風雨夜來疾。鼉憤龍愁亂我思。其風格直逼杜集也。孝通名逢辰。吾鄉畸士。今既死矣。
觀雲輓黃公度京卿一首云。公才不世出。潦倒以詩名。往往作奇語。孤海斬長鯨。寂寥風騷國。陡令時人驚。公志
豈在此。未足盡神明。屈原思張楚。不幸以騷鳴。使公宰一國。小鮮眞可烹。才大世不用。此意誰能平。而公獨蕭散。
心與泉石淸。惟於歌嘯間。志未忘蒼生。與公未識面。（公與南海余至今皆未識面）煙波隔滄瀛。公云有書至。竟未遺瑤瓊。（公致飲冰
主人書云有書致余然書竟不至）俄聞鵩鳥賦。悲淚滿衿纓。正爲天下痛。非關交際情。」才大世不用以下六語。眞能寫出先生
之人格。可當一小傳矣。觀雲復有一挽聯云『如此乾坤。待臥龍而不起。正當風雨。失鳴鷄其奈何。』雖寥寥數
語。而所以謳思偉大人物者盡之矣。
觀雲復有弔鄒慰丹容死上海獄中一首云。蜀水泠泠寫君心。蜀山巉巉壯君魂。囹圄夜雨春鐙腥。魑魅𤠣談羅
刹瞋。揮手君曰叩帝閽。帝醉豺虎當其門。君怒謂天亦昏昏。革命今當天上行。雨師風伯頑不譍。耿耿孤衷合靑

冥。下界何有有孤墳。荒土三尺黃浦濱。有人伐石爲之銘。曰革命志士鄒容。容有書曰革命軍。讀之使人長沾衿。慰丹吾未獲見。觀雲此詩。當益令慰丹不死。

觀雲復有挽羅孝通一詩。幷序。序曰。羅君孝通。余未識其人。知其在日本第一劍術家日比野處學磁氣催眠術。技甚精。又知其學爆藥。業成而歸。忽聞於六月十三日爲廣東大吏所殺。詩以紀之。詩曰。精絕催眠術。兼研彈藥新。十年曾蓄志。百歲此歸神。天上靈猶俠。中原氣不春。蒼蒼雲海外。痛哭又何人。」羅君實行家。其前此祕密詭異之歷史。不能盡宣之。與余交十年。去歲同舍居又十閱月。惡耗忽傳。欲哭無淚。佛塵以後。此爲第三次沈痛矣。觀雲一詩。讀者可彷彿其爲人耳。痛哉。

挽公度詩頗多。不能悉錄。擇錄佳句一二。詩有萬言公不死。緣無一面我非私。右皖人蔡笠雲作 倘肯再來應大覺。欲成九辨已無詞。同上 招魂嶺嶠春潮隔。行哭江湖暮雨冥。右南昆命生作 儒林爭拜靈光殿。詩界新開人境廬。右嶺西倚劍生作 民間私定陶潛謚。海上龕迎白傅歸。舊日冠巾成紀念。故山猿鶴尙哀飛。同上 人天撒手歸眞早。留下仔肩付與誰。同上 公度於丙申春間。曾爲一金縷曲贈鄙人及吳鐵樵陳師曾者。記其開端三句云『世界無窮事。付後來二三豪俊。吾今倦矣。』讀倚劍生詩。棖觸及此。哀與慚兼矣。

湘僧有笠雲道香筏喻三人者。爲日僧招致東遊。備極歡迎。一二年來。日人由種種方面謀植潛勢力於我國。浙江福建佛教敎案。一月屢見。履霜堅冰。念之悚栗。此次驩待湘僧。其意可知耳。留學界聞之。乃公議齋僧。以大義相厲。亦要著也。笠雲道行頗高。且能詩。席間楊晳子贈以詩。且寄懷寄禪和尙云。寄禪者。當世第一流詩僧。而笠雲之徒也。詩曰。每看大海蒼茫月。卻憶空林臥對時。忽別青山爲世苦。醉遊方外更誰期。浮生斷梗皆無著。異國傾杯且莫辭．此地南來鴻雁少天童消息待君知．」知君隨意駕扁舟．不爲求經只浪遊．大海空煙亡國恨．一湖青草故鄉愁．慈悲戰國誰能信老病同胞尙未瘳．此地從來非極樂．中原回首衆生憂

常熟翁公之喪．海內識時之士．同聲哀悼．南海先生在歐洲聞訃．爲哀詞十四章．自序云．戊戌爲中國維新第一大變．翁公爲中國維新第一導師．關繫至重．恐人間不詳．故詳詠之．此雖詩也．以爲翁公之傳．以爲新舊政變之史．皆可也．詩云．中國維新業．誰爲第一人．王明資舊學．法變出元臣．密勿謀帷幄．艱難救國民．峨峨常熟相．鑿空闢乾坤．」仲舒學純懿．第一冠賢良．賢傅推蕭望．公才屬馬光．韋平勳再世．陳竇黨重傷．仙鶴青霄淚．霜毛竟不翔．」師弟而臣主．寧聞二十年．成王新斧扆．尙父授經筵．堯舜天人聖．熊盤啓沃賢．痛心喪良傳．一老不遺天．」馬江經敗績．謬上萬言書．遼失憂薪火．韓亡慮沼魚．審時求變法．痛哭輒當車．絳灌非公意．長沙空里閭．」甲午東和後．紓心世變更．高軒咨下士．長揖對前榮．不信徒薪策．今爲割地盟．豈聞師相貴．謝過向鯫生．」考求中外勢．救國決更張．進御新書本．培才大學堂．苦心營鐵路．鑿空啓銀行．十二策猶未．經帷逐太忙．乙未公大變法未成而恭邸撓忌那拉后惡之不遣近上遂於十月撤去毓慶宮行走毓慶宮卽師傅也」金輪久臨御．玉扆類潛陽．雖割三臺島．仍張萬壽觴．舞歌扶力士．䠢醉挾相王．憂國驚讒毀．沈沈只自傷．乙丙丁三年復行守舊祝壽起園安其危利其災李蓮英恭王執政翁公被讒憂畏甚」膠州忽見割．伏闕我陳書．薦士勞推轂．追亡特枉車．闢門咨在下．決策變維初．廷議終爲梗．椒蘭誰爲除．鄙人上書不達東裝南歸翁公凌晨下朝來追朝命王大臣見之於總理衙門以上賓相待咨問變法」恭王憂死日．華夏復生年．一德君臣合．千秋新舊緣．恥爲亡國主．誓欲復君權．戊戌當初夏．深謀變法全．恭王守舊撓變法三月薨逝四月公與上卽決變法」四月廿三詔．維新第一辭．大號明國是．獨力掃羣疑．五日相遂罷．千年弊盡拔．新潮今捲海．開幕可忘之．公以廿三日請上下定國是詔中國數千年新基本於是定廿七日卽革職逐歸永不敍用公以變法救國民罷相之速古今未有」神洲大一統．文化五

千年守舊盈廷論。攘夷舉國傳弓刀。經改試經濟特求賢。變法身爲導罹災。公遂先」痛絕瀛臺變。憂深京室墟。老臣編禁後。聖主幸巡初。幾被張華戮。徒爲殷浩書。七年驚黨禍。慘淡謝興居。庚子正月榮祿請那拉后殺公軍機大臣王文韶廖壽恆叩頭固請乃令常熟縣監禁七月京師破遂有西幸之事」上相猶居士。幽囚現老僧。閉門惟讀畫。遊寺或行縢。待死一生樂。憂時百憤騰。房州未復辟。目瞑亦何能。公七十無子寡欲絕交煢煢無權惟好畫或遊山寺耳」他日新中國。元功應爾思。鑄金范蠡像。遺祭曲江碑。灑淚隨歐海。招魂仗楚詞。乾坤何日正。生死論交悲。

先生復有哭常熟三章。蓋時在瑞典初得凶問于申䢖北海口石上望海洒淚之作也。詩云。長天黯黯海蕭蕭。欲遡淒風賦大招。東望江南雲斷處。空將老淚灑寒潮」海山淒斷冷風酸。忽聽山頹最痛辛。薦士豈聞才百倍。救公直欲贖千身。蕭何過舉登壇將。王猛曾爲入幕賓。豈料七年悲黨錮。竟成千古痛維新」昔爲膠州北上書。冰河凌曉賦歸歟。追亡竟累鄧侯履。變法眞成商鞅車。黨禍千秋見蘇馬。波濤萬里泣靈胥。拊心君國慙無救。辜負明揚恨有餘。

南海先生復以二詩見寄。題云。六月夜宿英國寒丁卿公爵仙挖住邸。其先從威廉第一入英受封。蓋千年諸侯舊第。閎大壯麗。中國所無。克林威爾曾住焉。有刻文。感慨不寐。詩云。千年舊藩邸。百頃好林泉。床帳金繩麗。風煙玉樹圓。通賓門置驛。愛客酒爲船。樓閣華燈靚。憑闌夜不眠」此是克林宅。遺蹤三百年。當時起雷電。從古發民權。遊釣猶能溯。亭池自惘然。試來摩大樹。鬱鬱聳蒼天。

鄉人廖叔度道傳。卽前寄詩自署嘉應健生者也。頃以挽黃公度京卿詩見寄。錄之。亞陸漫兵氣。乾坤失霸才。山河國破後。黨錮網開纔。聖主恩非薄。蛾眉詠可哀。墓門飛大鳥。空憶棟梁材」卅載文明入。唯公鑿禹源。思潮歐海水。史筆大和魂。有血灑亡種。無人省罪言，至今西域士。流涕道張騫。（琉球之案朝鮮開港及蘇杭開租界先生皆力持強硬手段惜政府不用也其任舊金山領事時於美禁華工事對付尤力云）」百日乾坤變。三湘事業空。魔爭諸佛妬。天鑒逐臣忠。生死各行志。山河壯幾公。國魂蘇續日。遺像鑄青銅。」信美東山色。（東山在嘉應城東先生家焉）龍眠七載餘。哀時寄風雅。披髮辱樵漁。（聞先生喜短衣製獨行山野間）黃禍聲方烈。蒼生望竟虛。夕陽人境外。千古此精廬。」尺書一萬里。肝膽九原期。以我鮮民淚。重爲天下悲。龍蛇傷在己。儒雅悵無師。泡影觀如是。茫茫末劫思。（猶憶先生及溫慕柳太史皆與先君同歲補博士弟子太史熱心新界前先生一月卒而僕憂居三年矣感此益泫然耳）

公度云沒。知與不知。應皆流涕。頃得有自署蘧伊者。以二律見寄。哀深思遠矣。錄之。人境百年公竟逝。詩潮千變世方驚。微聞廟議除鉤黨。初有江湖託死生。丹鳳人間留片羽。白榆天上變秋聲。憐才不盡悲才盡。六合蒼茫意未平。」哭撫嵩陽百輩心。花間泉底賸哀吟。瘁身家國衰還在。嫉世文章死可尋。嶺表烽高猶照夢。海天調絕欲摧琴。臨邛一慟知何日。挂劍歸來宿草深。

蘧伊他日復續寄二律云。文字沈沈無再筆。氛埃黯黯有餘悲。九洲行哭魂猶接。一海塡功力已微。天地飄危成故老。星雲江漢失流暉。詩人爭作招魂誄。勝卻香花滿素幃。（飲冰主人謀鐫先生詩文集且廣徵哀輓詩文）」滄海啼鵑曉更哀。悽音一夕入蓬萊。人間冷語銷今日。天上修文證過來。入世無情皆巨敵。蓋棺賸恨作詩才。是誰照我臨江哭。撩亂櫻雲信雪開。」吾謂入世無情皆巨敵一語。最能寫公度生平。公度於聲音笑貌間。往往開罪人。而不自知。要之此等人物。在中國腐敗社會中。欲與彼鬼蜮競爭。以行其志。有劣敗而已。一嘆。蘧伊又鈔公度遺詩三章見寄。錄之。夜泛秦淮和實甫云。九洲莽莽匆匆走。兩鬢蕭蕭漸漸枯。隔絕蓬萊來附鶴。折餘楊柳可藏烏。筆留白石飛仙句。袖有青溪小妹圖。猶是人間乾淨土。莫將樂國當窮途。乙未秋偕實甫同泛秦淮。實甫出魂南北集。囑題成此云。袖底魂南一束詩．茫茫相對兩情癡．看揚玉海塵千斛．喜賸青溪樽一枝．鶉首賜人天既醉．龍泉伴我世誰知．死亡無日何時見．況又相逢說便離．」一卷先生自挽詩．神枯心死賸情癡．杜鵑再拜無窮淚。烏鵲三飛何處枝．生入玉門雖不願．上窮碧落究誰知．尺書地下君先問．只恐回書說暫離．

年來深以不能搜集吳鐵樵遺墨爲恨．頃劉湘渠以一章見寄。云其同縣黎君尙雯所鈔得云．悲喜不能自已．亟錄入詩話．嗚呼．鐵樵本非文人．其他事業一無所成．傳其至碎屑之文．豈鐵樵志哉．聊寄余痛耳．詩云．鐵塔燒殘已不成．寒鴉古徑少人行．登高望海天方大．傷遠思鄉歲又更．壁上已無靈運畫．山前誰見贊皇名．松枯月落僧同盡．坐聽風迴浪打聲．

嘉應健生之五古．酷肖人境廬．豈有淵源耶．錄四章．「薄游瀛海途次檳榔嶼因探險至吡叻憑今弔昔慨然成詠」三章 泱漭羣蠻區．膏壤膴千里．春風海南來．百果實芳美．神州通廣莫．天竺接尺咫．邇來礦事興．十丈洞泉底．巨木亙百圍．斷槎認鋸齒．詢之礦人云然 懸憶千載前．瓌麗盛都市．卽今馬來由．土種稀殘蕊．黑童染齒牙．蠻婦穿鼻耳．有時深林出．駭愕緋剎鬼．況聞古磁盤．歲月嘉靖紀．有人掘山洞得巨盤刻嘉靖字 想當鄭和後．華冑接祗趾．惜無張虬髯。磨劍扶餘水．英夷鑿混沌．焚烈卅年始．齟儈規卝疆．鼓鑄竭地髓．千椰萬檳榔．富可封君比．妝裹閉州府．女子衣直襟以幅布爲裳番語謂之沙郎此名曰州府妝 語文猶唐旨．省郡會館盟．族姓杜賴倚．呼同姓爲杜賴又以各姓之望出同郡者爲半杜賴或乃不通婚媾 豈曰黃帝孫．竟昧團體理．吁嗟南洋島．藍華朱明啓．殖衆戰羣蠻．歷史良瑰詭．鄭吳大偉人．羅葉奇男子．西海巨鶚來．攫吞恣利觜．商力固耗綿．兵甲復荏靡．英雄鬱國魂．用武苦無恃．祖國不足賴．千載一長噫．鄭昭潮州人乾隆中王暹羅吳元盛亦粵人乾隆末王婆羅洲之戴燕羅大嘉應人王婆羅洲之昆甸亦乾嘉間人葉來嘉應人新架坡檳榔嶼等地皆彼奪自土蠻者也」嘻嘵開卝徒．老商爲我語．飢驅遠涉洋．骨肉淚如雨．或有逼誘行。奇貨居奸賈。驅撻下輪航。毒浪噏空舞。幸免飽饞龍。萬死抵處所。一入奴隸圈。服軛如牛馬。巴勒體不裳。阿答屋無瓦。（開礦處謂之巴勒阿答樹名用其葉葺屋因名）深岩蛇蚓攢。陷穽梯繩下。濟深豕負塗。石裂螳膏斧。就中權利優。日博金三、五。豈解壓婦裝。益以呑漏脯。朝朝飲洋樓。昔昔眠花塢。纔弛負擔艱。即喝摴蒲賭。鄰戚猜存沒。淚眼枯妻母。無語傳平安。況望寄阿堵。邇來地寶竭。纔取充飢肚。流離兼厲瘟。槁死委原鹵。來者千萬人。還無百十數。嗟爾輕命軀。成彼富翁主。田池卓鄭埒。勳爵卜桑伍。芳園縱射游。金屋藏笙鼓。一將自功成。寧知萬骨腐。誰職棄民咎。當道徧豺虎。

「朝遊道君褱。（在吡叻北最幽深）山麓谽谺。豿猊怒決口。石筍森排牙。陰洞互交通。繚繞如蜂衙。清泉石罅泌。萬窮流瓊霞。出門望岩頂。飛鳥絕層嵯。半空垂石脚。勢若古榕拏。旁洞更邃黑。鬼門羅兕叉。拊掌發孤嘯。響應萬鉦撾。道人前致詞。舊日龍王家。海水日磋切。石窟成窿窪。今觀岩壁上。波紋凝縠紗。天然渾雕刻。絕異鎚鑿加。我思大塊始。大海浮粒槎。火水演石殼。泥滓幻離華。更有珊瑚類。小蟲海底芽。層搆出水面。枯硬如鍊媧。南洋百千島。半屬蟲巢窩。地質家云是。理邃言非夸。吡叻一拳土。將毋此同科。朝爲蛟蜃宅。暮見飛塵沙。天地尙如此。人事安足嗟。

「檳嶼華商倡建學校喜而有作」一章 南洋通華胄。漢唐溯邈綿。史鄭繼鑿空。釆伐振長鞭。樓船貫赤道。拜纛羅羣番。表進金葉字。御封鎮國山。惜哉陋君相。綏遠靳金錢。不聞漢西域。都護置窮邊。神臬棄外府。大錯海可塡。痛心我學子。蟫蠹僵殘篇。不能哥侖布。探險窮地圓。不能馬才冷。宣教餵黑蠻。保守遺劣性。思之汗湧泉。坐使周孔席。劃斷東南天。迂論況禁海。良賈足不前。蠢茲亡命徒。島國逋藪淵。一丁不印腦。寧紬愛國詮。團體昧羣力。自立放天權。英夷縣身毒。偉績肇一廛。彼豈曾夢見。馬來由比肩。紅夷與西葡。接踵垂饞涎。遂拔漢赤幟。臥榻恣鼾眠。黃種墜奴籍。吁嗟四百年。自從鴉片役。緬越琉朝鮮。祖國日蹙削。巢破子豈完。悼我海外僑。益禁牛馬圈。豈無賈人子。肆彼蟹行篇。陶冶奴隸格。胡語聒便便。普通未問途。刓叩法理玄。徒使噬骨肉。虎倀資腥膻。我遊苦海上。對此涕淚漣。恨無億萬筏。度之出迷瀾。茲島實瓌麗。豪賈羅駢闐。悲願圖興學。人天盡歡顏。況乃獅子吼。偈破羣石頑。（聞主動者南海先生）此舉大智慧。靈爽憑黃軒。教育之鵠的。中外情微懸。內者歐化亟。外者國粹先。海商習媚外。道在救所偏。日係此愛攝。行衞循軌躔。衆生此愛攝。生滅演大千。人不合羣力。木石傲猶賢。商羣力始大。工羣藝益研。愛國愛同種。妙諦經傳鐫。不見武士魂。扶桑朝暾殷。宣尼乘桴至。海若駭歌絃。吾道庶其南。堂堂黃孔旃。」四詩風格之高。不待言。其述南洋歷史現狀。及救治之法。語語皆獨到。直可稱有關係之一論文也。

十年不見吳君遂一昨書叢狠籍中。忽一刺飛來。相見之歡可知也。相將小飲。席間出示近稿十數紙。讀之增欷。顧靳不我畀。惟以別紙題迦因傳一首見遺。錄以記此因果。詩云「萬書堆裏垂垂老。悔向人來說古今。薄病最宜殘燭下。暮雲應作九洲陰。旁行幸有斐迦筆。發喜難窺大梵心。會得言情頭已白。鬑鬑想見久沈吟。」迦因傳者。近人所譯泰西說部。文學與茶花女相埒者也。

江君叔澥喆子翊雲（庸）在東學律有得者也。君遂席間並出示其兩詩。風格殊絕。亟錄之。箱根環翠樓云「厓壑荒寒裏。高樓易莫陰。燠流噓地肺。清籟發天心。閱世成啼笑。投閒得醉吟。眼中朋輩在。未惜入山深。」宮之下山中望富嶽云。朔風吹袂四山晴。石轉谿迴耐客行。的的電竿立斜照。泠泠松籟作湍聲。酒香已識前郵路。春到初諳異國情。姑射仙人隔雲海、雪膚玉色自晶瑩。

有自署海陵釋塵居士者。以四律見寄。蓋有道之言也。錄之。濁世浮沈卅六年。幾多往事覺情牽。無私敢謂明心地。有欲終教昧性天。野館酒香春爛縵。瓊樓雲淨月嬋娟。宿酲未解疎鐘動。萬簇飛花墮綺筵。」自愧頑軀徒碌碌。由來妙手本空空。半生歌哭情都幻。兩字文章技已窮。好夢驚回風雪夜。壯心磨盡別離中。桑榆今日應非晚。爲語南陽一臥龍。」棋枰冷落漫尋歡。殘局而今負滿盤。愁似亂絲難就緒。情如碎錦不成團。救時終有回天術。醫俗須成換骨丹。聽到鄰雞應起舞。唾壺擊缺劍光寒。」炭盡灰中萬念休。炎炎火宅猛回頭。羞談姓字標麟閣。況復心情夢蜃樓。證到無人亦無我。不妨呼馬更呼牛。斜風橫雨何時歇。孤棹滄溟挽逆流。

某贈某金縷曲一闋。兩人者皆余摯友也。不許我道其姓名。顧愛其詞不忍釋。乃隱之以入詩話。悲憤應難已。問此時絕裾溫嶠。投身何地。莫道英雄無用武。尚有中原萬里。胡鬱鬱今猶居此。駒隙光陰容易過。恐河清不爲愁人俟。聞吾語。當奮起。　青衫搔首人間世。悵年來興亡弔偏殘山賸水。如此乾坤須整頓。應有異人閒起。君與我安知非是。漫說大言成事少。彼當年劉季猶斯耳。旁觀論。一笑置。

前記公度見懷二章。謂公度集中贈余詩僅此。他日由甫以六絕見寄。番禺潘君蘭史復鈔示第一第六兩絕。則丙申丁酉間公度相贈作也。余處稿佚久矣。亟錄存之。列國縱橫六七帝。斯文興廢五千年。黃人捧日撐空起。要放光明照大千。」佉盧左字力橫馳。臺閣官書帖括詩。守此毛錐三寸管。絲柔綿薄諒難支。」白馬東來更達摩。青牛西去越流沙。君看浮海乘桴語。倘有同文到一家。」寸寸山河寸寸金。瓜離分裂力誰任。杜鵑再拜憂天淚。精衞無窮塡海心。」又天可汗又天朝。四表光輝頌帝堯。今古方圓等顱趾。如何低首讓天驕。」青者皇穹黑劫灰。上憂天墮下山隤。三千六百釣鼇客。先看任公出手來。」

公度集中。詩多詞少。然亦曾爲數十首。其原稿昔在余篋中。戊戌之役。同成灰燼。平生一憾也。蘭史頃以公度一詞見寄。調寄雙雙燕。題爲題蘭史羅浮記游圖。今錄之。羅浮睡了。試召鶴呼龍。憑誰喚醒。塵封丹竈。賸有星殘月冷。欲出移家仙井。何處覓風鬟霧鬢。只應獨立蒼茫。高唱萬峯峯頂。　荒徑蓬蒿半隱。幸空谷無人。棲身應穩。危樓倚徧。看到雲昏花暝。回首海波如鏡。忽露出飛來舊影。又愁風雨合離。化作他人仙境。原注云蘭史所著羅浮游記引陳蘭甫先生羅浮睡了一語便覺有對此茫茫百端交集之感先生眞能移我情矣輒續成之狗尾之誚不敢辭也又蘭史與其夫人舊有偕隱羅浮之約故風鬟句及之　羅浮睡了。看上界沈沈。萬峯未醒。喚起霜娥。照得山河盡冷。白遍梅田千井。見玉女青青兩鬟。恰當天上呼船。倒臥飛雲絕頂。　仙洞有人賦隱。羨胡蝶雙棲。翠屏安穩。煙扃擬叩。還隔花深松暝。誰揭瑤臺明鏡。應畫我高寒瘦影。指他東海火輪。祇是蓬萊塵境。原注云昔在菊坡精舍聽陳蘭甫先生話羅浮之游云僅得羅浮睡了四字久之未成詞也壬寅三月余游羅浮至東江泊舟望四百峯橫互煙月中覺陳先生此四字神妙如繪故於游記中紀其事而黃公度京卿以飄逸仙才成詞一首見寄猿驚鶴舉惜不能起陳先生相賞也寒夜無眠獨起步月如蹬身五龍潭上玉女峰邊忽憶京卿原韻意有所悟擬和成稿蓋距京卿寄示時又易一寒暑矣

蘭史以羅浮紀游刻本見寄。附詩數十章。皆飄飄有出塵之想。余最愛其二絕云。羅浮大雲海。洞陰多野雲。雲水日相滌。仙山古無塵。右滌雲橋　雲濤天半飛。月乃出石罅。萬壑洞空明。仙山古無夜。右洗月洞

有自署楚北迷新子者。以新游仙八首見寄。理想可比公度之今別離。非直游戲之作而已。錄之。乘輿清遊興倍長。驂鸞駕鶴總尋常。神仙亦愛翻花樣。擬坐輕球謁玉皇。」一曲清歌人不見。是誰高唱遏行雲。霓裳自入留聲器。仙樂風飄處處聞。」鳳脯麟脂積滿盤。葡萄美酒醉人難。忙呼小玉鋪臺面。安置刀叉喫大餐。」銀河隔斷信難通。牛女年年恨不窮。昨日碧翁新下詔。兩邊許設德律風。」休言一步一蓮花。洛女淩波貌絕佳。着得一雙弓樣襪。踏來水面自由車。」廣寒宮殿桂花香。仙子如雲列幾行。聞得嫦娥新奉勅。清虛府改女操場。」瑤池阿母綺窗開。窗外殷殷響似雷。侍女一聲齊報道。穆王今坐汽車來。」三十六宮敞畫屏。御階仙仗擁娉婷。幾多玉女朝天闕。不佩明璫佩寶星。」

晉人有自署少瘦生者。以遼東感事十二章見寄。長歌當哭。普天下有心人胸中公共之塊壘也。今錄之。忍把十年過眼事。長歌和淚說遼陽。茫茫大地知誰主。草草皇陵已戰場。此日烏呼疑楚遁。他時魚爛慘梁亡。三城曾是興龍地。落日何邊覓故隍。」遼海腥風蹴巨鯨。連宵吹入鳳凰城。驕胡傳箭競南走。邊將移軍怯北征。晉室無人眞鑄錯。金廷得地又寒盟。乾坤末造那堪說。愁看鄰家出塞行。」擾攘乾坤戰氣昏。妖風吹釁血紛紛。依人東道偏爲主。失路西鄰更責言。枯後滄桑天有淚。燒餘劫火國無魂。北來萬騎聲如湧。日暮驚濤下海門。」何事中原又戰爭。西風吹淚誓師聲。乾坤召釁方橫甲。天地無情未弭兵。號國孱王愚晉暗。周家騰地恕秦并。羣雄角逐知何日。殺氣縱橫太不平。」莽莽風雲橫地起。山川無色竟何情。玄菟北走橫殘骨。鴨綠南來聞哭聲。重地賜秦天偶醉。全軍覆趙鬼猶鳴。關門內外急如火。報撤邊疆萬里城。」十萬旌旗控上游。朔風吹浪大江秋。蒼茫野蔓連營沒。嗚咽遼河帶血流。臥榻容人寒腹背。建瓴得勢控咽喉。白山黑水軍無語。忍把乘除數到頭。」閒中殘著誰遺誤。全局輸贏在此方。伐蜀召謀初睥睨。劃江失險愈羸尫。頻年戎馬成多事。一角山川有主張。聞道提封極寸土。而今何事棄河隍。」一自兵戈生北地。神州大氣又瘡痍。當年亦我蟲沙劫。此日偏人鷸蚌持。又見關頭降敵將。曾聞城下陷全師。寃魂新故羣相逐。愁絕他營痛飲期。」牛耳槃盤血未乾。遙懸孤齒又號寒。因風南下如拉朽。得勢西來恐走丸。列國爭衡方躪鄭。强嬴覬覦竟亡韓。三辰强半沒戎馬。泣訴頻年枕未安。」今度陸沈誰任咎。夢夢天地亦含哀。楚氛此日張凶燄。晉罪何年孕禍胎。熒惑守心仍有朕。伊川披髮竟爲災。登高憑望中原氣。愁引血腥入塞來。」兵戈劫運明年歇。蒼兕秋風和淚看。宇宙無心歸破碎。河山見甲總彫殘。朔天黯黯悲笳咽。遼水蕭蕭戰骨寒。胡騎千羣戈滿地。可應遺恨怨樓蘭。」沈沈兩造渾無語。飽看神州縱獵場。大地鹿亡天肅殺。

十洲龍戰血玄黄，山河黯淡沈王氣。風雨淒涼哭國殤，日夜龍江東去水，劇憐嗚咽耐興亡。

宋遺民鄭所南先生，吾求諸古今東西人物中，惟日本之吉田松陰最似之。昔荀卿子有儒效篇，若所南者，可謂大儒之效也已。頃校印其鐵函遺著心史原本，誦其詩，有愛不忍釋者，掇錄散句以寄仰止云：千金一夜醉，四海十年游。山靜鬼行月，宵涼人夢秋。（逢陳宜之伯義）高樓臨白日，平地載青春。（越州飛翼樓）萬里思不極，一天秋更清。（山中聞鶴）千古英雄人不見，一樓風雨夢初回。空中變化觀龍見，世上淒涼誤鳳來。（睡覺有懷）力不勝於膽，逢人空淚垂。一心中國夢，萬古下泉詩。（德祐二年歲旦）無地可容足，有天能見心。（春雪中作）天下皆秋雨，山中自夕陽。（獨釣）舉世無人識，終年獨自行。海中擎日出，天外喚風生。（此心）時異生深恨，雲飛動壯懷。（郎事八首）花柳有愁春正苦，江山無主月空圓。（偶成二首）古今豈二道，死生唯一心。（遺興二首）醉去忘形猶蛻骨，怒來嚼齒欲穿齦。（無題五首）十年句踐亡吳計，七日包胥哭楚心。（二礪）新雁來時芳草死，歸鴻盡處暮天長。（九日）九州俱是淚，一刻不容生。（五礪）淚如江水流成海，恨似山峯插入天。（八礪）郊垧常鬼哭，風雨自鷄鳴。（覽鏡）

集中尤感人之作，如書前後臣子盟檄後云：「死亦烏可已，丹心闖大猷。恭承父母教，用翦國家讎。日破四洲夜，天開六幕秋。終當見行事，不與世同流。」厲志二首云：「我讀我父書，頗曾識大義。無以死恐我，死亦心不二。」九礪云：「忍死以待旦，蹉跎歲又殘。墮身陷囚阱，盡命哭衣冠。月死虛空黑，春枯草木寒。牀頭雄劍在，白氣夜盤盤。」辛巳立春作云：「大辱痛於死，含哀弔歲華。」十一礪云：「生或不就緒，死當償夙願。罔使竟食言，劫劫抱長恨。」十二礪云：「攀斷龍髯哭不回，鼎湖仙去下民災。一身肉痛愁銷骨，兩臉顏枯瘦入腮。誓以匹夫紓國難，艱於亂世取人才。屢曾算至難謀處，裂破肺肝天地哀。」先生之志事備於其文，詩末技耳。先生之詩，古體尤卓絕。近體又末技之末技耳，紙短略錄如此。亦曰爲普天下崇拜先生之人一介紹而已。

晚明烈士夏存古先生完淳文忠公彝仲子也。國變後十六歲倡義。十七歲殉國。其時忠義如鯽。至如先生以妙年關係大局者。蓋千古罕有。以視孫伯符唐太宗雖成敗殊轍。而才略志節且過之矣。有遺集凡詩文數百篇。匿名讀之。莫不以爲耆宿之搆也。嗚呼有此人才。乃亡國耶。爲之三歎。今次錄散句以寄景仰。滄江驚白髮。芳草渡黃河。(送友北行)龍蛇千古夜。猿鶴萬山秋。(得漱廣訃)戰苦難酬國。仇深敢憶家。一身存漢臘。滿目盡胡沙。(即事三首)杜鵑江月苦。精衛海潮寒。(哭吳都督)去年今日事。此地昔人愁。(元日大霧)江潮夜夜呼精衛。草樹山山哭子規。(春興)春夢卻隨千里雁。夜愁不斷萬山猿。(同上)欲知眞主觀司隸。未見孤兒屬羽林。(憶侯幾道雲俱兄弟)江海何年傳錦字。風塵吾黨半緇衣。帝秦蹈海人猶在。復楚依牆事已非。(東玄照家孟)九章哀郢人如在。三戶亡秦氣不除。(贈徐似之侯智含)白鷺孤洲煙裊裊。黃鸝千樹月娟娟。(夏日幽居)難將杯底消秦獄。卻向囊頭識漢官。(西華門與同難諸公待鞫)先生五言古酷似陳思。七言古則風格猶在吳梅村之上。今不能具錄也。

有湘人自署震生者。以甲辰二十八初度自述一百韻見寄。視其紙末鈐印。知氏陳名士芑字翼謀也。工力甚偉。且讀之可覘其志也。錄實詩話。大地蟠旋九萬里。繞日東行不自止。塵塵四時相推移。二十八年一彈指。我昔夢游崑崙虛。海波微紅日光紫。天風吹墮洞庭南。湘水漪漪嶽峙峙。綺歲駢語工俳優。鳳毛麟角矜爪觜。十三牙牙學謳吟。十四學文更學史。十五讀詩斷蓼莪。春暉寸心悲陟屺。十六志學得師承。(謂崇陽舒義菴先生)撏撦羣籍知肯綮。十九受知元和門。(謂江建霞先生)無雙微聞呼奇士。秋風文戰自年年。扁舟五歸湘江涘。(年十九始應童子試自是往來長沙者凡五年)宦轍追馳閱歲華。禰墓寂寞鶴樓圮。(僕生長楚北侍家大人馳驅江漢幾於無歲不陵)市朝小隱畏壘穰。孤芳落落泣蘭芷。(楚北雖文明交通之地然攀逐繁華者多務實修者少故寧閉戶謝客不求人知而人竟無知者忽焉奇夢閱五洲。放觀天外殊詼詭。年二十二始治外國地理學學術思想爲之一變自笑決飛搶榆枋。蹋足方罫限旋跬。閉戶十年當臥游。抅墟竟同蛙與蠡。飢來驅我作賫郎。擊筑行歌來燕市。臣朔乃伍騶朱儒。果腹但索長安米。鼓刀再過夷門道。梁園冠蓋悼芳菲。秋桂春杏自枯榮。甘苦何心辨荼薺。蹉跎郎署又一年。頭顱坐大殊足鄙。空說長門識相如。誰知柱下有李耳。嗟予昔聞姚曾訓。學貴博通毋專己。義理考證兼文詞。三者相通原一揆。文章俗論宗桐城。犬咻蠅逐不知恥。黃流要有星宿源。周秦觥觥導厥軌。唐宋八家已足嗤。宇宙佳文寧止此。謬種流傳吁千年。坐令文界生荆枳。騷選魏晉多雅材。詩至唐賢有變徵。宋詩質勝明詩濫。近代頗許長蘆子。萬言億語因陳陳。誰翻舊調出新理。小技雕蟲學未工。幡然求道道在是。鄉哲私淑曾與劉。養晦求闕識宗旨。拾級直窺五子堂。宗廟百官吒富美。紫陽象山亦天縱。精微廣大罕倫比。陽明正學有眞傳。蚍蜉紛紛徒嘲詆。更從諸子溯炎漢。傳注故訓究原委。許鄭遺書翼六經。貫穿羣言如術螘。絕學沈霾二千年。閻太原惠元和段金壇王高郵延其祀。就中精博推二竹。朱錢宛溪方輿金匱禮。天台獨紹酈亭業。梅江算術尤亹亹。大宗應數顧黃王。並時鼎立時角掎。直將漢宋冶一爐。餘子鹿鹿諸與唯。嘉道學風稍變更。偉思奇論驚神鬼。仁和邵陽眞天才。獨爲俗學掃穅粃。目光炯炯言炎炎。陋儒咋舌嚇欲死。芭也蹻足不知羞。夸父揶揄愚公唏。黎邱衣冠壽陵步。逡巡顧影無一似。狗曲騈枝譏謏聞。螢僵蠹老抱故紙。口耳末學終何用。褰然自失吾過矣。於時歐學正東漸。新書洋裝誇瑰瑋。聞所未聞見未見。舊學當之輒披靡。電絲蛛牽密迴環。汽車蛇行走邐迤。呼吸息息通環球。東西萬里猶尺咫。輸攻墨守奚足云。騶衍談天言非侈。聲光電化妙入神。餘藝刻畫及輪梓。生物二理剖尤精。千狀百態數可紀。小之目力訾微塵。大之思想窮無始。卽論哲學亦卓絕。遠源別派互嬗遞。梭梭格拉底孔亞亞里士多德孟輝後先。詭辨懷疑更排觝。

歸納演繹標二宗。笛倍論理有變體。康德康邊邊沁諸子稍後出、精理名言味如醴。物心同異分多元。主義各各新壁壘。孟鳩盧騷實先覺。爲民請命天所啓。民約狂論破天荒。精義遠出子輿氏。漆室一燈光熒然。淸議奈何蒙不韙。英倫二傑達爾文斯賓塞人中龍。噓欷雲電露爪尾。昌明公理發聵聾。人聲進化固應爾。學說鼓吹入亞東。老儒蹙額少年喜。師搏虎躑那可當。國力盛强豈無以。哀我國民神明裔。只今陵賤儕牛豕。趾跌同方顱同圓。咄哉胡遽不若彼。彼知實驗我空談。彼能獨立我依倚。彼求進步奮邁征。我惟保守愼遷徙。彼愛新知如醍醐。我娟古人如主婢。禹域芸芸爾衆生。鏟除惡根能有幾。優劣競爭天演之。思之思之額流泚。方今東徼喧鼓鼙。蹋白山兮傾黑水。喧賓奪主翻奇局。坐觀成敗安鬯匕。兩京既失恐難收。提師況無郭與李。豐沛自茲成甌脫。危逼肘腋如卵累。臥榻竟爾容他人。羣雄眈眈更環視。阿耨達峯高峨峨。王母抱環淚如洗。邊鄰四面皆楚歌。引盜入闥誰實使。老大神洲歎陸沈。瓜剖豆分安有豸。悲哉草莽蟣蝨臣。河清海枯恐難俟。熱塡血腔憤塡膺。枯楊生肘肉生髀。陶公石甓祖生鞭。年光鼎鼎去如矢。不才棄置且長吟。肯向侯門躡珠履。君不見。當年歐陸慘風雲。拿翁撫劍叱咤起。羅馬再建獨立旗。瑪喀二子功尤偉。閣龍探地窮九幽。蒼溟浩浩航一葦。撒哈炎沙蔽天日。烏鬼攫人獸磨齒。壯彼立溫汗漫游。出入險鄉如平砥。男兒生來有奇氣。安能跼蹐樊籠裏。豐功碩績亦等閒。汝好爲之無觳觫。諸公可作起九京。吾願爲之執鞭箠。太白睒睒天蒼蒼。有酒在尊琴在几。撥絃痛飲更高歌。世變蒼黃何窮已。來日苦少去日多。高天厚地安可恃。一身榮悴何足言。前途莽莽知胡底。

蔣萬里以新游仙二章見寄。風格理想。幾追人境廬之今別離。亦傑構也。錄之。出門萬里行。海底計行程。至此別有天。島嶼不知名。爛爛珊瑚洲。紅海映鮮明。盤石矗巉巉。鐵網張錚錚。茫茫水連天。彼岸隔盈盈。海外大九洲。稗海環重瀛。朝發蒲昌海。夕止扶桑津。直以水爲家。逸情淩太清。排水駛如飛。跋浪懾長鯨。飄飄淩風舸。拍拍浪口平。深深天池水。颯颯天風聲。遙遙滄海島。耿耿天船星。掉入龍王宫。初澁白銀城。次澁爲黄金。琉璃又水晶。其上與天連。如日紅光呈。贈以明月珠。的皪更晶瑩。千里如一室。縮水神陰精。艤棹三神山。神山盡瓏玲。航行遍十洲。十洲各異形。挂席出南極。伏檻窺東溟。直指向蓬萊。途遇安期生。翼翼跨青蛇。相從朝玉京。中途過沃焦。舉手㨂山傾。北澁聶耳國。頒港前趨迎。北海逢盧敖。追逐太陰經。遨遊入玄闕。遇順鴻毛輕。前探北極外。潼海水泙泙。轉舵指向西。迴航到大秦。西南八百里。漲海洶洶横。西海聚窟洲。大木反魂馨。鳳麟洲宛在。淵嶽峙亭亭。仙藥續絃膠。麟鳳自煎烹。何處挂星槎。明滅共揚舲。自是舟指南。旁向炎洲停。憑欄觀博物。異獸風泠泠。更南向火洲。洲火然熒熒。火然木不死。生意欣欣榮。南北物理殊。變化徹鯤鵬。高高金臺山。日月煥雕甍。天河相連接。牛斗犯不情。朝暮日回光。海市若建瓴。倒影成樓臺。城郭入青冥。風濤無極已。暗渡越零丁。舟非樟木爲。不與蛟龍爭。新遊歷幾時。滄桑三變更。蓬萊淺於昔。深谷欲成陵。手袖旅行冊。口吸空氣餅。叶幷歸來了無恙。一笑天妃驚。右水底潛艇

輕舉淩太虛。俯視絕飛鳥。九州不足步。飛騰躡天表。不似五雲車。亦具飛輪巧。淩空雙翼垂。翩若孤鴻矯。一路扶搖上。天風一帆飽。途逢東海君。並轡青雲杪。天門閶闔開。地脊崑崙拗。軒軒有若士。倏入雲霄杳。聳身九萬里。絕頂崑崙慓。九層九重天。天竅明當道。雲氣五色迷。城闕環繚繞。盧堂光碧麗。淨室瓊華皎。金臺與玉樓。觸日錦雲遶。跨足乘白雲。揮手淩蒼昊。紅雲擁帝居。城外青雲繚。不見元君輿。聞聲口一掉。離披五色霞。爭似朝雲姣。景雲宫岧嶢。流霞室幽窈。祇映須彌山。不建赤城標。捉彼天中月。廣寒入夜悄。銀色界茫茫。白瑤宫皦皦。丹輪玉斧修。靜海金波淼。清光共千里。璧彩裝七寶。月天宫殿高。大地山河小。瓊樓現彈指。金闕回縹渺。下界如微塵。萬頃琉

璃晶。鸞樹玉仙食。靈藥白兔擣香飄。桂子秋。影沒閻浮曉。仙身若水晶皎潔素娥好。一曲紫雲歌。餘音尚嫋嫋。瞻彼明星山。天低隘太皓。晨光何熹微。日拂扶桑早。繞日行三匝。東方影杲杲。紅焰耀金門。宮殿原明瞭。陽光不著塵。野馬諸天少。天鷄鳴喔喔。織鳥舞縞縞。貫月槎如飛。開日樹盈抱。日月山河在。天樞闕大造。碧城十二樓。玉京倚天穹。蓮花盈十丈。開遍仙人沼。日輪轉無已。日會前迎昴。冥冥無色界。空洞更窈窱。飄飆九垓外。逸氣浩然浩。玉女笑投壺。天口火不燥。天公玉戲來。一白煙塵掃。歷遍諸星辰。至是天亦老。一星一世界。玄黃太初肇。天河盡星氣。世界遊難了。世世有滄桑。界界有煩惱。太上若忘情。天地同枯槁。(右空中飛行艇)

頃在黃由甫扇頭見公度先生遺作日本四君詠四絕。蓋二十年前參韜時作也。草莽臣正芝。望闕輒哭謁。眼枯淚未枯。無數杜鵑血。(高山彥九郎)拍枕海潮來。勿再閉關眠。日本橋頭水。直接龍動天。(林子平)只一衣帶水。便隔十重霧。能知四國爲。獨君識時務。(佐久間啓)丈夫四方志。胡乃死檻車。倘遂七生願。祝君生支那。(吉田矩方)按四君皆日本維新前主動人物。高山彥九郎卽高山正芝。每語君國輒哭。卒以哭動全國。林子平佐久間啓皆首唱開港論之人。啓卽象山。吉田松陰之師也。屢欲航海覘人國。不能達其志。吉田矩方卽松陰。日本維新後人物皆其所造出者也。公度於二十年前歌頌四君。其志可知矣。由甫名遵庚。公度介弟。今留學東京。

潘蘭史在山泉詩話錄公度先生自撰聯語三則。其一云『藥是當歸花宜旋復。蟲還無恙鳥莫奈何。』其二云。『萬象函歸方丈室。四圍環列自家山。』皆蘭史所書。置人境廬中云。又先生製一艇。方成顏曰安樂行窩。幷題聯云『尚欲乘長風破萬里浪。不妨處南海弄明月珠。』蓋先生絕筆云。又余昔在湘。初交佛塵。佛塵贈以菊花研。壯飛爲之銘。建霞篆焉。銘曰『空花了無眞實相。用造莂偈起衆信。任公之研佛塵贈。兩君石交我作證。』余寶此硯甚至戊戌之變。隨行篋羣籍同散佚。每念輒耿耿。壬寅冬。公度先生忽以書來。曰吾已爲君作藺相如矣。且加媵一銘。銘曰『殺汝亡璧。況此片石。銜石補天。後死之責。還君明珠。爲汝淚滴。石到磨穿。花終得實』。且以新銘搨本先寄余。狂喜幾忘寢餐。及硯至。則一端硯。先生所補贈者也。當時頗失望。今則此硯亦一瓌寶矣。自是人間有兩菊花硯。

楊少姬女士。莊哲子之弟也。哲子嘗與吾論當代詩家。言其學力不在黃公度之下。吾頗疑其豐於昵。頃女士東來游學。以哲子介紹。幸得一見。哲子出其近作二詩。風力在曹陸左阮之間。洵一鉅子也。得作者許可。以入詩話。

微雨生新涼。孟夏如深秋。鳴蜩斂夕音。熠燿迎風流。羣居情不孤。心迴境自幽。宵空起清吹。離思方悠悠。豈伊川塗夐。念此躔運遒。頻年嬰憂瘵。憔悴忝嘉猷。翩然冀遐征。投袂涉長流。冥契始爾萌。外物迫相尤。洪川無蘋藻。何以別沉浮。高岑盡芬馨。何以別薰蕕。微生信有區。人理諒難侔。既警素絲泣。鮮復歧路憂。吾生自有涯。慷慨惜年徂。慕茲狙公術。慨彼漆室嘘。先民有遺規。道在復何求。右上海旅舍作 「平生嬰憂患。意趣常蕭寥。偶有乘桴志。遂與江漢遼。汎茲滄溟闊。頓覺天昊高。清霄靜娟娟。洪流駭滔滔。偃仰馭長風。浩蕩神襟超。信懷宗生願。詎有安期招。徘徊膽殊庭。悅恨悲逝濤。憑虛俯瀛寰。顧盼思鬱陶。進德智既薄。幽居夙匪要。仰高常更庳。冀長仍自消。撫己諒無極。慨世復憎忉。迍邅安可振。霾霧孰能昭。鷹隼自翼翼。鸞鳳徒翛翛。倚嘯竟何補。恤緯誠空謠。理感信無怡。慷慨寄長飈。右渡海作

十年前以狄平子之介紹。得交桂伯華。心儀其人。嗣聞其隱於金陵。就楊仁山居士學佛。不婚不宦。譚然有得。心益嚮往之。今春平子以書來。言伯華東渡學梵文。以弘法自任。亟思走謁。苦不知其所居地。客有自署公耐者。忽

以伯華近作詩詞見寄。以綺語說法。感均頑豔。維摩詰耶。天女耶。文殊師利耶。舍利弗耶。吾烏從測之。惟喜誦不克割舍耳。乃錄入詩話。江城子一闋云。落盡紅英萬點。愁扳綠樹千條。雲英消息隔藍橋。袖間今古淚。心上往來潮。　懊惱尋芳期誤。更番懷遠詩敲。靈風夢雨自朝朝。酒醒春色暮。歌罷客魂銷。」菩薩蠻二闋云才華已爲情消損。那堪又被多情困。珠玉女兒喉。新詞懶入眸。　淸愁銷不得。夢入蓮花國。方信斷腸癡。斷腸天不知。　月斜迷夢春城隔。隔城春夢迷斜月。寒燭畫樓殘。殘樓畫燭寒。　許時同密語。語密同時許。才盡費疑猜。猜疑費盡才。」和友人詩云菩薩畏因衆生果。果成方熟豈容憎。越王自是愁嘗糞。劉敬何曾願納繒。空假中觀心內佛。去來今叩定中僧。迷將俗諦爲眞諦。悟即三乘是一乘。」病眼空花幻若眞。可憐攀戀苦勞神。曠觀歐亞毗連處。孰是羲皇以上人。淚海屍林隨處舊。心花意蕊逐時新。聊將器界拋除去。去向蓮邦消好春。

公耐吾不識。但爲伯華摯友。其人可想矣。以自作數章見寄。意想風格俱超遠。並錄之。冀結來日因緣。懷九銘四章云。漂流苦海北南東。獰惡風波處處同。人涉惟卬須我友。不敎心似舵隨風。」文明界內應無我。黑闇鄉中幸有君。我自偷閒君自苦。風吹雨打任紛紛。」無窮心事復無聊。一樣憐君暮又朝。醉後顚狂醒後淚。天涯何處不魂銷。」諸公袞袞螽斯集。舊國昏昏魚貫眠。無女高邱勞反顧。知君徒喚奈何天。」發心學佛四章云。殘葉風飄西復東。風乘葉耶葉乘風。此心流轉如殘葉。欲覓菩提叩定中。」無端事事爲乾忙。憔悴塵寰孰聖狂。不悟爾身非爾有。遂窮人智護皮囊。」利鎖名韁纔解脫。情魔病鬼又交侵。何時撒手人間事。石火光中保此心。」聲聲口口說參禪。話到修行盡枉然。窠臼深時藤葛盛。重重愛網轉相纏。

公耐復寄自傷一首。及伯華次韻一首。皆名作也。錄之。飽嘗世味知甘苦。苦海隨流誰謂甘。入世獨憐身孑孑。懸河空笑口喃喃。驀頭風雨驚人慣。滿眼枯榮細意參。久夢西歸游物外。醒留天北與天南。右原作「俗情冰炭原知苦。禪悅珍羞殊自甘。閑共海鷗浮浩蕩。或和梁燕語呢喃。善根阿越基難到。消息閻浮提易參。早叩中峯辨行迹。牛頭自北馬頭南。」右次韻

附　苦痛中的小玩意兒

晨報每年紀念增刊。我照例有篇文字。今年眞要交白卷了。因爲我今年受環境的酷待。情緒十分無俚。我的夫人從燈節起。臥病半年。到中秋日奄然化去。他的病極人間未有之苦痛。自初發時。醫生便已宣告不治。半年以來。耳所觸的只有病人的呻吟。目所接的只有兒女的涕淚。喪事初了。愛子遠行。中間還夾着羣盜相噬。變亂如麻。風雪蔽天。生人道盡。塊然獨坐。幾不知人間何世。哎。哀樂之感。凡在有情。其誰能免。平日意態活潑興會淋漓的我。這會也嗒然氣盡了。提筆屬文。非等幾個月後心上的創痕平復。不敢作此想。晨報記者索我的文。比催租還兇。我沒有法兒對付。只好撒個爛污。寫這篇沒有價值的東西給他。

我在病榻旁邊。這幾個月拿什麽事消遣呢。我桌子上和枕邊擺着一部汲古閣的宋六十家詞。一部王幼霞刻的四印齋詞。一部朱古微刻的彊村叢書。除却我的愛女之外。這些「詞人」便是我唯一的伴侶。我在無聊的時候。把他們的好句子集句做對聯鬧着玩。久而久之。竟集成二三百副之多。其中像很有些好的。待我寫出來。寫出以前。請先說幾句空論。駢儷對偶之文。近來頗爲青年文學家所排斥。我也表相當的同意。但以我國文字的構造。結果當然要產生這種文學。而這種文學。固自有其特殊之美。不可磨滅。我以謂愛美的人。殊不必先横

一成見。一定是丹非素。徒削減自己娛樂的領土。楹聯起自宋後。在駢儷文中。原不過附庸之附庸。然其佳者也能令人起無限美感。我鬧這種玩意兒。雖不過自適其適。但像野人獻曝似的公諸同好。諒來還不十分討厭。

對聯集詩句。久已盛行。但所集都是五七言句。長聯便不多見。清末始有數副傳誦之作。如彭雪琴遊泰山集聯。

我本楚狂人。五嶽尋山不辭遠。

地猶鄒氏邑。萬方多難此登臨。

以湖南人當內亂擾攘時代。遊五嶽之一山東的泰山。所集爲李杜兩家名句。眞算佳極了。又如吾粵觀音山上有三君祠。祀虞仲翔。韓昌黎蘇東坡。皆遷謫來粵的人。張香濤撰一聯云。

海氣百重樓。豈獨浮雲能蔽日。

文章千古事。蕭條異代不同時。

所集亦是李杜句。把地方風景諸賢身分。都包舉在裏頭。亦算傑構。此外集句雖多。能比上這兩副的不多見。詩句被人集得稀爛了。詞句卻還沒有。去年在陳師曾追悼會會場展覽他的作品。我看見一副篆書的對。

歌扇輕約飛花。高柳垂陰。春漸遠汀洲自綠。

畫橈不點明鏡。芳蓮墜粉。波心蕩冷月無聲。

所集都是姜白石句。我當時一見。歎其工麗。今年我做這個玩意兒。可以說是受他衝動。

我所集最得意的是贈徐志摩一聯、

臨流可奈淸癯。第四橋邊。呼棹過環碧。

此意平生飛動。海棠影下。吹笛到天明。

吳夢窗高陽臺　姜白石點絳脣　陳西麓秋霽

辛稼軒清平樂　洪平齋眼兒媚　陳簡齋臨江仙

此聯極能表出志摩的性格。還帶着記他的故事。他曾陪泰戈爾遊西湖。別有會心。又嘗在海棠花下做詩做個通宵。

我又有贈蹇季常一聯。

最有味是無能。但醉來還醒。醒來還醉。

本不住。怎生去。笑歸處如客。客處如歸。

朱希眞江城子　張梅厓水龍吟

劉須溪賀新郎　柴仲山齊天樂

此聯若是季常的朋友看見。我想無論何人。都要拍案叫絕。說能把他的情緒全盤描出。

此外專贈某人之作。卻沒有了。但我把幾百副錄出。請親愛的朋友們選擇。選定了便寫給他。內中劉崧生挑了一副四句都是集姜白石。

忽相思更添了。幾聲啼鴂。

屢回顧。最可惜一片江山。

江梅引　琵琶仙

法曲獻仙音　八歸

林宰平挑的一副是.

酒酣鼻息如雷疊鼓清笳.迤邐渡沙漠.
萬里夕陽垂地落花飛絮隨意繞天涯.

劉後村沁園春　周草窗高陽臺　姜白石淒涼犯

朱希眞相見歡　秦少游如夢令　趙令時烏夜啼

胡適之挑的是.

胡蝶兒.晚春時.又是一般閑暇.
梧桐樹.三更雨.不知多少秋聲.

張泌胡蝶兒　辛稼軒醜奴兒近

溫飛卿更漏子　張玉田淸平樂

丁在君挑的是.

春欲暮.思無窮.應笑我早生華髮.
語已多.情未了.問何人會解連環.

溫飛卿更漏子　蘇東坡念奴嬌

牛希濟生查子　辛稼軒慶宮春

舍弟仲策挑的是，
曲岸持觴。記當時送君南浦。
朱門映柳。想如今綠到西湖。
辛稼軒念奴嬌　姜白石玲瓏四犯
此外還有各人挑去的。不能盡記了。以下只把我自己認爲愜心的彙錄幾十副。
春瘦三分。輕陰便成雨。
秦少游滿庭芳　張玉田渡江雲
月明千里。高處不勝寒。
口口一翦梅
獨上西樓。天淡銀河垂地。
夢窗祝英臺近
高斟北斗。酒酣鼻息如雷。
李重光相見歡　范希文御街行
張子湖念奴嬌　劉後村沁園春
西子湖邊。遙山向晚更碧。
清明時節。驟雨纔過還晴。

徐囦子瑞鶴仙令　湻眞浪淘沙慢

稼軒念奴嬌　淮海滿庭芳

水殿風來冷香飛上詩句．

芳徑雨歇流鶯喚起春醒．

東坡洞仙歌　白石念奴嬌

夢窗選冠子　夢窗高陽臺

滿地橫斜梅花政自不惡．

一春憔悴杜鵑欲勸誰歸．

碧山高陽臺　稼軒漢宮春

趙長卿臨江仙　稼軒新荷葉

宿鷺圓沙又是一般閑暇．

亂鴉斜日古今無此荒寒．

玉田聲聲慢　稼軒醜奴兒近

夢窗八聲甘州　草窗高陽臺

春水滿塘生鸂鶒還相趁．

胡蝶上階飛，風簾自在垂．

張泌醉花間

銀漢是紅牆，一帶遙相隔。

陳子高菩薩鬘

鸞鏡與花枝，此情誰得知。

毛文錫醉花間

溫庭筠菩薩鬘

滿身花影倩人扶，我欲醉眠芳草。

幾日行雲何處去，除非問取黃鸝。

小山虞美人　東坡西江月

六一蝶戀花　山谷清平樂

月滿西樓，獨鶴自還空碧。

日烘晴晝，流鶯喚起春醒。

李易安一翦梅　奚愁厓念奴嬌

梅溪柳梢青　竹屋風入松

今夕是何年，霜娥相伴孤照。

輕陰便成雨，海棠不分春寒。

東坡水調歌頭　夢窗花犯

夢窗祝英臺近　李蠙洲清平樂

燕子不歸。幾日行雲何處去。

海棠依舊。去年春恨却時來。

謝勉仲浪淘沙　六一蝶戀花

漱玉如夢令　小山臨江仙

燕子來時。更能消幾番風雨。

夕陽無語。最可惜一片江山。

王晉卿憶故人　稼軒摸魚兒

一晌銷凝。簾外曉鶯殘月。

張文潛風流子　白石八歸

無限清麗。雨餘芳草斜陽。

子野卜算子慢　飛卿更漏子

清眞花犯　淮海畫堂春

笑索紅梅。香亂石橋南北。

醉眠芳草。夢隨蝴蝶西東。

玉田木蘭花慢　夢窗俳連環

東坡清平樂　西麓木蘭花慢

春水滿塘生。鸂鶒還相趁。

東岸綠陰少。楊柳更須栽。

張泌醉花間

辛稼軒水調歌頭

芳草接天涯。幾重山。幾重水。

墜葉飄香砌。一番雨。一番風。

清眞浣溪沙　子野碧牡丹

希文御街行　耘叟木蘭花慢

玉宇無塵。時見疏星度河漢。

春心如酒。暗隨流水到天涯。

耆卿醉蓬萊　東坡洞仙歌

白石角招　淮海望海潮

日暮更移舟。望江國。渺何處。

明朝又寒食。見梅枝。忽相思。

白石杏花天影　白石淸波引

白石淡黃柳　白石江梅引

小樓吹徹玉笙寒．自憐幽獨．

水殿風來暗香滿．無限思量．

李煜攤破浣溪沙　淸眞大酺

東坡洞仙歌　淮海畫堂春

千里歸艎．山映斜陽天接水．

一聲長笛．雁橫南浦月當樓．

高竹屋後庭宴　范希文踏莎行

劉龍洲憶秦娥　張蘆川浣溪沙

有約不來．空悵望蘭舟容與．

勸春且住．幾回憑雙燕丁寧．

張君衡淸平樂　葉石林賀新郞

洪叔璵永遇樂　賀方回薄倖

遙夜相思更漏殘．不如休去．

羣芳過後西湖好．曾有詩無．

韋莊浣溪沙　周邦彥少年行

歐陽修采桑子　辛棄疾漢宮春

欲寄此情鴻雁在雲魚在水。

偷摧春暮青梅如豆柳如絲。

毛滂玉樓春　晏殊淸平樂

史邦卿綺羅香　馮延己阮郎歸

軟語商量海燕飛來窺畫棟。

冷香搖動綠荷相倚滿横塘。

梅溪雙雙燕　六一臨江仙

白石念奴嬌　顧夐虞美人

酒醒簾幕低垂燭影搖紅夜將半。

過雨園林如繡東風吹柳日初長。

晏小山臨江仙　蔡伸道洞仙歌

□□□念奴嬌　淮海畫堂春

小院春寒燕子飛來窺畫棟。

空江歲晚柳花無數送舟歸。

謝勉仲浪淘沙　馮正中蝶戀花

草窗三姝媚　淮海虞美人

寒雁先還。爲我南飛傳我意。

江梅有約。愛他風雪耐他寒。

辛稼軒漢宫春　韋端己歸國謠

程觀過滿江紅　朱希眞鷓鴣天

亦愛吾廬。買陂塘旋栽楊柳。

頓成輕别。問後約空指薔薇。

稼軒水調歌頭　晁無咎摸魚兒

賀方回柳色黄　白石解連環

高處不勝寒。見姮娥瘦如束。

無情應笑我。摟虚空睡到明。

東坡水調歌頭　夢窗一寸金

東坡念奴嬌　希眞減蘭

小樓昨夜東風。吹皺一池春水。

梧桐更兼細雨。能消幾個黄昏。

重光虞美人　馮延己謁金門
漱玉聲聲慢　趙德麟清平樂
細草和烟尙綠．遙山向晚更碧．
黃葉無風自落．秋雲不雨長陰．
清眞浪淘沙慢
孫巨源河滿子
試憑他流水寄情．卻道海棠依舊．
但鎭日繡簾高捲．爲妨雙燕歸來．
碧山瑣窗寒　漱玉如夢令
蒲江倦尋芳　次膺清平樂
樓上幾日春寒．杜鵑聲裏斜陽暮．
西窗又吹暗雨．紅藕香殘玉簟秋．
李易安壺中天慢　少游踏莎行
白石齊天樂　易安一翦梅
垂楊還嫋萬絲金．又恐被西風驚綠．
斷紅尙有相思字．試憑他流水寄情．

白石一蕚紅　東坡賀新郞

清眞六醜　碧山瑣窗寒

冷照西邪正極目空寒故國渺天北

大江東去問蒼波無語流恨入秦淮

草窗高陽臺　玉田憶舊時　白石惜紅衣

東坡念奴嬌　夢窗八聲甘州　西里八聲甘州

泣殘紅誰分掃地春空十日九風雨

舉大白爲問舊時月色今夕是何年

李珣西溪子　碧山慶淸朝　稼軒祝英臺近

于湖賀新郞　白石暗香　東坡水調歌頭

呼酒上琴臺把吳鉤看了闌干拍遍

明朝又寒食正海棠開後燕子來時

夢窗八聲甘州　稼軒水龍吟

白石淡黃柳　晉卿憶故人

羅衣特地春寒細雨夢回猶自聽鷓鴣

殊鄉又逢秋晚江上望極休去采芙蓉

馮延巳清平樂　李中主浣溪沙　梅溪青玉案

清眞齊天樂　梅溪綺羅香　陳允平唐多令

戲拋蓮菂種橫塘．新綠生時水佩風裳無數．

猛拍闌干呼鷗鷺．五湖舊約煙蓑雨笠相過．

稼軒浣溪沙　梅溪綺羅香　白石念奴嬌

滿江賀新郎　白石湘月　劉龍洲破陣子

笑倦游猶是天涯．萬里乾坤．不如歸去．

驚客裏又過寒食．一樁心事．曾有詩無．

草窗高陽臺　白石玲瓏四犯　耆卿安公子

趙立之滿江紅　白石小重山令　稼軒漢宮春

以上所錄．約占原來所集之半．有些七言八言的也還好．懶得鈔了．此外有些不滿意的．打算拉雜摧燒他．我做這頑意兒．免不了孔夫子罵的「好行小慧．」但是「人生愁恨誰能免」我在傷心時節尋些消遣．我想無論何人也該和我表點同情．十二年十二月三日．

飲冰室文集之四十五(下)

詩

上海遇雪寄蕙僊 按蕙仙李夫人字

春寒惻惻逼春衣。二月江南雪尙霏。一事生平忘不得。京華除夜擁爐時。

寄內四首

一縷柔情不自支。西風南雁別卿時。年華錦瑟蹉跎甚。又見荼蘼花滿枝。

月上簾櫳院落虛。香羅帳掩舊流蘇。東風昨夜無聊賴。故作輕寒逗玉膚。

三年兩度客京華。纖手扶攜上月槎。今日關河怨搖落。千城殘照動悲笳。

萍絮池塘乳燕飛。鸞箋細展寫烏絲。殷勤寄與臨安去。陌上花開莫緩歸。

與江孝通聯句

折得好紅芳。江 歸來帶夕陽。花前常病酒。梁 扇底愛分香。燕尾微微路。江 鴛屏澹澹妝。遠塵回首處。梁 吾醉未能

狂。江
燕麥自青青。梁 長亭又短亭。路迴雲闕近。江 酒薄醉鄉醒。早歲鄉關思。梁 天涯風雨情。不須怨寥落。江 蘭蕙滿江汀。梁

孝通序此詩曰「乙未閏月十一日。剛甫邀同人賞荷寶泉河蕩舟。予與任庵大醉。折荷載歸。車中聯句得二詩。」孝通名逢辰。廣東惠州人。庚寅進士。書、畫、詞、賦、刻圖章、調印色、酒令詩籌、無一不工。年未三十而卒。乙未置閏在五月。　啓勳識

去國行

嗚呼濟艱乏才兮儒冠容容。佞頭不斬兮俠劍無功。君恩友仇兩未報。死於賊手毋乃非英雄。割慈忍淚出國門。掉頭不顧吾其東。」東方古稱君子國。種族文教咸我同。爾來封狼逐逐磨齒瞰西北。脣齒患難尤相通。大陸山河若破碎。巢覆完卵難爲功。我來欲作秦廷七日哭。大邦猶幸非宋聾。」卻讀東史說東故。卅年前事將毋同。城狐社鼠積威福。王室蠢蠢如贅癰。浮雲蔽日不可掃。坐令螻蟻食應龍。可憐志士死社稷。前仆後起形影從。一夫敢射百決拾。水戶薩長之間流血成川紅。爾來明治新政耀大地。駕歐凌美氣葱蘢。旁人聞歌豈聞哭。此乃百千志士頭顱血淚迴蒼穹。」吁嗟乎。男兒三十無奇功。誓把區區七尺還天公。不幸則爲僧月照。幸則爲南洲翁。不然高山蒲生象山松陰之間占一席。守此松筠涉嚴冬。坐待春回終當有東風。」吁嗟乎。古人往矣不可見。山高水深聞古蹤。瀟瀟風雨滿天地。飄然一聲如轉蓬。披髮長嘯覽太空。前路蓬山一萬重。掉頭不顧吾其東。

游箱根浴溫泉作

十年春明夢猶未識湯山。身世餘憂患。寥天獨往還。陽阿晞短髮。神瀵駐華顏。忽起觚稜思。鄉心到玉關。

羯南湖村招飲上野之鶯亭以詩爲令强成一章

三十年前龍戰地。風雲回首一憑欄。新亭莽莽羣仙醉。大地茫茫半日閑。偶嚼梅花耐冰雪。更因黃酒憶鄉關。羯公以紹興酒見餉不嘗此味半年矣鈞天廣樂經行處。未信瓊樓玉宇寒。

雷庵行 贈湖村小隱

東台幽絕處。有廬曰雷庵。環庵之左右。有櫻有楓有茶有櫰有松有杉。庵內何所有。但見琳琅古籍闐架而溢籤。有劍爍爍。有琴愔愔。雷聲隱隱走離角。雲色冉冉起林尖。主人者誰。魄嚴魂舒。貌癯道腴。朝讀書。夕著書。文章一出驚海內。立言矜慎恆躊躇。東方風雲日漸惡。棱棱秋氣滿林壑。先生匣劍時一鳴。龍嘯天空秋水薄。我識先生。風雪夜色。我訪雷庵。暮春三月。京華十丈軟紅塵。繁櫻團錦穠於雲。香車寶馬照九陌。家家花下扶醉人。雷庵深深。芳春寂寂。主人者誰。抱膝注易。吁嗟乎。雷庵雷庵。日亦已暮。春亦已深。時會一去。何時可尋。吾願爾爲我一聲轟轟振天地。叱咤淋漓走魑魅。黨破羣聾起沉睡。蟄龍起蟄萬靈從。神州十載風雲氣。十載以後。吾與先生雷庵攜手。應憶今年花開時。滿城雲錦照春酒。

游春雜感

故鄉春色今若何。佳人天末怨微波。洛橋灞橋楊柳死。江戶長條空復多。

繁櫻壓城鶯亂飛。妬風劃地釁雪霏。東園一夜顏色盡。無復倭孃鬭舞衣。

出郛淩雨馬無力。睹墅看花人未歸。一春流潦苦妨轂。自由車含秋扇悲。自由車俗名脚踏車本約二三子鬭車爲竟日游屢次阻雨行不得也哥哥

雨餘塍塍薺麥滋。上有三五黃栗離。飛飛愼勿啄金屋。吾與爾曹俱苦飢。

讀陸放翁集

詩界千年靡靡風。兵魂銷盡國魂空。集中什九從軍樂。亙古男兒一放翁。中國詩家無不言從軍苦者惟放翁則慕爲國殤至老不衰

辜負胸中十萬兵。百無聊賴以詩鳴。誰憐愛國千行淚。說到胡塵意不平。放翁集中胡塵等字凡數十見蓋南渡之音也

歎老嗟卑卻未曾用放翁原句轉因貧病氣崚嶒。英雄學道當如此。笑爾儒冠怨杜陵。放翁集中只有誇老頌卑未嘗一歎嗟誠不愧其言也

朝朝起作桐江釣。昔昔夢隨遼海塵。恨煞南朝道學盛。縛將奇士作詩人。宋南渡後愛國之士欲以功名心提倡一世者亦不少如陳龍川葉水心等亦其人也然道學盛行掩襲天下士皆奄奄無生氣矣一二人豈足以振之

壯別二十六首

首塗前五日。柏原東畝餞之於箱根之環翠樓。酒次出縑紙索書。爲書壯哉此別四字。且係以小詩一首。即此篇第一章是也。舟中十日。了無一

事。忽發異興纍纍成數十章。因最錄其同體者。題曰壯別。得若干首。

丈夫有壯別。不作兒女顏。風塵孤劍在。湖海一身單。天下正多事。年華殊未闌。高樓一揮手。來去我何難。

丈夫有壯別。無如遠從軍。手激天河水。清夷五濁塵。蟄靈待雷雨。身世入風雲。今我胡爲者。蟲魚注古文。

丈夫有壯別。仗劍行復仇。一卮酹易水。如聞風蕭蕭。今我其蹉跎。墓草宿已凋。中夜栗然起。胥江號怒潮。

丈夫有壯別。無如汗漫游。天驕長政國。日本昔有山田長政者流寓暹羅後竟執其政 蠻長閣龍洲。哥侖布日本人譯之爲閣龍 文物供新眼。共和感遠猷。橫行天地闊。且莫賦登樓。

相送復相送。羣賢返自崖。驪歌猶上下。鴻爪已東西。波路空逾闊。樓臺望轉迷。齊州煙九點。回首渺予懷。別送別者一首

○兩邦志士送之於東京車站及橫濱海岸者百餘人送之於舟中者十餘人

莫道無家別。幷州是故鄉。思潮三派壯。日本明治間新思潮有三派一英國之功利主義二法國之共和主義三德國之國家主義 民氣百年强。國士皆知我。江山似舊行。去齊濡滯意。惶恐謝君王。別日本東京一首

東海數健者。何人似乃公。劫餘小天地。淘盡幾英雄。聞鼓思飛將。看雲感臥龍。行行一膜拜。熱淚灑秋風。別西鄉隆盛銅像一首

○像在上野公園吾於行之前一日獨詣其下頂禮而去

福地不易得。逝水何時休。偷度百忙裏。來爲竟日游。雲霓遲下界。風雨別高樓。芳草雖云好。王孫未敢留。別環翠樓一首

○樓在箱根塔之澤風景佳絕去年曾侍南海先生一遊此

罪屈家爲累。恩深報苦遲。十年慚虎變。兩月補烏私。爲懍懸弧訓。更勞陟岵思。牽衣日追從。最憶是兒時。呈別家大人一首

○余十年以來浪遊中原侍養久缺去年之變累及家屬避跡澳門今年九月家大人東來撫視余居兩月復拜別

狂簡今猶昔。裁成意若何。轍環人事瘁。棒喝佛恩多。翼翼酬衣帶。冥冥愼網羅。圖南近消息。爲我託微波。寄別南海先生一首○先生東還時在橫濱爲半日談今在香港且將有南洋之行

第一快心事。東來識此雄。學空秦火後。伯有自述昔日譚書自言其所學淵源一功就楚歌中。伯一生立於逆境作事時遇反對每挫敗而氣轉壯卒底於成余最服之大陸成爭鹿。滄瀛蟄老龍。牛刀勿小試。留我借東風。別大隈伯一首

汨汨口懸河。棱棱目如電。重圍獨往來。六合任舒卷。血淚熱在腔。肝膽瀝相見。咄哉此爲誰。毅也字子遠。別犬養木堂二首

羣公皆好我。愛我莫如君。責善情彌苦。參謀道益親。何心戀蠻觸。努力造風雲。無限分攜感。英雄髀肉新。木堂語余云日本今無事可做惟將投身於亞洲大陸耳

我昔露山會。與君爲弟兄。千劫不相遇。一見若爲情。許國同憂樂。論交託死生。如何別容易。無語只惺惺。別柏原東畝一首余與東畝爲兄弟之交

赫赫皇華記。淒淒去國吟。出匡恩未報。贈縞愛何深。重話艱難業。商量得失林。隻身浮海志。使我憶松陰。別伊藤侯一首○余去年出險之役及今次遠遊之費皆感侯之賜侯臨別慇懃有所語且舉吉田松陰蹈海事及已前者遊學時艱辛之狀以相告

文明發商界。歐米昔其鄉。徐福三千壯。橫濱中國居留人數不及三千田橫五百強。自由成具體。以太感重洋。努力宗邦事。蓬萊日月長。別橫濱諸同志一首

廣廈需材衆。羣賢集此堂。精心探哲理。分業務專長。團體相親下。機緣事擴張。莫辭文字累。綿蕝費思量。別東京留學諸友及門人三首

孕育今世紀。論功誰蕭何。華（華盛頓）拿（拿破崙）總餘子。盧（盧梭）孟（孟的斯鳩）實先河。赤手鑄新腦。雷音殄古魔。吾儕不努力。負此國民多。

我性有奇癖。貪癡似蠹魚。恨爲衆生累。不讀十年書。浮海知何補。藏山願已虛。勸君好愛惜。難得是居諸。

患難相從我。恩情骨肉親。變名憐瑪志。（瑪志尼者意大利三傑之一二十年流亡於外屢變其名）亡邸想藤寅。（吉田松陰又名藤寅早年因與同志結漫遊逃亡其邸被削籍）媿我乏恆德。半途又離羣。丈夫各獨立。毋爲吾苦辛。（再示諸門人一首○諸子相從多逃家艱辛而來今皆自隱其名於余之行也咸有戀戀不舍之色以此慰之）

一身常自主。四海等無家。合併聊相慰。分攜亦自佳。圍爐談意氣。對鏡數年華。匹馬忽飛去。黃塵帽影斜。（別內一首○內子隨侍家大人來省視相居月餘復別去）

公當從此逝。我亦恥懷居。勞燕分寥廓。魚龍待簡書。發機當起陸。養晦且懸車。珍重再相見。頭顱百戰餘。（別同別者二首）

機會滿天下。責任在羣公。塗炭寧無極。精神自可通。推心下豪傑。捷足馭梟雄。某甲雖無似。贏糧或許從。

亦有英雄淚。不向離別揮。蒼黎哀水火。社稷慘戎衣。恩怨何時報。康同與願違。勞勞精衛志。填臆涕如糜。

極目覽八荒。淋漓幾戰場。虎皮蒙鬼蜮。龍血混玄黃。世紀開新幕。（此詩成於西曆一千八百九十九年十二月二十七日去二十世紀僅三日矣）風潮集遠洋。（泰西人呼太平洋爲遠洋作者今日所居之舟來日所在之洋即二十世紀第一大戰場也）欲閑閑未得。橫槊數興亡。

詩思惟憂國。鄉心不到家。山河水漂絮。身世浪淘沙。浩蕩天風遠。駸馳白日斜。驚心自鞭影。何處不天涯。

太平洋遇雨

一雨縱橫亙二洲。浪淘天地入東流。卻餘人物淘難盡。又挾風雷作遠游。

紀事二十四首

人天去住兩無期。啼鴂年芳每自疑。多少壯懷償未了。又添遺憾到蛾眉。

頗媿年來負盛名。天涯到處有逢迎。識荊說項尋常事。第一相知總讓卿。

目如流電口如河。睥睨時流振法螺。不論才華論膽略。鬚眉隊裏已無多。

青衫紅粉講筵新。言語科中第一人。座繞萬花聽說法。胡兒錯認是鄉親。

眼中直欲無男子。意氣居然我丈夫。二萬萬人齊下拜。女權先到火奴奴。

眼中既已無男子。獨有青睞到小生。如此深恩安可負。當筵我幾欲卿卿。

卿尙粗解中行頡。我慚不識左行佉。奇情豔福天難妒。紅袖添香對譯書。

惺惺含意惜惺惺。豈必圓時始有情。最是多歡復多惱。初相見卽話來生。

甘隸西征領右軍。幾憑青鳥致殷勤。舌人不惜爲毛遂。半爲宗邦半爲君。

我非太上忘情者。天賜奇緣忍能謝。思量無福消此緣。片言乞與卿憐借。

後顧茫茫虎穴身。忍將多難累紅裙。君看十萬頭顱價。遍地鉏麑欲噬人。

匈奴未滅敢言家。百里行猶九十賒。怕有旁人說長短。風雲氣盡愛春華。

一夫一妻世界會。我與瀏陽實創之。尊重公權割私愛。須將身作後人師。

含情慷慨謝嬋娟。江上芙蓉各自憐。別有法門彌闕陷。杜陵兄妹亦因緣。

憐余結習銷難盡。絮影禪心不自由。昨夜夢中禮天女。散花來去著心頭。

卻服權奇女丈夫。道心醇粹與人殊。波瀾起落無痕迹。似此奇情古所無。

華服盈盈拜阿兄。相從談道復談兵。尊前恐累風雲氣。更譜軍歌作尾聲。

萬一維新事可望。相將攜手還故鄉。欲懸一席酬知己。領袖中原女學堂。

昨夜閨中遠寄詩。殷勤勸進問佳期。綠章爲報通明使。那有閑情似舊時。

珍重千金不字身。完全自主到釵裙。他年世界女權史。應識支那大有人。

匆匆羽檄引歸船。臨別更慳一握緣。今生知否能重見。一撫遺塵一惘然。

曩譯佳人奇遇成。每生游想涉空冥。從今不羨柴東海。枉被多情惹薄情。

鸞飄鳳泊總無家。慚愧西風兩鬢華。萬里海槎一知己。應無遺恨到天涯。

猛憶中原事可哀。蒼黃天地入蒿萊。何心更作喁喁語。起趁雞聲舞一回。

奉酬星洲寓公見懷一首次原韻

莽莽歐風捲亞雨。棱棱俠魄裹儒魂。田橫跡遯心逾壯。溫雪神交道已存。吾與寓公交一年尚未識面詩界有權行棒喝。中原無地著琴尊。寓公有風月琴尊圖圖爲一孤舟蓋先聖浮海之志也橫流滄海非難渡。欲向文殊叩法門。

書感四首寄星洲寓公仍用前韻

青史古多不平事。修門今有未招魂。西風易送殘年盡。語讖東市難爲直道存。王氣欲沈山鬼嘯。女權無限井蛙尊。瀛臺一掬維新淚。愁向斜陽望國門。

難呼精衛仇天演。天演學者泰西最近學派也此名侯官嚴氏定之欲遣巫陽筮國魂。醫未成名肱已折。法無可說舌猶存。華嚴經云明知法無可說而常樂說法吾以此二語自銘其論學之牘玄黃血裏養生主。魑魅峯頭不動尊。更有麟兮感遲暮。與君和淚拜端門。

萬千心事憑誰訴。訴向同胞未死魂。淩弱媚强天夢夢。自由平等性存存。每驚國恥何時雪。要識民權不自尊。乾有亢龍坤有戰。繫辭吾契易之門。乾上九之龍即坤上六之龍也坤本無龍象因乾之亢故不得不戰既戰而天地相交羣龍无首一切衆生皆有乾德所謂人人有自主之權也故曰乾元用九天下治也此大易之微言吾夙受持之

欲教一國培元氣。要使人人解重魂。佛即衆生因不昧。相還四大我何存。君今避地爲鑾長。我勸隨緣禮世尊。且學度他且自度。大同界即大乘門。

東歸感懷

極目中原暮色深。蹉跎負盡百年心。那將涕淚三千斛。換得頭顱十萬金。鵑拜故林魂寂寞。鶴歸華表氣蕭森。恩仇稠疊盈懷抱。撫髀空吟梁父吟。

留別梁任南漢挪路盧

吾宗有俊傑。名義何淵醰。遠慕聖之任。近思吾道南。秋氣滿中原。衆醉方沈酣。志士在江海。鬱鬱多苦心。我昔乘

槎來求友曉其音。與君一夕話。把臂遂入林。筆路闢蒿萊。事事同苦甘。豈直意氣交。每爲道義談。天下正多事。人才苦銷沈。萬里得一士此行庶不慚。慨然望澄清。與君騁兩驂。

寃霜六月零。憤泉萬壑哀。蓼莪不可誦。游子肝腸摧。魑魅白晝行。囓人如草萊。勞勞生我恩。慘慘入泉臺。悠悠者蒼天。哀哀者誰子。人孰無天性。人孰無毛裏。孰無淚與血。孰無肺與腑。海枯山可移。此恨安可補。沈沈復沈沈。怨毒乃如此。

瀝血一杯酒。與君兄弟交。君母卽我母。君仇卽我仇。況我實君累。君更不我尤。我若不報君。狗彘之不猶。勸君且勿哭。今哭何所求。磨刀復磨刀。去去不暫留。上有天與日。鑒我卽我謀。我行爲公義。亦復爲私讎。脚蹴舊山河。手提賊人頭。與君拜墓下。一慟爲君酬。萬一事不成。國殤亦足豪。雲霄六君子。來軫方且遒。誰能久鬱鬱。長爲儒冠羞。

半歲館君家。今夕行別離。居亦不言謝。行亦不言辭。君我既一體。安用區區爲。但恐江湖上。風波不可期。未知再相見。何地復何時。與君盡一杯。爲君進一詞。事苟心所安。死生吾以之。人事無盡涯。天道有推移。努力造世界。此責舍我誰。來日舒且長。大地坦且夷。與君一揮手。毋爲兒女悲。

劉荆州

二千年後劉荆州。雄鎭江黃最上游。筆下高文蠹魚矢。帳前飛將爛羊頭。（湖北洋操統領夫己氏者節度使所寵之佼僕也）忍將國難供談柄。敢與民權有夙仇。聞說魏公加九錫。似君詞賦更無儔。

次韻酬星洲寓公見懷二首并示遯庵

萬里投荒何日見九原不作與誰歸酬君駝淚和鵑血老我蓉裳與芰衣漫有揮戈迴夕照故應嘗膽療朝饑人間惜別徒多事洴澼於今遇壯飛

我所思兮在何處盧(盧梭)孟(孟德斯鳩)高文我本師鐵血買權慙米佛崑崙傳種泣黃羲寧關才大難爲用卻悔情多不自持來者未來古人往非君誰矣喻余悲

贈別鄭秋蕃兼謝惠畫辛丑三月澳洲作

魯屛漆室泣周蠢嫠緯悲謀國自有肉食輩干卿甚事胡乃長歎而累欷覆巢之下無完卵智者怵惕愚者嬉天下興亡各有責今我不任誰貸之吾友滎陽鄭志節卓犖神嶔崎熱心直欲爐天地視溺己溺飢己飢少年學書更學劍顧盼中原生雄姿此才不學萬人敵大隱於市良自嗤一槎渡海將廿載縱橫商戰何淋漓眼底駢羅世界政俗之同異腦中孕含廿紀思想之瑰奇青山一髮望故國每一念至魂弗怡不信如此江山竟斷送四百兆中無一是男兒去年堯臺殞衣帶血淚下感人肝脾義會不脛走天下日所出入咸聞知君時奮臂南天隅毀家紓難今其時悲歌不盡銅駝淚魂夢從依敬業旗誓拯同胞苦海苦誓答至尊慈母慈不願金高北斗壽東海但願得見黃人捧日崛起大地而與彼族齊騁馳我渡赤道南覿君在雪梨貌交淡於水魂交濃如飴風雲滿地我行矣壯別寧作兒女悲知君有絕技餘事猶稱老畫師君畫家法兼中外蹊徑未許前賢窺我昔倡議詩界當革

命。狂論頗頷作者頤。吾舌有神筆有鬼。道遠莫致徒自嗤。君今革命先畫界。術無與並功不訾。我聞西方學藝盛希臘。實以繪事爲本支。爾來蔚起成大國。方家如鯽來施施。君持何術得有此。方駕士蔑淩頗離。英人阿利華士蔑Oliver Smith近世最著名畫師也希臘人頗離奴特Polygnotus上古最著名畫師也一縑脫稿列梳會。君嘗以所畫寄陳博覽會評賞列第一云博覽會西名曰益士彼純Exhibition又名曰梳Show萬歐謂歐羅巴人也嘖嘖驚且眙。乃信支那人士智力不讓白皙種。一事如此他可知。我不識畫卻嗜畫。悉索無饜良貪癡。五日一水十日石。君之惠我無乃私。棱棱神鷹兮歷歷港嶼。君所贈余畫一爲飛鷹搏鷊圖一爲雪港歸舟圖皆君得志之作也雪梨港口稱世界第一畫家喜畫之而佳本頗難繚以科葛米訥兮藉以蘆絲。西人有一種花名曰科葛米納Forget me not意言勿忘我也吾譯之爲長毋相忘花蘆絲Rose即玫瑰花君所贈畫雜花烘繚穠艷獨絕畫中之理吾不解畫外之意吾領之。君不見鷙鳥一擊大地肅。復見天日掃雰翳。山河錦繡永無極。爛花繁錦明如斯。又不見今日長風送我歸。欲別不別還依依。桃花潭水兮情深千尺。長毋相忘兮攀此繁枝。君遺我兮君畫。我報君兮我詩。畫體維新詩半舊。五雀六燕慚轉滋。滕君一語君聽取。人生離別尋常耳。桑田滄海有時移。男兒肝膽長如此。國民責任在少年。君其勉旃吾行矣。

廣詩中八賢歌

詩界革命誰歟豪。因明鉅子天所驕。驅役教典庖丁刀。何況歐學皮與毛。諸暨蔣智由觀雲○君邃於佛學尤好慈恩宗因自號因明子東甌布衣識絕倫。梨洲以後一天民。我非狂生生自云。詩成獨泣問麒麟。平陽宋恕平子枚叔理文涵九流。五言直逼漢魏遒。蹈海歸來天地秋。西狩吾道其悠悠。餘杭章炳麟太炎義寧公子壯且醇。每翻陳語逾清新。噏墨嚥淚常苦辛。竟作神州袖手人。義寧陳三立伯嚴○君昔贈余詩有憑欄一片風雲氣來作神州袖手人之句哲學初祖天演嚴。遠販歐鉛攙亞槧。合與莎米謂莎士比亞及米兒頓皆歐洲近世大詩人也爲鰈鶼。奪我曹席太不廉。侯官嚴復幾道放言玩世曾皈庵。造物無計逃鎸鑱。曼歌花叢酒正醲。說經何時詩道南。湘鄉曾廣鈞重伯○君昔爲余畫扇作齊詩圖跋語云任公好余所治齊詩圖予之詩道南矣其狂率類此絕世少年丁令威。選字穠俊文深微。佯狂海上胡不歸。故山猿鶴故飛飛。豐順丁惠康叔雅君遂之節如其才。呼天不讐歸去來。海枯石爛詩魂哀。吁嗟吾國其無雷。淮南吳保初彥復○君抗疏憂國事不得達棄官歸且凍餓厚祿故人書招之不出山也

留別澳洲諸同志六首

擾擾陰陽戰。蒼生苦未蘇。民權初發軔。王會已成圖。狐兔中原惡。干戈舊歲徂。回天猶有待。責任在吾徒。

田横棲海島。敬仲隱闤廛。夙有澄清志。咸明自主權。負風能萬里。零雨已三年。幾度聞雞舞。摩挲祖逖鞭。

危矣前年事。堯臺一髮懸。攀髯回浩劫。瀝血賴羣賢。豈謂黃巾禍。更移白帝權。天津橋畔路。腸斷聽啼鵑。

歷歷漢陽樹。轟轟楚客魂。剖心儕六烈。流血爲黎元。既痛桐宮禍。逾憐精衞冤。淒涼後死者。何處訴天閽。

頗聞天下事。無易亦無難。常溜能穿石。危崖獨挽瀾。文明原有價。責任豈容寬。欲話興亡事。高樓夜色寒。

我來亦半歲。惜別猶匆匆。驪唱公無渡。鴻飛吾欲東。有盟齊海石。無淚到英雄。何物相持贈。民權演大同。

將去澳洲留別陳壽

結客瀛寰兩載餘。似君肝膽幾人俱。酒魂劍魄世無敵。君以豪飲名且善劍術熱血寒威我不如。天下苦秦誰逐鹿。宗邦微禹吾其魚。他年燕市相逢道。應識高陽舊酒徒。

鸚鵡洲頭碧血滋。黃金臺下草離離。憂時合有維摩病。君時方臥病許國寧求燕雀知。何日雲雷起潛蟄。幾回風雨誤佳期。匹夫例有興亡責。歸去來兮尚未遲。君亦有歸志

鐵血 澳洲作

鐵血無靈龍苦戰。鈞天如夢帝沈酣。故人新鬼北邙北。萬里一身南斗南。漢月有情來絕域。楚歌何意到江潭。憑高著望中原氣。昨夜西風已不堪。

澳亞歸舟雜興

長途短髮兩蕭森。獨自憑欄獨自吟。日出見鷗知島近。宵分聞雨感秋深。歸時三四月之交實南半球之秋末也乘桴豈是先生志。銜石應憐後死心。姹女不知家國恨。更彈漢曲入胡琴。

拍拍羣鷗相送迎。珊瑚灣港夕陽明。澳洲沿南太平洋岸珊瑚島最多亦名珊瑚海遠波淡似裏湖水。列島繁於初夜星。盪胷海風和露吸。洗心天樂帶濤聽。此游也算人間福。敢道潮平意未平。

蠻歌曲終錦瑟長。兔魄欲墮潮頭黃。微雲遠連海明滅。稀星故逐船低昂。繩牀簸魂夢耶覺。冰酒沁骨清以涼。如此閑福不消受。一宵何苦爲詩忙。

苦吟兀兀成何事。永夜迢迢無限情。萬壑魚龍風在下。一天雲錦月初生。人歌人哭興亡感。潮長潮平日夜聲。大願未酬時易逝。撫膺危坐涕縱橫。

自勵二首

平生最惡牢騷語。作態呻吟苦恨誰。萬事禍爲福所倚。百年力與命相持。立身豈患無餘地。報國惟憂或後時。未學英雄先學道。肯將榮瘁校羣兒。

獻身甘作萬矢的。著論求爲百世師。誓起民權移舊俗。更揅哲理牖新知。十年以後當思我。舉國猶狂欲語誰。世界無窮願無盡。海天寥廓立多時。

志未酬

志未酬。志未酬。問君之志幾時酬。志亦無盡量。酬亦無盡時。世界進步靡有止期。吾之希望亦靡有止期。衆生苦惱不斷如亂絲。吾之悲憫亦不斷如亂絲。登高山復有高山。出瀛海更有瀛海。任龍騰虎躍以度此百年兮。所成就其能幾許。雖成少許。不敢自輕。不有少許兮。多許奚自生。但望前途之宏廓而寥遠兮。其孰能無感於余情。吁嗟乎男兒志兮天下事。但有進兮不有止。言志已酬便無志。

舉國皆我敵

舉國皆我敵。吾能勿悲。吾雖吾悲而不改吾度兮。吾有所自信而不辭。世非混濁兮不必改革。衆安混濁而我獨否兮。是我先與衆敵。闡哲理指爲非聖兮。倡民權謂曰畔道。積千年舊腦之習慣兮。豈旦暮而可易。先知有責。覺後是任。後者終必覺。但其覺匪今。十年以前之大敵。十年以後皆知音。君不見。蘇格拉瘦死兮基督釘架。犧牲一身覺天下。以此發心度衆生。得大無畏兮自在游行。眇軀獨立世界上。挑戰四萬萬羣盲。一役罷戰復他役。文明無盡兮競爭無時停。百年四面楚歌裏。寸心炯炯何所攖。

澳亞歸舟贈小畔四郎

海行三十里。端居了無事。頗有素心人。晨夕相晤語。借經叩法門。觀海契圓理。本覺何湛然。大地一止水。緣以境界風。遂有波濤起。風亦不暫息。波亦何時已。勞勞器世間。衆生蓋云苦。吾儕乘願來。學道貴達旨。自度與度他。斯事一非二。投身救五濁。且勿憚生死。迴心阿佛陀。明鏡淨無滓。與君證此偈。知君定歡喜。今日入蓬海。風日逾清美。如送復如迎。山川識游子。游子歸不歸。彼岸咫尺是。

二十世紀太平洋歌

亞洲大陸有一士。自名任公其姓梁。盡瘁國事不得志。斷髮胡服走扶桑。扶桑之居讀書尚友既一載。耳目神氣頗發皇。少年懸弧四方志。未敢久戀蓬萊鄉。誓將適彼世界共和政體之祖國。問政求學觀其光。乃於西曆一千八百九十九年臘月晦日之夜半。扁舟橫渡太平洋。其時人靜月黑夜悄悄。怒波碎打寒星芒。海底蛟龍睡初起。欲嘘未嘘欲舞未舞深潛藏。其時彼士兀然坐。澄心攝慮游窅茫。正住華嚴法界第三觀。帝網深處無數鏡影涵其旁。驀然忽想今夕何夕地何地。乃是新舊二世紀之界線。東西兩半球之中央。不自我先不我後。置身世界第一關鍵之津梁。胸中萬千塊壘突兀起。斗酒傾盡豪氣迴中腸。獨飲獨語苦無賴。曼聲浩歌歌我二十世紀太平洋。」巨靈擘地鑱鴻荒。飛鼉碎影神螺僵。上有摶土頑蒼蒼。下有積水橫泱泱。摶土爲六積水五。位置落錯如參商。爾來千劫千紀又千歲。倮蟲緣蝨爲其鄉。此蟲他蟲相鬩天演界中。復幾劫。優勝劣敗吾莫强。主宰造物役物物。莊嚴地土無盡藏。」初爲據亂次小康。四土先達爰濫觴。支那印度邈以隔。埃及安息侯官嚴氏考定小亞細亞即漢之安息今從之鄰相望。地球上古文明祖國有四中國及印度埃及小亞細亞是也 厥名河流文明時代第一紀。始脫行國成建邦。衣食衎衎鄭白沃。貿遷僕僕浮茶梁。恆河鬱壯殑伽長。揚子水碧黃河黃。尼羅埃及河名一歲一泛溉。姚臺姚弗里士河臺格里士河皆安息大河名 蜿蜿雙龍翔。水哉水哉厥利乃爾溥。浸濯暗黑揚晶光。」此後四千數百載。羣族內力逾擴張。乘風每駕一葦渡。摶浪乃持三歲糧。漢書西域傳言渡西海不得風或三歲乃達西海即地中海也 就中北辰星拱地中海。葱葱鬱鬱騰光鋩。岸環大小都會數百計。積氣淼淼盤中央。自餘各土亦爾爾。海若凱奏河伯降。波羅的與亞剌伯。二海名 西域兩極遙相望。亞東黃渤謂黃海渤海 壯以闊。亞西尾閭身毒洋。謂印度洋 斯名內海文明時代第二紀。五洲寥邈殊未央。」蟄雷一聲百靈忙。翼輪降空神鳥翔。哥侖布初到美洲土人以爲天神見其船之帆謂爲翼也 咄哉世界之外復有新世界。造化乃爾神祕藏。閟龍日本譯哥侖布以此二字 歸去舉國狂。帝者挾幟民贏糧。談瀛海客多於鯽。莽土倏變華嚴場。碣來大洋文明時代始萌蘖。亙五世紀堂哉皇。其時西洋謂大西洋 權力漸奪西海謂地中海用漢名也 席。兩岸新市星羅碁布氣燄長。虹長世界風潮至此忽大變。天地異色神鬼瞠。輪船鐵路電線瞬千里。縮地疑有鴻祕方。四大自由謂思想自由言論自由行爲自由出版自由 塞宙合。奴性銷爲日月光。懸崖轉石欲止不得止。愈競愈劇愈接愈厲。卒使五洲同一堂。流血我敬伋頓曲。覓得檀香山澳大利亞洲者後爲檀島土民所殺 衝鋒我愛麥寨郎。以千五百十九年始繞地球一周者 鼎鼎數子隻手挈大地。電光一掣劍氣磅礴太平洋。」太平洋。太平洋。大風泱泱大潮滂滂。張肺歙地地出沒。噴沫衝天天低昂。氣吞歐墨者八九。況乃區區列國誰界疆。異哉似此大物隱匿萬千載。禹經亥步無能詳。毋乃吾曹軀殼太小君太大。棄我不屑齊較量。君兮今落我族手。游刃當盡君所長。吁嗟乎今日民族帝國主義正跋扈。俎肉者弱食者强。英獅俄鷲東西帝。兩虎不鬬羣獸殃。後起人種日耳曼。國有餘口無餘糧。欲求尾閭今未得。拚命大索殊皇皇。亦有門羅主義北美合衆國。潛龍起蟄神采揚。西縣古巴東菲島。中有夏威八點煙微茫。太平洋變裏湖水。遂取武庫廉奚傷。蕞爾日本亦出定。座容卿否費商量。我尋風潮所自起。有主之者吾弗詳。物競天擇勢必至。不優則劣兮不興則亡。水銀鑽地孔乃入。物不自腐蟲焉藏。爾來環球九萬里上一砂一草皆有主。旗鼓相匹强權强。惟餘東亞老大帝國一塊肉。可取不取毋乃殃。五更肅肅天雨霜。鼾聲如雷臥榻傍。詩靈罷歌鬼罷哭。問天不語徒蒼蒼。」噫嚱吁。太平洋。太平洋。君之面兮錦繡壤。君之背兮修羅場。海電兮既沒。艦隊兮愈張。西伯利亞兮鐵路卒業。巴拿馬峽兮運河通航。爾時太平洋中二十世紀之天地。悲劇喜劇壯劇慘劇齊鞈鞺。吾曹生此豈非福。飽看世界一度兩度兮滄桑滄桑兮滄桑。轉綠兮廻黃。我有同胞兮四萬五千萬。豈其束手兮待僵。招國魂兮何方。大風泱泱兮大潮滂滂。吾聞海國民族思想高尚以活潑。吾欲我同胞兮御風以翔。吾欲我同胞兮破浪以颺。」海雲極目何茫茫。濤聲徹耳逾激昂。鼍腥龍血玄以黄。天黑水黑長夜長。滿船沈睡我彷徨。濁酒一斗神飛揚。漁陽三疊魂慴傷。欲語不語懷故鄉。緯度東指天盡處。一線微紅出扶桑。酒罷詩罷但見寥天一鳥鳴朝陽。

秋夜

秋色不可極。秋心無定端。酒顏爭葉瘦。詩骨挾風酸。箋脆吹愁急。燈寒煮夢難。那堪淡黃月。弄照到更闌。

楚卿至自上海小集旋別賦贈

如此江山天不管。最難風雨子來前。且乘健會酬詩債。頗惜多情誤佛緣。君常有出世志剗地北風長颯颯。出山泉水始涓涓。伯牙未老成連在。肯爲佳人理絕弦。

渡江急雨起勞歌。佇苦停辛意若何。君詩急雨渡春江狂風入秋海辛苦總爲君可憐君不解吾最賞之慣看九州泥滑滑。絕憐餘子舞傞傞。茲行儻有圖南翼。稍縱將成已逝波。懷此驚心各鞭影。未須惆悵別離多。

曉來

曉來馨艷盈懷抱。采得幽蘭欲贈誰。坐對青山相嫵媚。夢回白日已侵馳。未除豪氣供詩健。擬祓清愁惜酒醨。旋陟升皇忽反顧。似聞鶗鴂妒蛾眉。

自題新中國未來記

無端忽作太平夢。放眼崑崙絕頂來。河嶽層層團錦繡。華嚴界界有樓臺。六洲牛耳無雙譽。百軸麟圖不世才。掀髯正視羣龍笑。誰信晨雞驀喚回。

卻橫西海望中原。黃霧沈沈白日昏。萬壑豕蛇誰是主。千山魑魅閱無人。青年心死秋梧悴。老國魂歸蜀道難。道是天亡天不管。蝎來予亦欲無言。

題東歐女豪傑代羽衣女士

磊磊奇情一萬絲。爲誰吞恨到蛾眉。天心豈厭玄黄血。人事難平黑白棋。秋老寒雲盤健鶻。春深叢莽殪神䲁。可憐博浪過來客。不到沙丘不自知。

天女天花悟後身。去來說果復談因。多情錦瑟應憐我。無量金鍼試度人。但有馬蹄懲往轍。應無龍血灑前塵。勞勞歌哭誰能見。空對西風淚滿巾。

愛國歌四章

泱泱哉。我中華。最大洲中最大國。廿二行省爲一家。物產腴沃甲大地。天府雄國言非誇。君不見英日區區三島尚崛起。況乃堂堂吾中華。結我團體。振我精神。二十世紀新世界。雄飛宇內疇與倫。可愛哉。我國民。可愛哉。我國民。

芸芸哉。我種族。黄帝之胄盡神明。寖昌寖熾徧大陸。縱横萬里皆兄弟。一脈同胞古相屬。君不見地球萬國戶口誰最多。四百兆衆吾種族。結我團體。振我精神。二十世紀新世界。雄飛宇內疇與倫。可愛哉。我國民。可愛哉。我國民。

彬彬哉。我文明。五千餘歲歷史古。光燄相續何繩繩。聖作賢述代繼起。浸濯沈黑揚光晶。君不見蝎來歐北天驕驟進化。寧容久扃吾文明。結我團體。振我精神。二十世紀新世界。雄飛宇內疇與倫。可愛哉。我國民。可愛哉。我國民。

轟轟哉。我英雄。漢唐鑿孔縣西域。歐亞摶陸地天通。每談黃禍我且慄。百年噩夢駭西戎。君不見博望定遠芳蹤已千古。時哉後起吾英雄。結我團體。振我精神。二十世紀新世界。雄飛宇內疇與倫。可愛哉。我國民。可愛哉。我國民。

大同同學錄題辭四十韻

大道久陵夷。禮闕求諸野。司成失其職。學統斯在下。麗澤盍朋簪。邑風闢帷舍。往往私閑中。間出千里馬。況自海禁開。域外梯航跨。學軍不自張。萬古將長夜。蓬萊水清淺。彼岸搆廣厦。其名曰大同。孔法通郵借。肇始丁戊間。作人擬兔罝。其時學塗湮。舉國若聾啞。故見嚴自封。新知駴相詫。豈聞乘韜勸。動遭按劍罵。海外一靈光。幸被斤斧赦。巋然十稔餘。匹儔邈焉寡。前後所養士。來去相銜射。千金寶驊騮。百年樹梧檟。駿足已絕塵。駑者亦十駕。小草猶遠志。大器漸拱把。文或摹退之。詩或躡白也。商或慕程倮。工或顓弓冶。師擬申伏倫。政矢管蕭亞。從軍志裹革。騁辯思炙輠。或航西海西。而養連城價。或與彼都士。競此牛耳霸。或旋父母邦。觀禮預賓蜡。或留作都講。廣我時雨化。更有女嬋媛。含淑以揚雅。德容託紘佩。慧質發蘭麝。織文鮫幅抽。摛藻銀雲瀉。濟濟既多才。翩翩方來御。信能葆厥美。亮足光諸夏。吾聞士求學。有若農力稼。越以懼起衰。齊以矜失伯。德欲進無疆。功在鍥不捨。所以古哲人。罔敢或自暇。緝熙日光明。才竭敢云罷。盈科達滄溟。覆簣作泰華。興亡匹夫與。斯責疇能謝。尼父畏後生。魏后思來者。三復老生談。敢以告司社。

舟中作詩呈別南海先生

狂簡今猶昔。裁成意若何。甲鳴臣罪重。棒喝佛恩多。翼翼酬衣帶。冥冥愼網羅。圖南近消息。爲我託微波。

此爲吾上南海先生書簡末裁出者。計其年當在甲辰乙巳間。詩尙不大惡。簪伯於其父執手蹟搜羅不遺餘力。廢簏故紙。珍若球璧。此數行存之。足備史料。尙非無用耳。戊辰夏。啓超自跋。

送士爾扈特王歸國

當代天驕甯。白帝漢家右臂有烏孫。漢烏孫國，今土爾扈特所居也。三年橫海心逾壯。何日登壇衆共尊。此去承明對宣室。宄聞訏策起黎元。羯來學士虛聲賤。知賴君王雪此言。

憐余攬轡澄淸志。廿載銷磨苦未降。哿矣蒼生待霖雨。泫然紅淚臥滄江。塵中遇子嗟何晚。海內論才已少雙。怊悵臨分奚所贈。淺詩惟媿不成邦。

送長綏卿歸國

楚蘭渺渺思公子。漢月依依送使君。空谷天寒仍翠袖。長安西望有浮雲。誰令嫠婦憂王室。稍喜閑官似廣文。此去素衣好珍重。帝城塵影正紛紛。

門句分曹不肯休。鐘聲夜徹寶雲樓。墜懽一往誰當拾。來日方難惜暫留。遙指海雲生別岸。好持明月壓歸舟。臨歧吉語聊相慰。無雨無風過此秋。時宮廷之變方亟

聯句寄懷蛻菴次韓孟同宿聯句（麥孟華字孺博又字蛻庵）

健翮鎩驚弦。奇骨銷積譖。超 秋鏡髩華改。春衫淚痕浸。博 警眚失怒鷹。通勤誤媒鴆。超 跨鳳爾吹簫。聞雞我推枕。博 淪落各異地。懷想詎可任。超 愁心千盞消。別夢一鐙禁。博 懸知抱蘭性。匪肯甜松蔭。超 員顱好誰斫。長舌巧未矜。博 病放生酒惡。窮工踐詩讖。超 市中罏可當。廡下舂亦賃。博 且歡昔昔鹽。豈恤牀牀滲。超 最憐半載別。久廢十日飲。博 樹萲秖益憂。蓄艾詎祓祲。超 逐貧貧不去。闞恨恨愈闖。博 惦爾金玉閟。靳我心脾沁。超 題詩增歎吁。拔劍惹叱唶。博 因想雁到時。微吟伴秋紝。超

荷蕣攜婦東渡將至喜賦次韓孟會合聯句韻與若海聯句

别程千里遙。歸諾百金重。博 春心邈難託。秋色來方勇。超 望欲雙眼穿。吟空兩肩聳。博 溫溫玉茗生。儁才若泉湧。超 心盟寶劍寒。胸洗俗塵壅。博 讀莊辭龜手。學墨矢放踵。超 逃虛避時俗。卜築傍邱壟。山林興方長。風波夢猶恐。博 一墩王爭謝。為荷蕣賃一廡在孤墩上荷夙所愛也 扁舟蠡笑種。非閱滄海變。豈省浮雲冗。超 歸妹筮靈爻。搜神發祕塚。博 勞勞謝世韤。娟娟媚新寵。超 履綦印昔塵。畫鐙儆今栱。博 春來遠遊倦。影事常恟恟。超 黃金交易散。赤心主難奉。博 足已藹迷陽。血幾膏沐腫。超○沐腫食人獸見山海經 人竈突豈曾黔。梟比怯再擁。蛾眉遭衆嫉。素心向誰捧。潛身空學蠖。哀歌但

和蛩。博 汲古發遙想。禮佛療塵𧇾。賃廡偕鴻光。盍簪得脩鞏。即此戰窮愁。已足鞭傷鱒。超 補牢羊誰亡。避弋鳥休悚。博 眼界洗空華。心經薙荒茸。超 安神閨房內。雜佩聽鳴珙。況當秋氣佳。禾黍正被隴。博 尋壑究窈窕。觀濤狎洶溶。超○荷所居臨大海 逍遙謝鞿鞚。束縛脫梏拲。博 面壁觀道心。當窗出高冢。超○所居後爲叢冢 且爲隱霧豹。肯作縛繭蛹。博 別腸一萬周。佇足三百踊。超 炙待燒牛心。毛休吹鳥氄。博 經營創新巢。洞達若禁甬。超 來帆尚早發。勿畏海濤洶。博

次韻酬蛻庵見寄

闕人成世更千變。際地蟠天感百端。學道久知齊得喪。多情誰遣有悲懽。欲從屈子酬天問。卻讀韓非悟說難。料想黃昏倚脩竹。袖羅胝胝度微寒。

隱几可能吾喪我。陟隍方歎國無人。相將濡沫愁師友。忽復哀吟動鬼神。蒼莽雞聲發深省。騰拏龍性未全馴。不辭見卵求時夜。日日循牆視鎰輪。

附原作 任甫書來規慰至摯然區區之意似有未盡深知賦此答之

鬱鬱孤懷不可寬。天迴地動總無端。定知憂患是何物。坐閱飛沈賸古懽。半局敗棋驚叔急。九州放眼覺才難。箸書合是窮愁事。敢怨空山薜荔寒。

吾曹所學期能信。風雨雞鳴更幾人。倘有龍泉知此意。豈愁牛斗不能神。六州鑄錯嗟何及。十擲成犍氣未馴。哀樂中年陶寫盡。祇餘肝胆尚囷輪。

既雨

旣雨復晴晴復雨。誰從反覆驗天心。好秋散擲將逾半。貞士羈窮不自今。臨水登山供悵望。搔頭負手費沉吟。猶嫌念死悲生意。不及江流一往深。

偶成

須磨海畔一茆亭。魚浪吹空晝杳冥。山與亂帆爭出沒。客尋殘葉說飄零。蟲沙寧用知生死。賢聖能來共醉醒。萬里驚飆欻地至。招邀愁魄入深扃。

欲雪

陽烏深自蟄。九垓嗒如睡。海氣失澄練。松色寒晚翠。有客圍書坐。傾榼不成醉。悄然視集霰。懔懔識天意。

臘八小飲

伏臘園林萬木凋。無情淸夜更迢迢。客懷澒洞詩囊窄。鄉思低迷粥鼓遙。坐久晚寒方自警。與闌杯酒不相饒。可憐年運垂垂盡。金爐依人共寂寥。

若海自稱其書已脫古公役屬要我承爲獨立國作詩嘲之

化工於物無私愛。予之翼者兩其足。並時詩人鮮曉書。亦若廉公厭糟麴。叔度才如千頃波。可惜墨池撓太濁。謂黃公度子昂風骨雲中鶴。書乃意造徒拙速。（謂陳伯嚴）君於詩文得神悟。故合命騷供奴僕。胡爲半生弄柔翰。至竟持術乖入木。結體磊落堆亂石。作勢縱横森惡竹。有時匆匆學作草。見者箝口不能讀。（君昔學書譜，儕輩每得其一札，輒苦於作釋文）塗鴉騰誚吾豈敢。墨豬爲謚未云酷。賣身昔爲朱家奴。（謂朱古薇侍郎）刻鵠不成尚肖鶩。今拔赤幟依趙幟。（謂趙堯生侍御）失利更類空壁逐。逃楊逃墨亦奚擇。等是受羈苦局促。曹鄶淺陋還可治。向極附庸何能轂。頗怪夜郎不知量。妄希槃敦分珠玉。似我猶恥爭滕長。況乃晉楚馳九牧。徑摽使者出大門。不畏惡聲買怨毒。請君詩成付人寫。阿買誰歟有梁鵠。

若海頗思折節治世俗之學要吾爲之誦說期以半歲盡吾所有寄詩堅明約束且促其來

生平頗恨魯兩生。不學叔孫知世務。不然起爲漢制作。豈有痛哭煩賈傅。又恨杜陵老布衣。空讀萬卷如枯蠹。致君有道苦無術。飢餓荒山羞紈袴。由來能事不相兼。往往坐起成參遝。君才有如不羈馬。久恥噣啄儕雞鶩。我如白頭豕自獻。詹詹弗直君一顧。何期懷寶殊未廉。睞眄復及寶康瓠。蓄志奪我千金帚。要我驅除踏先路。我生識字常患多。君亦久受儒冠誤。何苦肝腎相鏤刻。更令眼界益雺霧。世人慣作鴟嚇鵷。毋乃投珠君逢怒。玩世故效時世粧。剪取新縑澤故素。嗟我鼯鼠祇五技。安有閉拒能自固。卻恐相如渴已泰。術取君家金盤露。蓬萊涉冬水清淺。似聞已可一葦渡。息壤在彼吾其夸。請君遂來取武庫。

若海賦長句二章呈南海先生先生依韻屬和余亦繼聲

十年地老復天荒。太息勞人自不徨。寥落乾坤幾師友。縱橫風雨語行藏。含情到死勞精衛。賢德何年下鳳皇。酒醒欲論天下計。海雲無際月蒼蒼。

邅道崑崙最上頭。哀鳴鴻鵠欲何求。靜觀人我成雙遣。醉撫河山動百憂。唱歎尙聞清廟瑟。黎元側望濟川舟。九洲水闊兼天遠。吾道何時得少休。

連夕與弱庵侍南海先生話國事疊前韻再呈

永夜中天月色荒。對論世難各徬徨。已驚草澤妖氛急。況有蕭牆隱禍藏。俗變蘭荃成糞壤。時來雞犬坐堂皇。橫流滄海知何屆。淚眼低徊叩彼蒼。

淅米矛頭炊劍頭。彼昏方謂我何求。時賢各有菟裘想。吾鄙空懷漆室憂。落日長圍吹敗角。黑風獨夜纜孤舟。易終未濟誰能識。只是江潭恨不休。

三疊均贈若海行

飄然一劍井閭荒。將母懷歸久不徨。擊手鯤身思變化。初陽龍氣暫潛藏。古人事業思博陸。今日公才望贊皇。遙想驊騮開路處。雄姿回立向蒼蒼。

堂堂七尺戴吾頭。漫向驪黃牝牡求。天地生才原有用。生平所學在先憂。治才亂絲用刀斧。勳業堂坳汎芥舟。待取山僧煨芋熟。五湖煙浪共歸休。

南海先生以灑士金字陵銅俑舍衞佛講堂旛雅典陶尊邦溥殭石耶路撒冷羣卉圖見贈賦謝

先倉聖生不計年。埃及鳥跡肇書契。其王取精强魂魄。錮山爲槨不辭泰。水銀之海金鳧雁。士花滋養成深翠。爾來發冢遭羣儒。匣襦往往出人世。希臘蝗怒當波斯。敵軍百萬一夜碎。九流道術盛雅典。巧膄物華起人僞。義尊偶存陶穴風。畫象已肖武梁製。羅馬宅邑火山麓。四征八討氣橫厲。當時盛美今誰見。樂苑馳道識一二。千年刼灰護嚴城。百俗侏儁列層隧。自有髑髏語掌故。不假輿服搜圖志。歐洲文物祖三國。華實嬗變燿諸裔。論世差比姚姒姬。每誦楚檮亦神會。泰東之西泰西東。舍衞迦南兩靈地。世尊唯心帝子血。示現皆爲一大事。布金園中花雨深。十萬天龍共遊戲。只金閣浮金色收。夜夜風旛說三昧。景教流行張大秦。坏土哀耗淪非類。三百年間十字軍。草木蕭槮挾兵氣。我生望古輒遙集。矧茲政教之所繫。芒鞵選勝未可期。青簡夢緣空自媿。吾師標新率天下。癖古迺非人所計。游洛蚤交潘盛王。盡鑑鼎彝校碑記。翫世著書十四卷。到今雞林紙爲貴。飄然一笻出九州。大地逆旅隨緣寄。莊嚴徧稱千聖跡。因革遂窮百王祕。磊磊百廿國寶書。行縢捆作牛腰大。尤寶遠物抱殘缺。薏苡明珠未容諱。雙濤閣前月如銀。寂寞玄室栖人外。忽然遠餉降五絕。吉光一夜生牖際。空堂旛動心不動。大法護持得無畏。花前莫管尊深淺。問天亦可澆壘塊。天末百卉皆顏色。招我多情夢叢桂。袖中卷石挾西海。却視仇池笑自鄙。最是銅仙去不還。懷抱與我同侘傺。天荒地老六千年。相思涸盡如鉛淚。吁嗟教宗與霸圖。擾擾塵中幾成壞。歷刼誰知獨我尊。是時有人偶爲帝。萬古相望隙易過。千金自享帚既敝。明知法尚無可說。况乃一物勞沾灃。遙夜摩挲發遐想。素月流天水東逝。

中秋前一夕送蕭立誠歸國

多情明月如繭素。可惜秋空易煙霧。佳人蹋月自宵征。不畏秋痕襲行屨。昏昏燈火雙濤園。主人示疾無一言。扁舟明發度蒼莽。頭白相思花燼繁。

毅安弟乞書

吾道將安適。蒼生正苦艱。月華寒兩戒。雲氣隱千山。渡海求秦藥。懷沙葆楚蘭。慣聞啼鴂語。莫便損朱顏。

丁未七月

送徐良遊學美洲

家國無窮事。辛勤送汝行。求林脩健翮。破浪試初程。敬慎崇明德。殷憂答父兄。莫將名世業。忽忽換虛聲。

通家亦兩代。從我況三年。流水悲前跡。名山待後賢。寥天問冰雪。遙夜視山川。料得滄桑後。逢君月又圓。

寄懷仲策弟美洲

有弟天教在遠方。伯勞飛燕苦參商。(一作東西勞燕若爲忙)夢魂渡海時尋覓。畫像相看各老蒼。是處湖山淹望眼。幾回風雨盪迴腸卻思四五年前事。秋雨空山共一牀。

人生七十已半過。心事百千無一成。急雨暮潮迴短棹。故園叢菊負初英。我慚搏兔盧輸力。君學屠龍莫近名。來歲蓬瀛春事早。倘堪攜手繞花行。

譬伯不知從何處得我二十年前舊稾詩學宋頗傷甜滑但時俗劣覆覽顏恧戊辰季夏啓超

效昌黎雙鳥詩贈楊晳子

雙鳥中州來。飛飛到海外。相伴鳴不休。遘閔聲逾大。調調與刁刁。應之發羣籟。雷鼓韃天閶。神物駭狼狽。六鼇失恬夢。三山迭砰磕。謂言八極寬。遨騁以滂沛。高明買神惡。忽與罡飆會。兩鳥各掉頭。錯迕若擊軑。一鳥被縶囚。齪齪乃伍噲。舉翮觸羅網。引吭哽塵壒。未能忍鶂笑。苦欲效蟬蛻。一鳥絕於天。投畀不帲蓋。歲寒竹實彫。稻粱固難匃。有時發嘵嘵。聞者謂自鄶。兩鳥互省愆。何用取鉗釱。形滯或帝命。神接其我奈。風雨滿天地。遙夜各翔噦。萬江不能阻。千山不能害。一鳴地維竦。再鳴海塵汰。還當三千秋。相酬不爲泰。

聞英寇雲南俄寇伊犂感憤成作

涕淚已銷殘臘盡。入春所得是驚心。天傾已壓將非夢。雅廢夷侵不自今。安息葡萄柯葉悴。夜郎蒟醬信音沈。好風不度關山路。奈此中原萬里陰。

南海先生倦遊歐美載渡日本同居須磨浦之雙濤閣述舊抒懷敬呈一百韻

弘道宗先覺．安危仗大賢．行藏關一世．歌泣話千年．先德如陳實．求師得薛瑄．先王父訓導公曾從學於康連州先生連州實先生之祖淵源從此大．辟咡記曾傳．夫子承家學．諸天舊散仙．卷舒身萬億．出入界三千．乘願來塵濁．能仁念泯顓．陳詩夢周魯．窮易得坤乾．名世應時出．奇懷與俗慭．罪言資貝錦．小隱託丹鉛．萬木南天秀．羣英東井聯．天龍同法會．春夏盛歌絃．我以年家末．躬陪弟子員．識仁思負荷．聞道悵高堅．霧挹波千頃．頑開石一卷．傳心時中義．授記大同篇．曲突誰當徙．明膏合自煎．正當令狐役．憶共孝廉船．傾袖爭和戰．鋒芒讐佞便．甘陵傷禍始．濠濮返天全．桂樹幽幽綠．衡雲鬱鬱連．自乙未公車上書從先生以開强學會爲當道所忌避地桂林余居上海尋應湖南學堂之聘寸心波共遠．兩載月同圓．亦有江湖興．其如大夏顛．謀曹驚百鬼．救宋走重跰．丁酉十月膠旅告警先生奔走詣闕上書冒死猶言事．孤忠竟格天．啓心容傳說．神武是周宣．謇謇陳王道．兢兢捧御筵．瞻依唐日月．整頓漢山川．小子才無似．同時席屢前．元良常握髮．多士許隨肩．百日建新極．羣生解倒懸．文萌監二代．廟戰懾三邊．謂是明良合．應將國恥湔．妖讖來鴟羽．博禍起龍涎．風折垂天翼．雲霾太白躔．車中驚有布．殿上失誅嫣．痛哭承衣帶．間關度陌阡．未容身蹈海．空有淚如泉．同盡哀巴肅．何辜譴鄭虔．微軀仍戀闕．敵愾但空拳．戊戌八月余出京後先生四日繞樹俱三匝．投荒共一廛．淒涼王粲賦．慘憺子卿氈．消息房州斷．憂傷絕域牽．秦庭無路哭．吳市更誰憐．客睡方難著．凶聞況屢扇．將軍斗米道．王母水衡錢．主器如棋置．佳兵玩火燀．豺狼橫輦轂．蛇豕鬭幽燕．竟以千秋業．翻從一擲捐．陳騷西極馬．險失北門鍵．隴塞聞鈴雨．滹沱孰棗饘．諸侯娛棧豆．逐客泣蘭荃．籲帝知何補．呼羣共式遄．丸泥塡瓠子．援日入虞淵．鶉首天方醉．精禽力已綿．分攜瞻斗柄．行邁卜筳篿．杖履隨春遠．芒鞵踏地穿．馱經追法顯．鑿空陋張騫．舍衞衡泥入．須彌倚壑眠．夜吟紅海月．曉碾落機煙．突厥宮依壘．波斯寺禮祆．火山遺市掩．獅首古陵鐫．陳迹原堪弔．新華亦可搴．仁賢友僑肸．掌故問聃籛．政教三千禩．

圖經二十編。先生有二十國遊記質文資損益。成壞說因緣。反顧憂髮緯。傷心拜杜鵑。蕭蕭髭鬓白。冉冉歲時遷。四塞祲氛惡。羣黎疾厄騈。昊天何不弔。恨海耿難塡。蛇影聞殊變。龍胡叵少延。哀哀身莫贖。惓惓淚長懸。夙謂新吾國。終焉藉主權。霸圖從已矣。前事倍潸然。蕭瑟哀時客。羈愁瘴海壖。生憎花的皪。可奈水潺湲。極目隨回雁。驚魂墮跕鳶。江山已寥落。吾道況屯邅。永憶達函丈。相望閡海田。公私幾憂患。毀譽兩拘攣。望眼窮天末。心期託素箋。索居書咄咄。示疾念拳拳。潮拍須磨浦。樓開八九椽。海風猶可吸。時卉亦能妍。舊有爲鄰約。中間百累纏。亂離重捧手。欣喜欲忘筌。青史遲陳範。吾廬合草玄。論詩酬二鳥。講學待三鱣。卽此甘幽屏。何由墮象詮。功名原失馬。流俗任憐蚿。卻上高樓望。翻然萬感闐。楚雲常漠漠。漢月自娟娟。時節催啼鴂。芳心委暮蟬。吾徒空老大。何地足回旋。萬姓方瞻止。千金尙愼旃。員輿正杌隉。間氣必騰騫。超也駑思駕。猶之埴在埏。立誠常惕若。未濟卜終焉。物役情何極。心齋地幸偏。潮音惟喜受。暫擬住初禪。

須磨寺訪梅正月二十日

羣童氣作竹筒吹。爭報梅花已滿枝。强起扶攜來野寺。相憐幽獨負歡期。繁香經雨半零落。一樹栖巖稍振奇。欲覓潘生高會處。女王碁迹沒多時。坡公以正月二十日偕潘郭二生觀梅女王城東禪莊院有詩其後屢續舊游疊韻所謂已約年年爲此會也去年花時正與若海同游故末章及之

枕上作

最有蒼茫意。寧堪寂寞思。耽詩分睡課。中酒失齋期。稍稍潮喧枕。濛濛月鑑帷。萬方皆夢裏。悽絕聽雞時。

春朝漫句

春夢無拘檢。一夜墮蒼莽。聞兒讀楚辭。倚枕忽悄悵。

二

窗前兩好鳥。提耳戒夙興。豈不惜芳節。繁霜亦可懲。

三

朝陽無端麗。可以晞我髮。熱然步荒庭。草露涴布韈。

四

至道信幽遠。尋之亦有倪。松罅片帆出。花底一雞啼。

子剛自哈爾濱歸上海寄詩問訊

吾宗知閱幾憂患。倔強還能與我同。小隱直投窮髮北。勞歌時唱大江東。鬢邊朔雪迎年白。夢裏吳花到眼紅。更可深藏學良賈。時平端不用材雄。

寄懷若海即促其東渡用問訊子剛篇韻

不見故人積歲月，蒼然懷抱與誰同。歸歟我記烏頭白，行矣君宜馬首東。杯酒或關天下計，園花時吐去年紅。莫令憔悴憂傷意，損爾飛揚跋扈雄。

寄懷何翽高外部 藻翔

巖電爛爛何楊夏。南海先生順德二直歌有巖電爛爛夜騰霜之句 握髮慭然今似誰。白首爲郎應自笑，科頭對客尙能奇。年華鬢老花飛後，世事圖窮匕見時。述君惠書中語意 況復參商不可見，沈沈山海耿相思。

戊申初度

虛牝黃金强自寬，蹉跎三十五年間。春華冉冉駒奔隙，吾道悠悠羊觸藩。頗悔文章難用世，永懷君國且加餐。兒曹謾祝今年健，試與摩挲髀肉看。

一出修門已十秋，黃華見慣也應羞。無窮心事頻看鏡，如此江山獨倚樓。何處平蕪下秋隼，卻憐滄海著沙鷗。尊前百感君休問，哀樂中年未易收。

臘不盡二日遣懷

淚眼看雲又一年。倚樓何事不淒然。獨無兄弟將誰懟。長負君親只自憐。天遠一身成老大。酒醒滿目是山川。傷離念遠何時已。捧土區區塞逝川。

其夕大風雨徹旦不寐重有感

三十年前心上事。爲誰千轉入中腸。學裁春勝同依姊。泥索年餻各喚娘。此日天涯空涕淚。他年夜雨莫思量。却緣詩夢翻無寐。送我何由致汝旁。

元日放晴二日雨三日陰霾

入春三日覺春深。隔日春如判古今。容我瞢騰行坐臥。從渠翻覆雨陰晴。擁鑪永夕成微醉。袖手看雲得短吟。落盡檐花無一語。百年誰識此時心。

奉懷南海先生星加坡兼敦請東渡

近聞作計又圖南。渺渺離思孰可堪。自是鵾鵬辭斥鷃。不關螻蟻制鱣鱏。一冬霜雪蕭蕭鬢。滿地煙塵肅肅驂。遙想卜居問詹尹。竭來詩句徧江潭。

共有千秋萬古情。爲誰歲歲客邊城。讒言苦妒齊三士。世務寧勞魯兩生。漢月依微連海氣。蠻花悱惻吐冬榮。相逢莫話中原事。恐負當年約耦耕。

不道桃源許再來。舊時魚鳥費疑猜。風吹弱水蓬萊近。春逐先生杖履回。萬事忘懷惟酒可。先生惠書有萬事不掛眼終身常避人語十年有約及櫻開。先生以己亥二月去日本有詩云櫻花開罷我來遲我正去時花滿枝半歲看花住三島盈盈春色最相思何時一舸能相即。已剔沈槍掃綠苔。

秋風斷藤曲

秋笳吹落關山月。驛路青燐照紅雪。大國痛歸先軫元。遺民泣濺威公血。遺民哀哀箕子孫。篳路襤褸開三韓。避世已忘秦甲子。右文還見漢衣冠。鯤鰭激波海若走。西方美人東馬首。漢陽諸姬無二三。胸中雲夢吞八九。其時海上三神山。劍仙畸客時往還。陳摶初醒千年夢。陶侃難偷一日閑。中有一仙擅猾變。術如赤松學曼倩。移得瑤池靈草來。種將東海桑田徧。樓台彈指已莊嚴。年少如卿固不廉。脫穎錐寧安舊橐。發硎刀擬試新銛。嗚呼箕子帝左右。聽庳不恤充如癭。天外愁雲盡楚歌。帳中樂事猶醇酒。偪陽自幸僻在戎。虞公更恃晉吾宗。謂將犧玉待二境。豈有雀角穿重墉。頻年一鄭鬭晉楚。兩姑之間難爲婦。寧聞鷸蚌利漁人。空餘魚肉薦刀俎。大雞鍛冠小雞雄。追啄虫蟻如轉蓬。事去已夷陳九縣。名高還擁翼諸宗。北門沈沈扃嚴鑰。臥榻寧容鼾聲作。趙質方留太子丹。許疆旋戍公孫獲。皤皤國老定遠侯。東方千騎來上頭。腰懸相印作都統。手搏彫虎接飛猱。狙公賦芧恩高厚。督我如父煦如母。誰言尭樹靡西柯。坐見齊封作東畝。我澤如春彼黍離。新亭風景使人疑。人民城郭猶今日。文武衣冠異昔時。笑啼不敢奈何帝。問客何能寡人祭。秦庭未返申子車。漢宮先擁上皇篲。十萬城中旭日旂。最憐沈醉太平時。蔡人呼舞迎裴度。宛馬駸馳狎貳師。不識時務誰家子。乃學范文祈速死。萬里窮追豫讓橋。千金深襲夫人匕。黃沙捲地風怒號。黑龍江外雪如刀。流血五步大事畢。狂笑一聲山月高。前路馬聲聲特特。天邊望氣皆成墨。闍門已失武元衡。博浪始驚倉海客。萬人攢首看荆卿。從容對簿如平生。男兒死耳安足道。國恥未雪名何成。獨漉獨漉水深濁。似水年年恨相續。咄哉勿謂秦無人。行矣應知蜂有毒。蓋世功名老國殤。冥冥風雨送歸檣。九重撤樂賓襄老。士女空閭哭武鄉。千秋恩怨誰能訟。兩賢各有泰山重。塵路思承晏子鞭。芳鄰擬穴要離冢。一曲悲歌動鬼神。殷殷霜葉照黃昏。側身西望淚如雨。空見危樓袖手人。

游日本京都島津製作所贈所主島津源藏

我昔讀易稽先德。孔制作者唯聖王。範金合土揉斲木。其人皆配明帝皇。羲繩燧燧神農藥。黃帝舟車堯垂裳。民到於今受其賜。考工所記尤周詳。鄭刀宋斤魯之削。燕函粵鏄各有良。輪輿築冶鳧㮚段。鮑韗韋裘鐘匡㡛。卓哉王官守之世。命氏以爇千禩章。司徒頒職十有二。生飭化斂材用昌。是皆以道寓諸器。其時海外猶荒荒。所以水火金木脩。百物效靈民樂康。後不師古斲大橫。學非所用漢汔唐。愈精愈虛競南宋，及今風氣空言張。藝事擯不與士齒。有若贏股肱出鄉。食之者衆生者寡。士大夫皆鼠盜倉。倉米有幾鼠無算。海西胡賈來衡檣。挾技百幻劖造物。一一銖寸基學堂。我以拙勝與之遇。彼譬則車吾譬螳。或云東方性魯素。闔胡日本今國強。竭來日本十二年。所與接構目輒瞠。當世若數善述巧。此邦無與抗顏行。日琢羣楮亂眞葉。盡羿之道孔穿楊。德成而上吾未知。形下惟器信所長。昨游故京訪紅葉。取次觀藝窮諸坊。峨冠主人最好客。免冠揖我謂我臧。捐麾羣季各率職。僂俯導歷數廣場。百品部居不雜廁。動植礦力電聲光。有如置我七寶地。所觸盡璆玕琳琅。魂魂昆昆鑄禹鼎。九牧所象物在旁。自言創業自厥考。立今上指四十霜。始闢圭竇躬操作。昔昔鍛竈如稭狂。今役僮手指三千。奚翅一日成七襄。屢渡西海赴競技。纍纍錦標旌國光。卽今大國厲學官。家寖有塾黨有庠。凡講堂所用器。往往供億勞梯航。導客有失恕非禮。我聞未竟悲我鄉。目力耳力今猶古。原繞原鮮固有常。力不出身貨棄地。厥咎皆坐無紀綱。下傷新步後四國。上悲絕業墜百王。作詩既以謝主人。亦用瘏口警我氓。主人者誰。名父子。島津其氏名源藏

贈徐佛蘇卽賀其迎婦

秋窗初月吐冏冏。抱書不眠怯夜永。懷人感物心百端。獨倚西樓看斗柄。故人書隨北雁來。端坐籀諷雜喟慶。上言國事愈阽隍。瘈狗當門莫與屏。三邊設險感齒寒。四海論才恥缾罄。願瞻周道抱先憂。欲起沈衰賴衆聽。羣賢抗議設明堂。予口卒瘏作桴應。庶幾至誠格九閽。好惡同民陛下聖。下言有母今六十。鞠我殷勤恩莫並。居室大倫安敢忘。庶得賢才佐溫凊。寤寐求思亦有年。窈窕克諧信由命。正值初陽動早梅。行誦河洲薦新荇。士昏賓祝古有辭。德愛仁言可無贈。自我求友二十年。晚乃交君傾蓋定。喜君眼界出風塵。愛君心徑無畦町。驚君精誠鍥不舍。多君才氣能馳騁。上下議論輒心許。往還交期無貌敬。自君去我歸鄉國。四方蹙蹙會靡騁。吳門乞食落日黃。燕市酣歌西風冷。幾度遭削比孔跡。累歲無毛同禹脛。端居憂傷擣心杵。稠坐委蛇避語穽。豈無瀟洒江海懷。不忍顛瘝衆生病。今居高明尸言責。應有祟鉱發深省。春秋大義通國身。有家弗恤非中行。況聞同心彼美人。夙抱玉德含蘭性。績學淵懿才密微。餘事復乃工吟詠。舊種桃李已成陰。新倚蘭苕更鮮映。（君夫人久任天津師範學校教授。好學善屬文。）讀書有味得添香。勳業商量宜並鏡。辯才天女最情多。專城夫壻正年盛。我今作詩遙相賀。匪衍吉語矚辭令。但

祝闓闔閞清明。我皇繼述思王政。君言見用什一二。指揮若定天下正。大闢衢室奏雲門。九域無塵四壘靜。男皆有分女有歸。友朋膠漆心無競。君亦夫婦共挽鹿車奉母返故鄉。長作幸民如梁孟。

阿莊

阿莊始生今周晬。蕙質已與常兒殊。調舌漸聞鶯恰恰。扶牀更見蟹跦跦。慣能合十呼郎罷。貪上秋千昵女須，却埽閉關弄孺子。敬通眞欲老江湖。

郎罷閩人呼父音見蘇詩　女須姊也見離騷阿莊不會爬如阿成小時眞似蟹行也

二十年前手筆詩與字皆稺氣可嘆

仲策寶之亦足備吾年譜中一段資料耳

丁卯浴佛日　啓超

次韻孺博寄懷曼宣英倫之作卽贈二君

頗憐作客如王粲。悔不逃禪逐大顚。欲上寥天攬日月。暫回奇氣入山川。並時瑜亮誰相許。同氣坡由各自賢。聞道王昌仍有意。漫辭金綫壓年年。

昨宵月到瑤宮冷。明日風愁斷渡顚。別館荒雞偏妒夢。故鄉衰草欲平川。紅牆碧漢疑無路。豎子英雄定孰賢。㤝悵臨流弄清影。休論今夕是何年。

悵望紅樓常隔雨．起看華髮欲侵顛．騏驎渡海能千里．風雨當年共一川．有酒故應澆趙士．論詩時復薄唐賢．只憐南雁太寥落．容易秋風又一年．

附原作

去年風雨聯牀夜．高睨雄譚各放顛．別後夢中見顏色．愁來夜起視山川．三人各瘦知誰健．原注時公游學日本立四海論才覺汝賢．同有看雲心事在．强持倦抱入新年．

瘦公見贈燉煌石室藏唐人寫維摩詰經菩薩行品一卷口占奉謝

雷音居士不宿飽．日抱唐人手寫經．因想上方香積國．飯餘毛孔出芳馨．
燉煌石室森寶書．隨風散墜天一隅．三遺故人遠相餉．吉光夜夜生吾廬．

調潘山人

山人山野性．與世合蓋寡．霜威被面頰．肅肅吁可怕．有時發一語．稠坐悉聾啞．所以流俗子．走避更笑罵．獨其所交友．入輒與俱化．有如磁吸鐵．戀之不能舍．不知何魔力．攝受乃爾乍．近聞長安居．頗遘河閒姹．小心伺顏色．低抑恬不怍．未識心頭溫．曾否稍見假．昔有衞哀駘．以醜駭天下．羣女願爲妾．肉薄勿肯赦．子今髯似戟．臃腫我猶詫．孰云歲寒柏．可以倚蘭麝．使君毋乃愚．見彈求鴞炙．由來立功名．年少自多暇．時序背人去．已秋空願夏．感此懷憂端．須洞齊泰華．寄言愛景光．勿勿白不訝．

梅夏以所題外債平議一律見寄依韵奉和

昔與王翰記卜鄰。吾昔居新會新館與君所居順德南館望衡對宇祇今零落老風塵。九州雖大行安託。詩卷長留亦未貧。慣口聲名隨市虎。歐心文字爨勞薪。山河風景今何世。輸與新亭泣伯仁。

附原作

枉說千金約買鄰。空憑筆札話前塵。皇天未必厭喪亂。下士何須嗟賤貧。我有漢書能下酒。君持論語合當薪。要知芻狗成滋味。慎勿投龜訴不仁。

累夜夢仲弟對酌故園湖樓中欷歔國事繼以涕淚旋相將作少時憨嬉狀哀樂無端不知其何朕也輒賦二章奉寄

三夜夢君關塞黑。一尊相屬夕陽殘。綵衣忽作兒時戲。竹馬騎過屋後山。旋話殘棋驚急劫。更捫瘦骨勸加餐。覺來滿枕荒雞唱。黃月依微照影單。

嗟我春來久苦飢。朝朝廚椀冷齋糜。容顏頗爲行吟悴。神理還能學道肥。閱世幾消青白眼。迕時錯畫淺深眉。知君共有秋懷抱。試裛孤芳製芰衣。

曉來

曉來馨艷盈懷抱．采得幽蘭欲贈誰．坐對青山相嫵媚．夢回白日已侵馳．未除豪氣供詩健．擬祓清愁惜酒醨．旋陟升皇忽反顧．似聞嗁鴂妬蛾眉．

獨夜

滔滔逝水何嘗住．歷歷星辰祇獨看．瘦葉得風秋瑟瑟．虛堂無月夜漫漫．夢回雞塞飛魂苦．倚近危闌出手難．料得明朝視明鏡．鬢絲搖颺不勝寒．

奉題南海先生所藏翁覃谿手寫馮天巖墓誌銘

中原北望多鼙鼓．逐客急難賦驪駒．八年睽孤二月聚．與辭杖履顏不愉．累夕殷憂論大計．整暇亦未廢圖書．倚裝鄭重撫茲卷．受命記莂還增吁．魚山家乘覃谿筆．瓌寶罕儷人所喻．獨我摩挲發遐想．忽夢乾嘉時驩虞．士夫好學篤禮義．鄒魯大化流海隅．餘事刻畫逮金石．片羽價重韓陵砠．砥節每見荊山璞．奏雅人葆靈蛇珠．豈謂還逝閱數紀．道藩一抉無復餘．論語供薪傳東閣．萬衆捲挾狂瀾趨．人心已死鬼誅及．湯湯方割憂淪胥．坐令書生問戎馬．捧土豈補堙孟諸．重陽風雨來正勇．秋聲夜午圍吾廬．感懷身世對古澤．擲筆搔首徒踟躕．

感秋雜詩

窮秋已多悲．散擲況逾半．擎雨萬荷枯．戰風千葉亂．塊然一室外．凜凜星物換．豈不懷壯往．碧海槎久斷．抱膝誦惜。誓看雲獨長歎。

平居所隱憂。乃今眞見之。廣庭一葉下。萬方颯同悲。一葉豈足道。所畏霜露滋。鶤雞與蟋蟀。囂囂爾何爲。傷序亮可羞。乘時還自危。誰信堯時鶴。一鳴淸淚垂。

八月十八潮。壯觀天下無。(用蘇句武漢首難正八月十八夕也)積此千載憤。一發讐萬夫。豈無錢王弩。欲射未忍殊。哀彼鴟夷魂。睚眦存古愚。報楚志易得。存吳計恐麤。卽此滌泱濁。爲功良不誣。習坎幸知止。庶毋魚鼈俱。

園中萬樹葉。葉葉作竅號。辭柯碎琅玕。走瓦騰波濤。終已乏根蒂。所歷常苦高。川原坱無垠。大江橫滔滔。飄飆豈終極。摧墮委所遭。萌春實匪易。霣秋毋乃勞。感此撫長條。且昏增怛忉。

門前一泓水。赤岸通銀河。昨夜西風動。颯颯揚其波。似聞有伏龍。鱗甲寒相摩。茲水淸且淺。騰上欲如何。

重陽雖報晴。胸中滿風雨。彊懽尋野寺。叢菊媚淒旅。吹帽髮已羞。餐英心逾苦。冥鴻沒天際。相視不得語。歸來還獨醉。殘夢入鼙鼓。

自題所藏唐人寫維摩詰經卷爲燉煌石室物羅癭公見贈者

雙濤之園千樹松。風定月午聞淸鐘。我抱唐賢寫經卷。日日嘯歌於其中。此爲燉煌石室祕。千歲呵惜勞神功。酸儒望古役魂夢。遠餉乃辱羅兩峯。爲言室中書軸富。縢以畫册藏尤豐。嫏嬛仙梯與天接。終古洞口紅雲封。碧瞳胡兒解望氣。求遺乘傳如陳農。神物耀眼喜欲倒。萬里芒屩鑱鴻濛。牛腰捆載渡西海。奪我燕支難爲容。流傳京國尙千卷。耗矣廑比爨下桐。鯽魚名士善胠篋。一夕采擷空珠叢。(學部遣人采石室書至京師一夕爲有力者簒取過半)千縑一紙各有態惟此尤傻餘難同。我方臨摹寶殘搨。覩茲眼纈魂轉忡。硬黄閲世得古澤。妙墨含精瑩新豐。作者款識雖芒昧。瘦硬頗有誠懸風。試從體勢考年代。應畫大曆洎咸通。遜年讀藏喜摩詰。丈室紙裏終相逢。天花著身久未拂。漫有六妙療癡慵。望中上方香積國。瓔珞帝綱明重重。大千金色不可卽。對卷冥往勞雙瞳。預人家國已多事。況乃喪志隨雕蟲。庭烏軋軋午睡起。海天一色磨青銅。眼前何物足湔灔。垢淨萬相浮雲空。題詩遥付官奴去。儻復佞古如乃翁。不然取便長安賈。亦有妙語還化工。堯生題瘞庵藏卷有句云題詩只便長安賈

雪舫中年得一子甫逾周晬而殤爲詩以塞其哀

彼蒼操縱人。戚莫大生死。洪鑪日夜煎。金石亦銷燬。吾友侯雪舫。器識帝眷畀。投諸濁世中。責以一大事。道心患未堅。百艱歷相試。俛仰隨一官。跬步輒傾躓。盎儲無半日。八口顏枯顇。顛頓泥塗中。鬱鬱旣逾紀。壯心苦未降。訪學扶桑汜。余方爲僇人。舉世皆相棄。君獨攖時累。握手共言誓。世亂抱直節。本自有窮理。王郎昵坡谷。自縛更胡底。東坡與山谷書云王郎有致窮之具而與不肯爲親又欲往求黃魯直其窮未可量也吾常以此調雪舫陽九丁戊申。天地正崩圮。鼎湖髯未攀。瓜蔓抄先起。朝宗長復祉。睽睽千人指。姓名鐫黨碑。庭戶繞緹騎。戴汝頭顱行。厚汝已多矣。哀哀天不弔。悲風生陟屺。劬勞生我恩百未報一二。左遷得墨綬。捧檄聊色喜。板輿思奉迎。蓼莪忽終廢。風搖樹不靜。所愧爲人子。君以法部主事乞改外得選四川一令方思迎養而太夫人逝老人望抱孫。眼久穿秋水。褓中此呱呱。曾親含飴戲。乳名曰小正。猶是母所賜。庶以克家想。稍減思親淚。春來更遠遊。汗漫恣所止。從我雙濤園。旦夕狎文史。自云十年來。此樂無與比。愁雲倏四合。天外飛一紙。未遂翔冥鴻。遽失趨庭鯉。左家五嬌女。其二夙殤逝。明珠繼見奪。天乎一胡瘵。一昨方語君。君有友韓夫子。謂番禺韓孔广先生文舉

奇氣世罕儔。艱險嘗亦備。十年歷九喪。淚竭不熒背。與君校所遭。坎壈太相似。親朋猶淚滋。矧乃躬自履。忘情非所貴。於邑安得避。但念所託邦。四維而既弛。九域行陸沉。舉族蒔螻蟻。孰非吾眷屬。掩袂寧忍視。所憂方在大。豈獨一髫稚。況有佛世尊。彼岸慈航艤。阿兒從大母。方共此安喜。憂患吾未終。解脫渠正始。前塵苦纏憶。達者豈容爾。勿以世俗見。沮此壯往氣。三復吾此詩。君哀其可已。

送門人楊維新入京

入洛華年說陸機。春明尋夢是耶非。帝京寥廓民勞止。應有梁鴻續五噫。
相期攬轡澄淸志。中歷百憂知未降。若是京塵苦難喫。還來陪我臥滄江。楊生卒業大學後從我於須磨之浦者一年餘

送李燿忠姪歸國

十五年前在京國。而翁夸我有佳兒。學成今向人閒世。氣盛能如吾少時。試閱險艱徵大任。應尋條理葆新知。中原多故吾將老。青眼歌餘卻望誰。

得擘一書報蛻庵嘔血其夕大風雨感喟不寐披衣走筆紀詩以訊

君不能布被脫粟取貴仕。曲學乃似公孫子。又不能荷鍤身如劉伯倫。得酒便足百不聞。撐腸百怪不聽命。風雲蛇鳥纏其身。即此便合以窮死。況乃無端身外悲天人。判君有涯生。當此萬古厄。平居五升飯不飽。出手欲救天

下溺。怨賊躡後河橫前。左聞鬼嘯右火然。上有射工含沙射君影。君又氣憤蛟鼉淵。人生到此那可說。故應嘔盡身中血。只恐九天無噴處。洒向九洲不留熱。天生萬變何滔滔。惟我與君同所遭。六時思君畏君病。得書淚欲將君澆。是夕風雨撼樓柱。擊大海水成怒濤。已經一月睡眠少。八方魂去請當招。世間萬事誰能料。東鄰號咷西鄰笑。男兒命存百無尤。不見異人今古空屠釣。作詩鄭重寄前途。祝君善保千金軀。我今有血心已枯。聊舉七發若枚叔。儻願聞之能來無。

荷广除夕牙痛作詩調之

人生能得幾歲除。伏臘自勞作苦餘。破格忽烹一匹雛。更拆長項蒸葫蘆。以犒牙齒終年枯。濃炙紅椒澆鯉魚。入口蜇舌譆出呼。尤物信美天下無。況復椰絲煎油酥。釜中芋蟹行趎趎。誰其作此惟小姑。詢謀諸婦斗酒儲。曰以待子不時需。高堂有母顏正愉。抱孫上樓嗔人扶。君著斑衣日嬉趨。今夕侍膳馨所須。正合大嚼如過屠。乃厭粱肉胡爲乎。有齒自焚然非欺。怪君堂堂七尺軀。見窘一體如囚拘。得毋漱石礪磨粗。或懲剛落如聃耆。不然過愛掌上珠。作孺子牛反爲駒。抑疑雪恥酬公儒。團團向人作屠沽。斯並陳言姑舍諸。深負此腹最足吁。我方團爐羮屠蘇。肥牛之腱肥狗腴。狂啖狂飲如逭逋。頗笑君子遠庖廚。餞歲先餞吾牙車。豈有編貝爲禍樞。作詩傳筒勞僕夫。既以妙語起宿痛。亦用娛母博軒渠。明發紅旭照氍毹。儻能霍然來于于。令君齒冷狂呼盧。

朝鮮哀詞五律二十四首

時運有代謝。人天無限悲。哀哀箕子祀。惻惻黍離詩。授楚天方醉。存邢事盡疑。蒼茫看浩劫。絕域淚空垂。

自昔四夷守。惟聞我武揚。玄菟開漢郡。圭冕廓明疆。高廟初膺籙。東藩首擣裳。山川不改舊。懷古倍悽惶。

卅五年前事。搶攘啓禍門。釁鐘秦客賤。擁篲漢公尊。比戶無安堵。西鄰有責言。誰令一星火。熠熠竟燎原。朝鮮之禍起於前王李熙之父大院君昰應熙即後此之太皇帝今次日本封爲李太王者也系出支孼昰應結託女謁遂使入繼大統乃自專政大戮耶穌教徒萬餘人並及外國傳教師且稅斂煩苛民不聊生法美皆嘗興師問罪以吾爲之解紛得無事

王迹何年熄。人臣有外交。樓蘭方貳漢。鄭伯不朝周。歃血迎蕃使。攻心誤廟謀。豈聞典屬國。空自責包茅。光緒元年朝鮮與日本結條約其第一條有朝鮮爲自主之邦與日本平等等語非徒大悖國際法法理即與我國經義中人臣無外交之誼亦不相容當時政府不察貿然聽之實爲後此中日戰役之禍胎及戰事將起我交涉文牘尙云朝鮮爲中國屬國天下所共知朝鮮爲自主之邦亦天下所共知持義矛盾騰笑全球

上相能憂國。持籌亦苦辛。護羌馳校尉。訊醜獻陪臣。勢偪成爭鄭。謀疏失縣陳。六州誰鑄錯。愁絕問蒼旻。光緒八年李文忠以兵襲朝鮮俘大院君以歸命吳武壯率師駐漢城其時日本內亂正劇必不敢與我啓衅我之兵力實足以收朝鮮爲郡縣則禍機可永絕計不出此而光緒十一年與日本結天津條約反有彼此出兵互相知照之語朝鮮遂成中日公保之邦自茲益多事矣

禍機滔上國。赫怒命元戎。斷馬關山黑。翻鯨海水紅。伐謀怯蜂蠆。養士付沙蟲。痛絕殽函路。秦師不復東。甲午敗後我遂撤漢城戍兵認朝鮮爲獨立平等國

奇福無端至。天貽受命符。夜郎能自大。帝號若爲娛。誓廟絲綸誥。交鄰玉帛圖。千秋萬歲壽。朝野正驩虞。乙未和議成朝鮮即以獨立宣告萬國自稱皇帝誓太廟作大誥以李成桂纂位之歲爲開國紀元

古有殷憂啓。時危亦可乘。豈無憂出突。其奈錮甘陵。瓜蔓抄何酷。蝗蝻錄竟成。非賢誰與立。流涕說亡徵。朝鮮二十年來

屢興黨獄前後以國事獲罪逋逃於外者百餘人錮於獄者六百餘人雖流品不齊要之多愛國之士

蛇龍騰陸起。燕雀處堂安。恩澤傾丁傅。蕭牆鬩范欒。爛羊名器賤。使鶴國防單。刻骨誅求盡。民生亦苦艱。朝鮮二十年來外戚擅政世族相軋女子小人雜進宮禁政以賄成民窮財盡

梃擊何公案。蛾眉泣馬嵬。召戎有貴胄。靖難乏長才。南內埋荊棘。行人庇葛藟。旄丘瑣尾子。早晚好歸來。光緒二十一年日本公使三浦梧樓與朝鮮宮中失勢者相結露刃入宮戕其妃閔氏朝鮮皇走避俄使館數月乃出

振海風將至。軒然乍起瀾。有鴟嚇腐鼠。得虎衛窮山。嬴負成孤注。笑啼兼二難。息肩何日是。長夜正漫漫。自中日戰役後至日俄戰役十年間朝鮮爲日俄競爭之鵠國中亦分日黨俄黨

旅雁悲胡越。連雞鬬趙秦。諸侯兵在壁。四海水揚塵。地險崇朝盡。天驕受命新。捧盤載書定。良會最酸辛。日俄戰起日軍首自仁川上陸旋破俄海軍於黃海圍攻旅順即與朝鮮締結日韓議定書朝鮮主權之一部移於日本矣

干戈漸蘇息。尊俎轉頻繁。得主通東道。勞師管北門。指囷鄰誼重。守府主權尊。微管吾安託。深深再造恩。普孜瑪士約既定俄人認日本在朝鮮有宗主權日人遂置統監於漢城筦其內政且以一師團戍焉又使第一銀行貸巨金與朝鮮政府助之清理財政日人自謂此戰專以保朝鮮獨立爲主千古之義戰也

覆水誰能挽。王風已不雄。軍容燒越甲。疆理易齊封。持節皇華落。譏關夜士空。多艱何足道。東溼太匆匆。日本既置統監以次解散朝鮮軍隊撤退來往使節將皇室土地收諸國庫筦其警察權裁判權

聞說葵丘會。聲容盛海涯。由來興廢絕。應不汝疵瑕。好事無皇戌。陳情負子家。噬臍更安及。前事勝堪嗟。朝皇派密使求援於荷京之萬國平和會列强目笑存之

已憐同縛虎。況復漏多魚。否德傳於子。多凶疢在余。列戟移興慶。騰書慴右渠。宮娥垂淚對。此別意何如。海牙密使事發

日人迫韓皇退位禪於其子號之曰太皇帝

廿載逋亡客。歸來馬角生。急應求燭武。今始識眞卿。具位徒觀變。勤王不好名。空聞宋謝朏。挾璽臥前楹。韓太皇讓位之前一月始赦還國事犯朴泳孝任以宮內大臣變起盈廷諾諾伺統監顏色獨泳孝佩宮內大臣印綬隨扈前皇不肯交出卒辭職泳孝爲人心術如何不敢知茲舉殊見氣骨也

三韓衆十兆。吾見兩男兒。殉衞肝應納。椎秦氣不衰。山河枯淚眼。風雨閟靈旗。精衞千年恨。沈沈更語誰。韓亡之前一年韓義民安重根狙擊前統監伊藤博文於哈爾濱斃之旋被逮從容就死韓亡後三日忠淸南道金山郡守洪奭源仰藥死

末刦興人妖。行尸愧鬼雄。黨爭牛李劇。容悅趙胡工。賣國原無價。書名更策功。覆巢安得卵。嗟爾可憐蟲。合併之舉日人雖處心積慮已久而發之者實爲朝鮮之一進會一進會者假政黨之名欲以獵官者也主之者爲宋秉畯李容九會員十餘萬人與現內閣李完用一派不相能獻媚日本欲取而代之李完用派亦工諛固寵一進會不得逞乃倡合併論寧同歸於盡今茲事成一進會首領及現內閣員皆欣欣然拜爵新朝矣所謂國家將亡必有妖孽此輩是也

地老天荒日。圖窮匕見時。猿蟲消並盡。牛馬應何辭。濤咽仁川水。雲埋太極旂。只應舊時月。曾照漢官儀。

乘傳降王去。傷離應黯然。行宮花自發。故國月長圓。幸免牽機藥。追論少府錢。飛烏啄大屋。留取後人憐。日本既併朝鮮將朝皇降爵爲王安置東京給以歲費而籍其皇室財產

昔有死社稷。今聞樂禍殃。賜酺百戶酒。建極萬年觴。公合名安樂。人疑別肺腸。由來國自伐。不信有天亡。合併協約以陽曆九月二十四日議定畫諾韓人以二十八日爲今皇即位四年紀念日請行祝典後乃發表日人許之是日舉國懸旗稱慶翌日則國旂與皇晃同時澌滅矣而韓民方謂自今進爲一等國民欣欣相告

弱肉宜强食。誰尤祇自嗟。幾人爭失鹿。是處避長蛇。殷鑒何當遠。周行亦匪賒。哀哀告我后。覆轍視前車。

槁餓還憂國。奇愁欲問天。遷流觀物化。孤憤託詩篇。夢斷潮空咽。神傷月悄然。勞歌雜涕淚。今夕是何年。

桂園曲

明故寧靖王朱術桂。以永曆十八年奉詔入臺監鄭軍。延平王待以宗藩禮。三世不衰。克塽降。王義不辱。集諸妃王氏袁氏荷姑梅姑秀姐詔之曰。孤不德將全髮膚以見先帝先王於地下。若輩可自爲計。僉泣對曰王死國。妾死王。義一也。遂衽服駢縊於堂。遺民哀焉。合葬諸臺南郡治南門外之桂子山。號五妃墓。即墓立廟。享祀弗替。越二百二十八年。新會梁啓超游臺灣。以道遠未能謁也。述其事以作歌。時清明後五日也。

鶯老花飛桂子山。天高月冷聞珮環。人尋法曲淒涼後。地接蓬萊縹緲間。憶侍王孫竄荊棘。珊瑚寶玦還顏色。萬里依劉落日黃。五湖從范煙波碧。九州南盡有桃源。華表歸來一鶴尊。高帝神靈仍日月。五溪雲物自山川。陌上條桑衣鬢綠。賣珠呼婢脩蘿屋。王自墾田百餘甲於萬年縣之竹滬督諸妃躬課耕桑歲入輒以犒軍士歸來分耦迭添香。好伴君王夜深讀。詔言萬事共悠悠。劫後相依一散愁。天荒地老存三恪。裙布釵荊占一丘。黑風一夜吹滄海。朱顏未換雕闌改。虎臣執梃傳車忙。龍種攀髯弓劍在。金環翟茀拜堂皇。王死官家妾死王。翠瀾永閟千年井。素練紛飛六月霜。昨夜香銷燈自炧。蜀魂紅徧蒼梧野。吹徹參差不見人。雲旗嫋嫋靈來下。百年南雪蝕冬青。靈物深深護碧城。遺老久忘劉氏臘。秋燐猶作飽家聲。我來再換紅羊劫。景陽冷盡龍鸞血。雨溼清明有夢歸。海枯碣石憑誰說。天涯盡處晚濤哀。刳骨酸風起夜臺。莫唱靈均遺褋曲。九疑帝子不歸來。

題藝蘅館日記第一編

古人於爲學。終身與之俱。日計雖不足。月計必有餘。業終及行成。匪繫聰與愚。偶鍥旋復舍。不能摧朽株。盈科進無息。溟涬成尾閭。程功固要終。辨志良在初。汝於百家學。乃今涉其塗。日記肇庚戌。藉用知所無。卒歲得千紙。占畢亦云劬。吾唯愛汝深。責難與凡殊。文章所固有。相期在道腴。簡編我手答。戢戢蠅頭書。發蒙通德藝。陳義雜精粗。當學豈只此。爲汝舉一隅。吾學病愛博。是用淺且蕪。尤病在無恆。有獲旋失諸。凡百可效我。此二毋我如。燈火自親人。忽忽歲已除。言念聖路遐。忩感日月徂。作詩諳小子。敬哉志弗渝。

幼達同年任神戶領事僅數月受代去歌以送之

二十年前始識君。貰裘得酒忘朝昏。二十年後與君遇。髮影蕭蕭江上路。天生君才亦何爲。蓬麻長松隨所施。文皇愛老武皇少。君自錯迕行尤誰。可憐五十已過二。濩落居然成隱吏。窺盎曾無隔宿糧。著書苦作千年計。昨夜海風天雨霜。歸飛鴻雁隨稻粱。區區並此不見畀。顧念毛羽良可傷。樓頭共宿幾完月。無情看到纖纖缺。哀時已是損朱顔。況乃風波促離別。一杯相屬君從容。倘君與我懷抱同。男兒命在百不害。豈有達者辭固窮。

春陰

初春如窮冬。萬物未出定。況乃連日陰。卽曉寒逾勁。戎戎海氣重。脈脈山容暝。停雲欲溼衣。暗水乍迷徑。鄰寺有好梅。凍坼數花映。豈不懷孤賞。欲往怯酒病。八表正同昏。兀兀何時醒。繞屋賴我松。天秉歲寒性。

雙濤園讀書庚戌七月既望寫寄仲策俾察吾襟抱耳

秋風忽已佳。我書亦可讀。欣然展青緗。古色媚幽獨。山空蟬自語。雨過松如沐。一往懷古情。儻蕩不可掬。執卷就螢照。相將入深竹。

時俗幸相棄。得與古人親。委懷千載上。緬焉發清新。冥思雜微吟。所向如有神。道喪亦已久。吾衰難重陳。忽若有所會。遙遙望白雲。

中夜兀然坐。游想入深窈。條跗萬千轃。理之不得兆。開篇覩片言。神明若來詔。我心實所獲。莫逆唯一笑。悠悠千百年。此樂無人曉。

我生大不幸。弱冠竊時名。諸學涉其樊。至竟無一成。說食安得飽。酌蠡寧窮溟。乃知求己學。千聖夙所程。驚顧忽中歲。永夜起屏營。

有友湯夫子。好學乃過我。華聲漸刊落。抱一志已果。析理窮微茫。陳義輒印可。昨夜攜酒來。松梢一月墮。不知霜露深。藉草三更坐。

回風吹海水。軒然起層瀾。吾生良有涯。憂患亦以繁。生才爲世用。豈得長自閑。何時覩澄清。一洒民生艱。强學可終身。羈泊非所歎。

三年前雙濤園讀書之作其時與　荷庵望衡而居晨夕過從塊然不知其爲樂也滄海橫流遂有今日陰陽煎迫不得不自投於混濁幾與學問相絕而雙濤園自易主後亦既鞠爲茂草矣於　荷庵之歸國也爲寫此卷前塵歷歷同用憮然

壬子五月　啓超作於神戶西嶠廬

庚戌秋冬間因若海納交於趙堯生侍御從問詩古文辭書訊往復所以進之者良厚顧羈海外迄未識面輒爲長謠以寄遐憶

道術無古今，致用乃爲貴。交親無新舊，相尚在風義。我以古人心，納交當世士。夙慕蜀才多，捧手得數子。直節劉子政，粹德楊伯起。（謂裴郁叔嶠兩京卿）其人與其言，磊磊在青史。蚤年所往還，尤敬延陵季。諸郎藎麟鳳，暱我逾昆弟。（謂吳季清先生及德嗣鐵樵仲弢子發兄弟。）料簡心相宗，肇㝅象數旨。執御迄無成，哭寢但纇泚。（吾嘗與季清先生同治佛學與鐵樵同治數學）黼黼周孝侯，（謂孝懷觀察）剛果通大理。宦跡徧三川，氣骨橫一世。此並趙侯友，夙昔不我棄。趙侯雲中鶴，軒軒抗高志。名節樹藩籬，藝林厚根底。峨眉從西來，去天尺有咫。終古孕冰雪，元精逼象緯。御風問眞源，獨往恣所止。八十四盤陂，陂陂印屐齒。盪胸極雄深，即境領新異。所以其文行，邈與俗殊致。開元及元和，去俗各千禩。君獨遵何轍，接彼將墜紀。詩摭少陵律，筆摩昌黎壘。擇言轉氣盛，刊華得神擬。浩浩揚天風，郁郁斐蘭芷。幽幽繚洞壑，漠漠弄洲沚。詄蕩天門開，恢詭蜃市起。迅健駿下坂，瀠宕魚戲水。有時一篇中，攝受萬態備。探源析正變，證詣愜醇肆。自從同光來，斯道久陵替。豈期萬人海，復聽九臯唳。固知言皆宜，要在中有恃。文章雖小道，可以覘識器。禨禍及中年，譽筆作諫議。上策皆賈晁，陳義必牧贄。遙遙千聖心，落落天下計。昔昔勤論思，字字迸血淚。亦知逆耳言，夙干道家忌。黎元正倒懸，斧鑕安得避。回天精衞堵，逐惡鷹鸇鷙。諫草留御牀，直聲在天地。（君所上封事什九留中）自我出國門，交舊半棄置。遯聽隔雲天，懷想空夢寐。何期絕塵姿，睞盼及下駟。羣動蟄三冬，尺素杜千里。我學病馳騖，所養失端委。皇皇求助友，懇懇得礱砥。商量到刌分，往復累百紙。吁嗟末俗心，相應以矯僞。豈聞傾蓋交，乃辱百朋賜。感激別有託，詎獨在文字。天步正艱難，民生日顚顇。銜石念海枯，入淵援日墜。吾徒乘願來，爲此一大事。君其體堅貞，走也當執轡。燕市風蕭蕭，須浦月瀰瀰。相望不相即，歌答雜商徵。閑居潘安仁，（謂若海）就我方謀醉。聊因天末風，一訊君子意。

鄒厓以所題吾外債平議篇一律見寄依韻奉和得二首

昔與王翰記卜鄰。祇今漂泊老風塵。九州雖大行安託。詩卷能留且未貧。憎口聲名隨市虎。歐心文字爨勞薪。山河風景今何世。輸與新亭泣伯仁。

枉說千金約買鄰。空憑筆札話前塵。皇天未必厭喪亂。下士何須嗟賤貧。我有漢書能下酒。君持論語合當薪。要知芻狗成滋味。且莫投龜訴不仁。

嫻兒讀吾和鄒崖薪字韻詩若訝其數典之奇者乃更爲疊韻八章示之並寫寄鄒厓

荒村煙水自爲鄰。稍喜逢迎寡俗塵。兒慧儻能傳絕學。婦愁端不爲長貧。山河宰割成人彘。述作焦勞劇鬼薪。莫道而翁好顏色。二毛已見似安仁。

先聖嘗言德有鄰。敢辭泰華積微塵。原思居巷曾非病。郭解移家似不貧。潔己夙宜蘭作佩。得師永憶火傳薪。啓期三樂誰能省。俯仰吾觀造物仁。

諸天累累本比鄰。中著羊塵與兔塵。忽復視人如視豕。由來憂道不憂貧。立言古有徇遒鐸。誓志終焉荷析薪。迢遞半途百九十。力行庶欲近乎仁。

勞生鬼蜮日爲鄰。舉障愁汚庾亮塵。道喪無由令國活。治棼幾見以官貧。精魂終古悲銜石。爛額他年念徙薪。誰遣化身來五濁。久慙我佛說能仁。

亦擬虞淵援墜日。最憐此意委埃塵。國誰與立疑天醉。我道其常識士貧。時局深池來瞎馬。罪言杯水沃車薪。作箴欲起膏肓疾。奈此殘肢已不仁。

不教鵝鴨惱比鄰。浩浩吾方欲出塵。木有彣彰知是病。園饒芋栗豈全貧。乘桴只合長浮海。救火毋爲更抱薪。稍恨心叄愧顏氏。未能三月不違仁。

結習紛紛蟻過鄰。懷芳脈脈辟成塵。欲從蒙叟學全拙。頗笑楊生賦逐貧。早歲斂精尋蠹簡。幾回張眼失輿薪。從今更覓安心處。倘信求仁竟得仁。

晨夕相過撲棗鄰。莽然滄海雨微塵。委懷共有千羊睡。門句相療一字貧。笑余賣藥仍洴澼。與子披裘各負薪。會否天公愛物意。試看梅子漸生仁。

先王父教諭公二十周忌卒婦子遙祭禮成泣賦

此生敢望親邱墓。絕域翻然奠几筵。薦時饈殊草草。肅瞻遺像但漣漣。靈來應是乘風雨。痛定何當閒歲年。遙想老親扶杖拜。定思遊子倍傷煎。

兄弟八人同逮事。就中尤我受恩深。朝朝受讀驕依膝。夜夜隨眠惡踏衾。豈謂不才到今日。終然罔極負初心。昊天蕩蕩何由報。愁對風淒日又陰。

觀嫻兒讀曲逆侯傳劄記有所感漫題其後

陳平心計生陰禍。太息方來昌後難。要識箕裘馴所習。固宜鉗網反相干。自禁轉轉親炎火。善沒番番墮斷灘。省卻機心無一事。滄波終古白鷗閑。

須磨寺五詠

鶴

五鶴來何處華亭似舊聞。背人忽長唳知爾念離羣。遙夜仍零露寥天秪斷雲。可堪江海志瘦影立斜曛。

白鳧

隨分相親近。池中兩白鳧。自憐能皎潔。悵望失江湖。穩睡蔭高柳。長飢唼細蒲。侯門舊儔侶。粱稻漫相呼。鳧爲日本某侯施寺供養

獼猴

王孫名號貴作態與人看。巧竟逃吳射驕還戀楚冠。朝三逢怒易老變得情難。不見魚司馬何時靖衆讙。

龜

文龜亦累百草際日槃跚。解作千年計應言此地寒。竹萌初受露瓦影不揚瀾。孰與刳腸去毋爲曳尾歎。

蜜蜂

間架連芳樹蜂房牖戶分。預知花有幾所愧爾能羣。有用終遭割懷芳空自勤。應輸傅粉蝶長日惹羅裙。

論才

從誰更覓安心法。與子姑爲抵掌談。卜相久知皆鄭五。論才何至數朱三。小人道長其能久。豎子名成恐未堪。識得登封非盛德。後期休歎滯周南。

庚戌歲暮感懷

歲云暮矣夜冥冥。自照寒燈問影形。萬種恨埋無量劫。有情天老一周星。催人鬢雪搖搖白。撩夢家山歷歷青。今古茲晨同一概。祇應長醉不成醒。

鼎湖雞犬不能仙。一慟龍髯歲再遷。禹域大同勞昨夢。堯臺深恨悶重泉。杯弓蛇影今何世。馬角烏頭不計年。忍望海西長白路。崇陵草勁雪漫天。

夢短雞鳴第一聲。明朝冠蓋盛春明。家家柏葉宜春酒。處處駝蹄七寶羹。聞道天門開詄蕩。儘容卿輩答昇平。官家閑事誰能管。萬一黃河意外淸。

故園歲暮足悲風。吹入千門萬戶中。是處無衣搜杼軸。幾人鬻子算租庸。近聞誅歛空羅雀。儻肯哀鳴念澤鴻。金穴如山非國富。流民休亦怨天公。

風雨吾廬舊嘯歌。故人天末意如何。急難風義今人少。傷世文章古恨多。力盡當年從爛石。淚還天上莫成河。由來力命相回薄。山鬼何從覓薜蘿。

入骨酸風盡日吹。那堪念亂更傷離。九洲無地容伸脚。一盞和花且祭詩。運化細推知有味。癡頑未賣漫從時。勞人歌哭爲昏曉。明鏡明朝知我誰。

人日立春

漸老逢春易斷腸。天涯人日感流光。浪傳故事翹青幘。默計何方寄草堂。萬劫鶯花成久客。三年弓劍泣先皇。玉盤絲菜無消息。愁見東風綠海桑。

元夕

不知今夕是何夕。強趁兒童一蹋歌。舊夢久隨鐙影燼。故鄉應是月明多。素娥靈藥知春否。鐵鎖星橋奈夜何。天上皇靈應不遠。忍從珠斗望山河。

十六日志慟

魚鳥長號草木悲。橋陵弓墮忽三稘。徵經合有禫除禮。戀闕微聞歌舞詞。柱折久憂天北墜。陸沈驚逐日西馳。遺臣未敢修私祭。血灑桑田海不知。

辛亥二月二十四日偕荷广及女兒令嫻乘笠戸丸游臺灣二十八日抵鷄籠

山舟中雜興

我生去住本悠悠。偏是逢春愛遠遊。歷劫有心還惜別。櫻花深處是幷州。首途時雙濤園繁櫻正作花嫻兒以辜負一年花事爲憾

明知此是傷心地，亦到維舟首重回。十七年中多少事，春帆樓下晚濤哀。二十五日舟泊馬關

天風浩浩引飛舲，睡起檣鐘報幾程。天末虹隨殘雨霽，波間鷗帶夕陽明。

萬丈霞標散霧珠，海中湧出日如盂。驕兒拍手勤相問，得似羅浮日觀無。與兒觀日出

天淡雲閑清晝同，彈棊蹴踘各能雄。閑心欲取春燈謎，領略蘇家艓趠風。舟客爲種種娛戲

滄波一去情何極，白鳥頻來意似閑。却指海雲紅盡處，招人應是浙東山。二十七日舟掠溫台界而南

漢家故是負珠厓，覆水東流豈復西。我遇龜年無可訴，聽談天寶祇傷悽。舟中有臺灣遺民談亡臺時事頗詳〇編者案滄波一去情何極一首及此首見游台灣書牘）

迢遞西南有好風，故人相望意何窮。不勞青鳥傳消息，早有靈犀一點通。未至臺灣前一日林獻堂以無線電報祝海行安善

東海波光入酒卮，檣烏吉語報朝曦。而翁載得愁千斛，化作茲遊一段奇。二十八日爲嫻兒生日

番番魚鳥似相親，滿眼雲山綠向人。前路欲尋瀧吏問，惜非吾土忽傷神。望雞籠

臺北故城毀矣，留其四門

清角吹寒日又昏，井榦烽櫓也無痕。客心冷似秦時月，遙夜還臨麗正門。

三月三日遺老百餘輩設歡迎會於臺北故城之薈芳樓敬賦長句奉謝

側身天地遠無歸，王粲生涯似落暉。花鳥向人成脈脈，海雲終古自飛飛。尊前相見難啼笑，華表歸來有是非。萬

死一詢諸父老。豈緣漢節始沾衣。

憶附公車昔上書。罪言猶及徙薪初。珠厓一擲誰當惜。精衛千年願總虛。曹社鬼謀成永歎。楚人天授欲何如。最憐有限哀時淚。更灑昆明劫火餘。

間氣神奇表大瀛。伏波横海舊知名。南來蛇鳥延平壘。北向雲山壯肅城。萬里好風回舶趠。百年麗日照春耕。誰言鶯老花飛後。贏得胥濤日夜聲。

劫灰經眼塵塵改。華髮侵顛日日新。破碎山河誰料得。艱難兄弟自相親。餘生飲淚嘗杯酒。對面長歌哭古人。留取他年搜野史。高樓風雨紀殘春。

拆屋行

麻衣病嫠血濡足。負攜八雛路旁哭。窮臘慘栗天雨霜。身無完裙居無屋。自言近市有數椽。太翁所構垂百年。中停雙櫸未滿七。府帖疾下如奔弦。節度愛民修市政。要使比户成殷闐。袖出圖樣指且畫。剋期改作無遷延。懸絲十命但恃粥。力單弗任惟哀憐。吏言稱貸豈無路。敢以巧語干大權。不然官家爲汝辦。率比傍舍還租錢。出門十步九回顧。月黑風淒何處路。祇愁又作流民看。明朝捉收官裏去。彼中凡無業游民皆拘作苦工市中華屋連如雲。哀絲豪竹何紛紛。游人爭說市政好。不見街頭屋主人。

櫟社諸賢見招

大道風吹海氣腥。道旁蕎麥長青青。水雲意外空明處。一角人間野史亭。

中散養生惟中酒。東坡畏事好吟詩。將心寫入江潭淚。消得天荒地老時。

天涯所至饒斤斧。可有名山養棄材。政恐風低雲斷處。十圍遠籟作聲哀。

淸時我亦成樗散。分作神州袖手人。憑語沙邊舊鷗鷺。倘容占席暫相親。

獻堂繼尊甫兵部公之志築萊園以奉重闈太夫人余游臺館余於園之五桂樓敬賦

周餘重見老萊衣。稍喜先疇願不違。滿眼雲山隨宴坐。百年花鳥答春暉。滄桑牢落供詩健。叢桂招邀有夢歸。我亦斂廬三畝在。可憐游子老征騑。

次韻酬林癡仙見贈

十年魂夢斷中州。一往沈冥得此游。歷劫此身成落瓠。浮天無岸有虛舟。過江人物仍王謝。望眼山川接越甌。且莫秋風怨遲暮。夕陽正在海西頭。

贈林幼春

南阮北阮多畸士。我識仲容殊絕倫。才氣猶堪絕大漠。生涯誰遣臥漳濱。(君方病肺)嘔心詞賦歌當哭。沈恨江山久更新我本哀時最蕭瑟亦逢庾信一沾巾。

辛亥清明後一日同荷广及林癡仙獻堂幼春陳槐庭夜宴於霧峯之萊園女兒令嫻侍焉以主稱會面難一舉累十觴爲韻分得難字累字

此日足可惜來日更大難。但對素心人何必懷百端。廣庭春月白芳草清露溥。江山不改舊天宇自高寒。茲游雖多感美襟良亦殫。思逐花前發愁供酒杯寬。主人知余意談讌到更闌。人生幾清明明旦成古懽。

平居飛動意閱世成止水。有如挂壁弨屢張復旋弛。居夷久矣陋遠交得數子。逃虛聞足音安得不歡喜。但念所託邦。臲卼若棋累。昔痛雛不育今憂室將毁。不見漢珠匡吾土亦信美。艱難豈足道一棄若敝屣。悠悠我之思行邁正靡靡。俛仰對新亭。勞歌吾其已。

萊園雜詠

人物自是徐孺子。山林不數何將軍。稍喜茲游得奇絕。萊園占盡月三分。

娟娟華月霧峯頭。氾氾風光五桂樓。傳語王孫應好住。海隅景物勝中州。五桂樓

久分生涯託軸薖。虀鹽送老意如何。奇情未合銷除盡。風雨中宵一嘯歌。考槃軒

一灣流水接紅牆。自憩圓陰納午涼。遺老若知天寶恨。新詞休唱荔支香。荔支島上有歌臺

小亭隱几到黃昏。瘦竹高花淨不喧。最是夕陽無限好。殘紅蒼莽接中原。夕佳亭

溪紗浣罷月華明。荇帶蒲衣各有情。我識藍田千澗水。出山原似在山清。擣衣澗

一池春水干誰事。丈人對此能息機。高柳吹綿鴨穩睡。荔支作花魚正肥。小習池

春煙漠漠雨脩脩。劫後逢春愛寂寥。誰遣蜀魂啼不了。淚痕紅上木棉橋。木棉橋

淡霧籠溪月上陂。曉來春已滿南枝。君家故事吾能記。可是孤山鶴返時。萬梅晻

綿綿列岫煙如織。曖曖平疇翠欲流。好是扶笻千步磴。依稀風景似揚州。千步磴

望月峯頭白露滋。南飛烏鵲怨無枝。不知消瘦姮娥影。入夜還能似舊時。望月峯

鸞吪鳳靡送年華。頗識吾生信有涯。惆悵無因成小隱。賣書猶欲問東家。

猩猩木

處處猩猩花欲然。爛霞烘出豔陽天。人間能得幾紅淚。留取家山染杜鵑。

相思樹

終日思君君不知。長門買賦更無期。山山綠徧相思樹。正是江南草長時。

臺灣竹枝詞

晚涼步墟落。輒聞男女相從而歌。譯其辭意。惻惻然若不勝谷風小弁之怨者。乃掇拾成什。爲遺黎寫哀云爾。

郎家住在三重浦。妾家住在白石湖。路頭相望無幾步。郎試回頭見妾無。首二句直用原文

韭菜花開心一枝。花正黃時葉正肥。願郎摘花連葉摘。到死心頭不肯離。首句直用原文

相思樹底說相思。思郎恨郎郎不知。樹頭結得相思子。可是郎行思妾時。全島所植相思樹至

手握柴刀入柴山。柴心未斷做柴攀。郎自薄情出手易。柴枝離樹何時還。首二句直用原文

郎搥大鼓妾打鑼。稽首天西媽祖婆。今生夠受相思苦。乞取他生無折磨。臺人最迷信所謂天上聖母者亦稱爲媽祖婆謂其神來自福建每歲三月迎賽若狂

綠陰陰處打檳榔。蘸得蔞醬待勸郎。願郎到口莫嫌澀。箇中甘苦郎細嘗。

芋芒花開直勝筆。梧桐揃尾西照日。郎如霧裏向陽花。妾似風前出頭葉。首二句直用原文

教郎早來郎恰晚。教郎大步郎寬寬。滿擬待郎十年好。五年未滿愁心肝。全首皆用原文點竄數字

蕉葉長大難遮陽。蔗花雖好不禁霜。蕉肥蔗老有人食。欲寄郎行愁路長。首句用原文

郎行贈妾猩猩木。妾贈郎行蝴蝶蘭。猩紅血淚有時盡。蝶翅低垂那得乾。

贈臺灣逸民某兼簡其從子

某侯嶔奇將門子。今作老農友鹿豕。窮秋訪我雙濤園。自陳所歷淚如泚。自從漢家棄珠崖。煢煢視息既逾紀。天地無情失覆載。父母義絕疇怙恃。逝將去汝靡所逃。謂他人昆莫我以。前年府令築鐵路。料地考工集輸匯。連畦千里沒入官。區區劵直不余畀。去年大尹修市政。滌蕩穢瑕道如砥。井堙木刊徧窮邑。老屋十家九家毀。此邦炎

燠土宜蔗。家家樹藝得生理。一從製糖會社興。攘奪吾翰紾諸臂。虎威狐假尙有然。澤竭魚勞可知矣。近師王呂作保甲。百室爲閭閭十比。一人犯科十人坐。知而不許法同抵。偪仄過於東溼薪。蠑螈橫空孰敢指。頗聞彼都盛學術。橫舍如林塞縣鄙。今宅新邑亦何有。博士倚席堂生杞。偶募學僮肄假名。取備象鞮服驅使。聞政講武皆有禁。所畏羣雛生爪觜。居常凜烈作鸇遂。或亦噢咻市狙喜。吁嗟僇民不可說。盡日踽行荆棘裏。爲鬼爲蜮避無所。呼牛呼馬應俱唯。羲苗軒裔彼何人。海枯石爛今如此。我聞憯愴不能終。相對瀉淚如鉛水。某侯某侯且莫悲。君看天柱行崩圮。孑遺久視誰能期。萬方同患君先爾。殷頑箕子已爲奴。夏胤淳維復不祀。只今中原一塊肉。手足剝落成人彘。豺狼在邑人命微。蛇龍走陸地機起。彼昏日醉更何知。我生靡樂今方始。饑中亦有龜手藥。能活邦國出九死。予音嘵嘵哀且號。聽我藐藐如充耳。有時孤憤結中腸。逝將一瞑不復視。閬風緤馬忽反顧。膴膴吾土吁信美。誰能太上竟忘情。況行正半九十里。丈夫未死未可料。萬一還能振物恥。假如不就陳力列。立言亦當百世俟。安能坐令千聖心。遽及余生墮泥滓。以茲勖君還自繩。君當收涕啓粲齒。河梁十月水清淺。□□遠接蓬萊紫。行將買棹從君遊。更接淸潭挹蘭芷。頗聞阿咸最秀拔。磊磊羅胸皆文史。爲言置酒無算爵。待我相與澆塊壘。

遊臺灣追懷劉壯肅公

憶昨甲申之秋方用兵。南斗騷屑桴鼓鳴。海隅倒懸待霖雨。詔起將軍巡邊庭。將軍功成狎文忠。高蹈久謝塵軒攖。國家多難敢自逸。笑揖猿鶴飆南征。半天波赤馳長鯨。魍魅甘人白晝行。百年驕虜翫處女。將軍飛下萬靈驚。雞籠一戰氣先王。滬尾設險疇能嬰。其時馬江已失利。黑雲漠漠愁孤城。忍饑犯瘴五千士。盡與將軍同死生。手提百城還天子。異事驚倒漢公卿。竭來海氣千里平。杲杲紅日照屯耕。桑麻滿地長兒女。舉子往往劉其名。將軍謀深憂曲突。謂是脆單前可懲。酒泉樂浪宜置郡。用絶天驕揚漢旌。鑿山冶鐵作馳道。俯海列徼屯堅營。宅中議設都護府、坐控南北如建瓴。料民度地正疆界。以利庸調防兼併。鄭渠鄴漳隨地有。下邑亦滿絃歌聲。平蠻直窮鳶墮處。要使鹿豕馴王靈。訏謨事事準官禮。邊功區區卑李程。中朝大官玩厝火。枋鷃豈喻鵬徙溟。司農出納吝銖寸、齊威恤鄰空典型。輪臺已閉罷邊議。況乃盈耳來青蠅。將軍受事亦六稔。謂糜頂踵酬闕廷。軒車一去留不得。藤蔓啼鶯空復情。大瀦山下白雲橫。（公有大瀦山房文集）下有寒湫蛟可罾。手種菜甲日已長。有時南望微撫膺。任尙豈省班超策。辛湯或妒充國能。長城已壞他豈惜。雨拋鎖甲苔臥槍。夜來風惡鼉涎腥。上相出莅城下盟。燕雲投贈自古有。珠厓棄捐誰輸贏。可憐將軍臥大牀。眼中憧憧白鬼獰。噩夢驚起月墮海。鹿耳鯤身山自青。滔滔沈恨閟九京。鴟夷不返餘濤形。涇原更安得一范。西涼空復說三明。祇今劫火又灰冷。東方千騎來輕盈。黠口竊踵將軍武。竟有豎子名能成。山河錦繡亦增舊。獨惜花鳥長凋零。吁嗟乎漢家何代無奇英。陳湯無命逢匡衡。賈生得放旣云幸。晁錯效忠行當烹。及其摧折已略盡。九牧所至如罄瓶。一朝有事與人遇。乃若持莛撼大楹。君不見將軍嘔心六載功不就。翻以資敵成永寧。天地生才亦匪易。悵望古今徒蛉蛢。

述歸五首

布颿亦無恙。秋老吾當歸。歸歟欲安適。遼瀋指京師。都人逝將去。今歸復奚爲。孰念千聖業。繫茲一髮危。魚爛一以及。睒睒羣魑闚。昔聞同室鬬。匍匐當捄之。內審義分定。敢辭才力微。君看愚叟志。太行曾可移。

自我出脩門。歲星夙周紀。國成實誰秉。遽令至於此。怨毒中人心。有若淄澠水。蟻穴一乘之。盪決遂萬里。碌碌土崩勢。徵史莫與比。二姓豈足道。所憂盡室毀。衢議念逐臣。馬角今生矣。移突苦不豫。焦頭亦奚恃。兒女識恩怨。丈夫憂家國。當其兩未喻。相訴以大惑。齊襄九世仇。據亂理斯得。豈聞垂裳治。乃復問帝力。虛器定羣疑。譬則星環極。讓皇居其所。古訓聊可式。願無鬭困獸。漁人在吾側。冷冷黃海風。入夜吹我裳。西指煙九點。見我神明鄉。昔爲錦繡區。今爲腥血場。嗷鴻與封豕。雜廁紛相望。茲梏安可觸。弛恐難復張。仰視雲飛浮。俛瞰海汪洋。天運亮可知。回向惻中腸。亭亭須摩月。穆穆雙濤園。地偏適我願。栖仰費盛年。我有所愛女。晨夕依我肩。念我行役勞。送我忍汍瀾。我已身許國。安所逃險邅。成毀事不期。行我心所安。天若右中國。我行豈徒然。待我拂衣還。理我舊桃源。

須磨首塗遇雨口占

伏龍作鱗而。吟嘯向何處。百靈竚聲容。鼓之以風雨。

歸舟見月

瀛海團團月。相望幾百回。即看桂影瘦。長是露中開。照夢成深憶。窺愁又獨來。十年往還路。爲汝一徘徊。

舟抵大連望旅順

虎牢天險今誰主。馬角生時我卻來。醉撫危舷望燈火。商風狼籍暮潮哀。

由大連夜乘汽車至奉天

濛濛印沙月死。瑟瑟搖風草黃。一夜似夢非夢。眼前千里戰場。

由奉天卻至大連道中作

窮秋朔雪動征騑。知爲美游爲惡歸。時人頗驚遼鶴返。長路終羞宋鷁飛。水赤磨刀判傷手。月明繞樹怨無枝。横流滿地見龍穴。欲障丸泥力恐微。

壽嚴幾道先生

近媿眞長懷少日。更慚支遁别多時。楞伽悟澈皆心印。震旦流傳此導師。四海彌天留會面。松喬霄漢見奇姿。相看老鳳攜雛鳳。願采霜花進一巵。

夔公以唐道士索洞玄所書本際經屬題

史官衍爲道家流。其術清虛以秉要。道德五千一言蔽。歸根於無見牝竅。末流符籙及汞鉛。魏晉踵事徒叢誚。金人夢後大法東。潮音迴盪爭耳剽。有唐崇道極徵尙。歛律遂禰玄元廟。嫏嬛諸藏何紛綸。要與鷲峯角靈曜。就中攟摭半迷眞。亦或發明賫導窔。茲經錫名曰本際。意則病膚義猶卲。羽流守殘力苦綿。耗矣散落同一燼。千年石室一朝剖。完軸零縑各胠剽。景教祕錄詫海西。尤物彊半落蠻徼。羅侯不廉攫盈篋。獨寶茲卷尤自燿。開元紀曆洞玄筆。墨采騰踔非貌肖。何況劫餘葆孤本。汲古修墜得雙妙。我生所禮惟空王。君家亦以佛自繞。固知外道匪所欽。未害長柏受蘿蔦。遙夜定香熏古譯。雷聲一動靈臺照。猶恐癡愛花著身。結習或買天女笑。

癸丑三日邀羣賢修禊萬生園拈蘭亭序分韻得激字

時運代謝不可留。有生足已欣所適。永和以還幾癸丑。萬古相望此春色。大好江山供捱攘。倘有林園葆眞寂。西山照眼無限青。嫩柳拂頭可憐碧。羣賢各有出塵想。好我翩然履綦集。清談互窮郭向窔。吟筆紛摩鮑謝壁。略無拘檢出襟抱。相與觴詠殫晡夕。自我去國爲僇人。屢辜佳晨墮絕域。哀時每續梁五噫。忤俗空傳傅七激。秋蟲聲繁亦自厭。春明夢碎何當覓。竭來京國儼在眼。起視山川翻沾臆。政恐桑田會成海。豈直長安嗟如弈。卽茲名園問銀牓。已付酸淚話銅狄。江湖風波況未已。龍蛇玄黃知何極。因想蘭亭高會時。正兆典午陽九厄。雅廢夷侵難手援。井渫王明祗心惻。餘子猜意爭腐鼠。達士逃虛謝鞿勒。祗今繭紙世共寶。當年苦心解誰索。吾黨夙昔天所四。今日不樂景旣迫。瀲灩酒光漸氾甕。的的花枝更照席。虎頭尺縑能駐顏。(姜穎生先生繪圖紀勝)賀老四絃解勸客。(唐生瑤華二十年前以琵琶名樂部今日招與會)侵馳忍放日月邁。蹉跎應爲芳菲惜。他年誰更感斯文。趣舍恐殊今視昔。

甲寅上巳抱存修禊南海子分韻得帶字

舊宮閟殘寒。故枝發餘籟。液池春沉沉。猶得集簪蓋。主人盛跌宕。選勝作佳會。嚴阿翼孤亭。湍石稍暎帶。冥冥祓煩襟。濺濺聽鳴瀨。雖非山陰游。觴詠自稱最。嗟予攖塵鞅。高論衆所汰。十年服芳草。終懼化蕭艾。憑闌小縮手。歸與託鱸膾。因思去年時。禊事聚巾襘。尺波難再迴。春人但無賴。欲窮視聽娛。翻歎宇宙大。賦詩還質君。懷識慙自鄙。

甲寅冬假館著書於西郊之清華學校成歐洲戰役史論賦示校員及諸生

在昔吾居夷。希與塵客接。箱根山一月。歸裝囊盈篋。吾居東所著述多在箱根山中雖匪周世用。乃實與心愜。如何歸乎來。兩載投牢筴。愧倖每顙泚。畏譏動魂懾。冗材憚享犧。遐想醒夢蝶。推理悟今吾。乘願理夙業。郊園美風物。昔游記逌怗。願言賃一廡。庶以客孤笈。其時天降凶。大地血正喋。蘊怒夙爭鄭。導衅忽刺歙。解紛使者標。合從載書歃。賈勇羞目逃。鬬智屢踵躡。遂令六七雄。傞舞等中魘。瀾倒竟疇障。天墜眞己壓。狂勢所簸薄。震我臥榻鼾。未能一丸封。坐遭兩鯨挾。吾衰復何論。天僇困接摺。猛志落江湖。能事寄簡牒。試憑三寸管。貌彼五雲疊。庀材初類匠。詗勢乃如諜。遡往既纚纚。衡今逾喋喋。有時下武斷。快若髭赴鑷。哀我久宋聾。持此餉葛饁。藏山望豈敢。學海願亦輒。月出天宇寒。攜影響廊屧。苦心碎池凌。老淚潤階葉。咄哉此局碁。坼角驚急劫。錯節方余畀。畏途與誰涉。莘莘年少子。濟川汝其楫。相期共艱危。活國厝妥帖。當爲彫鳶墨。莫作好龍葉。夔窋復憐蚿。目苦不見睫。來者儻暴棄。耗矣始愁慄。急景催跳丸。我來亦旬浹。行袖東海石。還指西門堞。慚非徙薪客。徒效恤緯妾。晏歲付勞歌。口呿不能隮。

題姚廣孝爲中山王畫山水卷

卷藏廉氏小萬柳堂原跋云洪武甲戌志衍爲天德公畫蓋時姚尙僧也

胸中磊砢何處峯。繚以半死半生之灌木。界以不斷不續之飛瀑。蕩以非雄非雌之長風。其外大海水所激。月午濤落鼾伏龍。其顛叢石作人立。媧搏未就難爲容。緣巖度澗得氣異。雜花三兩能青紅。峑峑猿聲送昏曉。原題詩有時有高人夜聽猿句山鬼所歷非人蹤。倚圧兀兀者誰子。臥雲餐霞呼不起。有時俔睨九點煙。去來今人頭如螘。疇歟饒舌合喫棒。我今喪吾方隱几。䫶䫶汾陽異姓王。北門之管帝所康。徐時鎭北平故燕藩人得與交接耶躡足欲語可語未。卷裏精魄聊相將。想其點筆伸紙時。矯首八極神飛揚。試遣雲山盪寥廓。亦假水石傳莽蒼。墨不到處意更刻。直與地天俱老荒。獨怪圖中出定人。游戲三昧何猖狂。塵網一攖歸不得。叢桂招邀空斷腸。吁嗟乎。子房文若尙黃土。忘機如師胡自苦。原題詩有忘機那識海濤喧句靖難功罪今誰論。畫情霏作南湖雨。

擬夐叟先生七十壽詩

荷衣昔賦高軒過。京國今看壽域開。載道口碑古杭郡。藏山箸述漢蘭臺。歸來作賦仍爲客。歲晚逢春一舉杯。行馬諸郎正年少登堂杖履幸追陪。

題莊思緘扶桑濯足圖

六螭矯首向東方。手頓羲輪出大荒。一艧煙波心萬里。人間何地不滄浪。

京雒淄塵事偶然。海山回望又經年。何當還作雙濤主。滿榻松風抵足眠。

題周養安篝燈紡讀圖

七星挂城鼓槌折。軋軋機聲屋瓦裂。停梭口授鑿楹書。字字阿耶心上血。長鬣裁花美冠玉。豸角銅章照茅屋。精誠日夜珠江流。江山文藻佗城曲。北風啞啞唬烏鵲。百年幾許兒時樂。

對酒圖五章章八句爲蹇季常題以濁醪有妙理爲韻

兀者彼何人。帝以畸零畜。葆光得天游。翫世俛衆濁。養命適肉菜。栖影打頭屋。弊弊余烏知。萬古一尊足。

得喪語覆鹿。厚薄校投醪。有生實匪易。用之毋乃勞。挂席東海闊。卷書南山高。雞蟲納一壺。蛉嬴笑二豪。

平生欠一死。營目嚮往久。天以病報之。雖薄亦云厚。逃官芒脫背。乘化柳生肘。隱几問今吾。屑然汝何有。

一榻圖書横。四壁花枝照。有客攜榼來。品流雜屠釣。驚坐忽阮哭。絶纓時陸笑。主人夫何爲。支頤觀其妙。

淵明自欺世。止酒豈嘗止。開口歎時運。不達乃至此。乞食本達尊。閑情況明理。圖中形影神。曉曉其可已。

題袁海觀尚書所藏冬心畫梅

歸魂月夜化幽獨。正是江南雪霽時。莫笑窗紗戀瘦影。隔年春色耐相思。

五百年前原上根。一百年前縑上痕。暗香攬結好寄與。更後千年人斷魂。尚書藏植明代古梅根二十

雲階月地夢迢迢。長怪東風管寂寥。曾是空寒生紙帳。天涯霜雪到今宵。

哭孺博八首

冤憤訴眞宰。何爲生此才。生而百挫轔。年命況相催。滄海乾殘淚。名山閟古哀。由來關世運。不獨我心摧。其一學貫天人邃。身兼道器尊。沈冥觀末俗。內熱爲黎元。牢落眞何得。流傳祗罪言。大荒披髮者。應是未歸魂。其二十載瘴江路。無家更苦飢。獨憂天下溺。此誼古人稀。餘事歸吟望。流風尚起衰。只今俱已矣。吾道適安歸。其三時賢多好我。篤愛孰如君。責善無寬假。持危亦苦辛。綢繆皆大計。商略到斯文。此後連牀雨。高言可復聞。其四去年作重九。並馬俯長城。得句頻相詫。傳觴亦屢傾。送君及明發。臨別一吞聲。誰信西門路。交期盡此生。其五所嬰竟何疾。屬疾幾何時。鵩集原知命。雲歸亦太奇。諸孤未六尺。兩弟各天涯。淚滴重泉盡。天高聽豈知。其六居亂生何樂。一瞑良亦佳。君看此大宙。何處著吾儕。壺子隨灰滅。劉伶並鍤埋。料勝寶殘喘。魑魅與安排。其七亦悟達生理。其如有肺腸。哀時常偪仄。感逝益旁皇。夢警風吹竹。詩成月滿梁。百年今夜意。遺涕視襟裳。其八

祭麥孺博詩

乙卯寅月下丁日。啓超設位於北京。謹潄溪毛。漉潢水。哭薦亡友麥君靈。嗚呼天道久曶昧。誣酷至此吾益熒。以君器量及志節。才氣學識言文行。天篤生斯知匪易。生而厄之良既猶。厄之未已遽奪去。信有宰者誰度營。我十八歲交君始。君弱於我裁一齡。相將顧盼惜毛羽。覩者輒比雙鳳鳴。同時草堂多俊物。謂萬木草堂同學惟君與我尤忘形。鑽穴名理闚邃密。講析文史擇芳菁。學秀月夜蠟輕屐。海珠春漲揚浮舲。所與上下議論者。語出長老恆咋驚、

少時最喜與君月夜登粵秀山或泛舟珠江往往譚辯至夜分君時憑軒得佳句。坐聞鬼嘯看雲生。我籀諷竟喜且戚。頗怪少作何沈冥。晏歲坐聞山鬼嘯臨江東有海雲生中年哀樂應銷盡肯近彈碁恨不平此君二十歲所作詩也吾極喜誦之然當時已頗訝其衰颯嗚呼由今思之二十歲非君中年也耶國命陽九遭甲午。腥沫憤觸東海鯨。相從師門在京國。急難走纚冠弗纓。書生讕語衆所擯。三年空辜歲崢嶸。關帝廟中月照席。琉璃廠外泥礙軒。八年前夏穗卿贈君詩有云琉璃廠外泥沒脚關帝廟前酒盡腸蓋甲午乙未聞吾與君同居達子營關帝廟一年夏穗卿詩指此西山試馬吸秋爽。二閘擊汰淘春酲。有時徵歌盪迴腸。醉扶歸及參斗橫。至今龜年偶相值。對訴影事魂猶馨。盛年意態百如夢。君倘有知寧忍聆。耗矣戊戌抄瓜蔓。我戢鵬翼圖徙溟。君亦有家歸不得。飢鷗海上同伶俜。自爾國事及身世。如風撼葉波激萍。六飛嗚咽度隴水。多士黟黷沉湘囦。謂庚子口之役漢鼎湖龍去遂不返。篝火狐嘷無復寧。君每先憂就我語。七度奔命航滄瀛。諸所規畫徙薪策。什倘一二能施行。敗壞當不至今日。此論甚公吾敢承。蒼生虺孽且未已。吾徒坎壈足安懲。海市浩浩萬聲沸。中有丈室支短檠。敝裘無溫飽不宿。卻睨餘子猶蝱䖟。時時商歌動寥廓。波瀾積歲趨老成。不知者謂腫背馬。其知者謂能言鸜。自我之歸在官守。幾輩牽率塵網攖。獨君十徵不肯起。大澤一笠容嚴陵。顧常憂我蹈世患。相見苦語逾叮嚀。上言事會豈終極。慎保千金全令名。下言名山業未就。忍以芻狗辭榛苓。我再拜受日三復。謂當與君齊所程。君才十倍我豈翅。萬一天未淪斯氓。時危異人或一出。執鞭庶不楹辭莛。嗚呼楚毒竟今日。海枯石爛誰能平。或言有才例無命。茲理益誕吾弗憑。計君別我曾幾時。去年重九躋長城。昌平居庸亦徧歷。犯雨不憚山路濘。相與酹酒酬田疇。更有深語弔管寧。霜楓露柿豔掛眼。哀彼悴卉猶暫榮。與君纍夕所竊歎。在耳歷歷餘碎瓊。皆當時懷古即景之語既別君書亦四至。最後一紙殊淒零。謂昔急劫驚敗棋。今眞斂手成推枰。書距易簀月未半。宿墨麗紙猶黝瑩。痛哉豈意此絕筆。故作變徵留尾聲。君之逝以舊曆正月十二日吾於除夕前一日猶得君手書語日本要挾事憂憤殊甚謂國其眞亡矣半局敗碁驚劫急九州放眼覺才難此五年前君和余詩句也我方避地事述作。其日酷凍雪塞庭。海電八字報君逝。入手狂怛如觸霆。君體非尪我夙論。況未病襲寧死嬰。更閱五日得次報。審以首疾瀕殑殘。嗚呼憂國血逆湧。大命遂先神州傾。君正月初十之夕猶能赴友招飲歸而覺頭痛入夜痛欲裂遂弗省事越二日而逝蓋急血攻腦也永懷平生素心人。沒者日與存者爭。禮吉陳君千秋著偉曹君丁泰絕代駿。墓木久拱南山稜。鐵樵吳君應及其弟以東善知識。蜀魄慘慘啼深菁。幼博康君廣仁復生譚君嗣同與暾谷。林君旭更有林李隨紱丞。唐君才常及林君圭李君炳寰斯皆蹈海同申徒。到今碧血埋萇宏。山中公度黃君遵憲既宿草。海上簡始陳君昭常還新塋。諸我所交風義士。悉與君昵猶弟兄。知君夜臺不岑寂。各豁寃抱勞相迎。相見勿復語世事。坐使槁壤紅淚盈。況君歸去就翁媪。君丁母憂未釋服旋丁父憂今又未釋服也慘哉復與逸妻尋舊盟。君結婚一年餘而盧夫人卒未知生死孰可慕。彼哀君者何不弘。升皇揜袂忽反顧。曷其於極痌此惸。渡頭斷檝泣桃葉。君如夫人馬氏本北里中人歸君八年淑聞久播聞遭變後兩次服藥謀殉今尚輟食云吁賢矣天邊隻影號鶺鴒。君仲弟曼宣方在粵季弟公立方在京皆聞變奔喪哀哀眼枯已見骨。叩地萬喚君寧應。諸孤扶牀或在抱。責在友生辭孰能。矧有兩弟可覆翼。君勿憂此宜且瞑。獨我一自失君後。累日繞室惟竮竛。念我有蔽誰與解。我有愆謬誰與繩。我哭誰踊歌誰和。我主誰客醉誰醒。前塵屢拂偏在目。新恨勉茹還塡膺。嗚呼有生在今日。豈有佳趣勞牽縈。坐看九域付孤注。漫洒涸淚啼新亭。不能入山隨李廣。便合荷鍤從劉伶。吾曹餘生焉寘此。莽莽未察天所令。君今意外得解脫。庸知非福吾略明。浹旬黃砂蔽白日。得君訃後屢日黃砂蔽天若雨血益吾悲愴一樽苦酒空渌醽。罄我入骨傷心語。寄君千秋萬古情。嗚呼哀哉魂來饗。勿憚淒咽其垂聽。

公博藤龕爲予作紫陽峯圖賦謝疊韻

逢著幽人屢問山。心隨涼月度花灣。天留古寺塵沙外。秋在高僧戸牖間。入社未能從闕陸。論交先喜到荆關。晝中便得安心法。歸夢無憑意自閒。

周孝懷居憂以母太夫人事略見詒敬題其後奉唁

我有執友頭久童。孌孌但作孺子慕。廿年板輿走萬里。豈不憚劬奈疾固。武侯峻法忤今蜀。魚服廑脱羣魑怒。詒母戚煎百慮痛。定自撾懲再誤。犢䙝負米瘴江濱。綵斑照室春無數。此樂端不萬鍾易。此景何當百年駐。天耶人耶集楚毒。短暉辭草風搖樹。千號百擗淚繼血。滴向泉臺何處路。勸君莫自使眼枯。得母如君已天祚。誰憐卅載無母人。魂逐歸舟望楸墓。余方南歸朝父且省母墓。母棄養已三十年。不孝之違丘墓亦廿年矣。舟中賦此。淚如綆縻。

譚佡自繡像作漁翁乞題

四海一人譚鑫培。聲名卅紀轟如雷。如今老矣偶翫世。尚有俊響吹梁埃。菰雨蘆風晚來急。五湖深處寄煙笠。何限人間買絲人。枉向場中費歌泣。

寄趙堯生侍御以詩代書

山中趙邠卿。起居復何似。去秋書千言。短李爲我致。坐客睹欲敓。我怒幾色市。比復憑羅隱。寄五十六字。把之不忍釋。浹旬同臥起。稽答信死罪。慚報亦有以。昔歲黄巾沸。偶式鄭公里。豈期薑桂性。遽攖魑魅忌。青天大白日。横注射工矢。公憤塞京國。豈直我髮指。執義別有人。我僅押紙尾。怪君聽之過。喋喋每挂齒。謬引汾陽郭。遠拯夜郎李。我不任受故。欲報斯輒止。復次我所歷。不足告君子。自我別君歸。嘐嘐不自揆。思奮軀塵微。以救國卵累。無端立人朝。月躔迅逾紀。君思如我戇。豈堪習爲吏。自然枘入鑿。窘若磨旋蟻。默數一年來。至竟所得幾。口空瘏罪言。骨反銷積毀。君昔東入海。勸我衽愼趾。戒我坐垂堂。歷歷語在耳。由今以思之。智什我豈翅。坐是欲有陳。操筆則穎泚。今我竟自拔。遂我初服矣。所欲語君者。百請述一二。一自繫匏解。故業日以理。避人恆兼旬。深蟄西山阯。冬秀餐雪檜。秋豔摘霜柹。曾踏居庸月。眼界空夙滓。曾飲玉泉水。洌芳沁瘏脾。自其放游外。則溺於文事。乙乙蠶吐絲。汨汨蠟泫淚。日率數千言。今略就千紙。持之以入市。所易未甚菲。苟能長如茲。餒凍已可抵。君常憂我貧。聞此當一喜。去春花生日。吾女既燕爾。其壻夙嗜學。幸不橘化枳。兩小今隨我。述作亦斐亹。君詩遠垂問、緻愛豈獨彼。諸交舊蹤跡。君倘願聞只。羅癭趺宕姿。視昔且倍蓰。山水詩酒花。名優與名士。作史更制禮。應接無停晷。百凡皆芳潔。一事略可鄙。索笑北枝梅。焚璧久如屣。曾蟄蟄更密。足已絕塵軌。田居詩十首。一首千金値。（蟄庵躬耕而喪其貲）豐歲猶調飢。鶱舉義弗仕。眼中古之人。惟此君而已。彩筆江家郎。（翊雲）在官我肩比。金玉兢自保。不與俗波靡。近更常爲詩。就我相礱砥。君久不見之。見應刮目視。三子君所篤。交我今最摯。陳（徵宇）林（宰平）黃（孝覺）黃（哲維）梁。（衆異）舊社君同氣。而亦皆好我。襟抱互弗閡。更二陳（弢庵石遺）一林。（畏廬）老宿衆所企。吾間一詣之。則以一詩贄。其在海上者。安仁（潘若海）嘻顚頞、顧未累口腹。而或損猛志。孝侯（周孝懷）特可哀。悲風生陟屺。君曾否聞知。備禮致弔誄。此君孝而愚。長者宜督譬。凡茲所舉似。君或諗之備。欲慰君索居。詞費茲毋避。大地正喋血。毒螫且潛沸。一髮之國命。懍懍馭朽轡。吾曹此餘生。孰審天所置。戀舊與傷離。適見不達耳。以君所養醇。宜夙了此旨。故山兩年間。何藉以適己。篋中新詩稿。曾添幾尺咫。其他藏山業。幾種竟端委。酒量進抑退。抑遵昔不徙。或言比持戒。我意告者詭。豈其若是恝。辜此郫筒美。所常與釣游。得幾園與綺。門下之俊物。又見幾騄駬。健腳想如昨。較我步更駛。峨眉在戶牖。賈勇否再儗。瑣瑣此問訊。一一待蜀使。今我寄此詩。媵以歐戰史。去臘青始殺。敝帚頗自憙。下酒代班籍。將勿笑遼豕。尤有亞匏集。我嗜若膾胾。謂有清一代。三百年無此。我見本井蛙。君視爲然否。我操茲豚蹄。責報乃無底。第一卽責君。索我詩癖痏。首尾塗乙之。益我學根柢。次則昔癸丑。禊集西郊沚。至者若而人。詩亦雜瑾玼。丐君補題圖。賢者宜樂是。復次責詩卷。手寫字櫛比。凡近所爲詩。不問近古體。多多斯益善。求添吾弗恥。最後有所請。申之以長跽。老父君夙敬。生日今在邇。行將歸稱觴。乞寵以巨製。烏私此區區。君義當不諉。浮雲西南行。望中蜀山紫。懸想詩到時。春已滿杖履。努力善眠食。開抱受蕃祉。桃漲趁江來。竚待剖雙鯉。歲乙卯人日。啓超拜手啓。

張潤之先生六十雙壽詩并序

啓超以光緒之季。始交君勱於日本。旋因君勱以交公權。二十年間。恆以學業行誼相砥礪。相驩若昆弟也。歲丙辰。與君勱同有事於護國之役。在上海旦夕共一室。乃得以其間登堂拜

潤之丈。丈出所藏明清兩代經師文士往復手札見眎。蓋數百通。積半生之力。次第羅致者。丈爲之歷指其作者年代居里軼事。娓娓然移我情。丈又嗜蓄墨。所蓄蓋如東坡之足支三十年。品類款識。至夥且備。簿錄之可成墨譜。丈察吾摩挲若有所羨。乃割其篤愛者若干種相贈。啓超至今寶之。非佳日淨几神怡務閑。不輕試也。乙丑之夏。丈與伯母六十雙壽。君勱公權率諸弟妹隨其伯兄後奉觴以祝。啓超宜有以爲壽。顧思二老之懿美既備於

君勸兄弟乞言之策諸親賓類能揄揚之以啓超與二子之交義不得以濫縟之辭進乃敬述疇昔所接於丈者而更自陳其與二子交契始末及吾心目中所見二子之爲人爲五言一篇歌以侑觴不作詩且十年矣拙劣不足觀省自寫眞感雜以諧謔亦庶助博戲綵一笑也

二老夕燕息十子戲其旁仲子好遠遊動如馬脫韁束髮適日本所學專管商法經食貨書挈領窮豪芒歸則魁其黨轉戰罔兩場大盜祕移國幾先覘履霜辨姦揭國門行矣歐之央絃歌未及半大宇鏖玄黃貪看鄒敵楚險遭陳絕糧國變亦正棘執友在戎行萬里奔命歸庶往共存亡跋涉窮髮北三錢壓行囊內難甫喘息鄰交轉搶攘贊我合縱議思請纓出疆繞朝策不用惜矣吾孱王我當汗漫遊仲也神飛揚並轡歷十國詄蕩興未降衆旋乃獨留舊學重商量康德與孔德湊顒如渴羌取笑玄學鬼辨折石鼎鐺一遊動數年日陟岵屺岡慈顏映靈府甘美勝餌餭未知復何時野性又發皇歐非澳兩美去來來去忙今有一學院縶之如馴羊況復新燕爾執簀招由房丈人試詔彼勞止汔可康庶以烏烏愛曁輟鴻鵠翔復次說季子軀短志則昂嬰壘守一業與仲鑣分揚昔我討賊時頗與策非常彼以正規我陳義慨以慷我今誠敬之當日則觖望及我在司農使綰圜法綱闕如鶩護巢瘁矣險備嘗並世業此者什九肥腦腸季乃貧如我鐵骨支瘦笻豈不念甘旨千里承筐將顧非伯夷粟不敢獻高堂有子若二子元爲禽中凰丈人試傾聽豈謂我面誑自餘七八子頗非我所詳欲知子觀父欲知弟觀兄昔聞荀八龍婉婉今與相盛夏百卉長魚蝦滿江鄉石榴苞子紅栗留調雛忙二老笑相對百二十歲强問事兒挽鬚索果孫牽裳各以所食力市得酒與漿一盞持勸爺一盞持勸娘三四五六盞綵袖舞郎當大婦織羅綺中婦織流黃小婦無所作挾瑟上高堂二老笑相語此樂與天長各賜一蟠桃渥丹如朝陽

壽姚茫父五十

茫父墮地來。未始作老計。斗大王城中。帶髮領一寺。廿年掩關忙。百慮隨緣肆。打窗竹幾莖。礙路花幾隊。半禿筆幾管。破碎墨幾塊。揮汗水竹石。呵凍篆分隸。臉譜淨丑末。食單椒腐豉。印鑱芍藥根。顏拓鐘鼎識。午擎唐畫食。夜抱魏誌睡。校碑約彝周。攘臂鬬眞僞。晡食來跛蹇。詼謔遂鼎沸。爛漫孺子心。儻蕩狂奴態。曉來攬鏡詫。五十忽已至。髮如此種種。老矣今伏未。鏡中人矙然。那得管許事。老屋蹋穿空。總有天遮蔽。去年窮不死。定活一百歲。荼蘼正盛開。胡蝶成團戲。豆苗已可摘。玄鯽恰宜膾。昨日賣畫錢。況穀供一醉。相攜香滿園。大嚼不爲泰。

集句題甘白石畫軸

月白風清欲墮時。露如微霰下前池。菱舟已過歌聲遠。搖動青蘆一兩枝。

伯兄居清華園時。向余攜取書畫數端。以補素壁。爲甘白石墨荷一幅。兄集絕句題其上。復媵數語曰。「邑先輩甘白石先生。畫品清新俊逸。此軸尤入神之作。仲策其寶之」乃丙寅初冬事也。先生名天寵。邑之白石鄉人。畫作於乾隆乙巳。　啓勳識

題越園畫雙松

故人造我廬。遺我雙松樹。微尙託榮木。貞心寫豪素。其下爲直幹。離立若磐互。其上枝柯交。天半起蒼霧。由來大材篤。端在植根固。亦恃骨鯁伴。相倚相夾輔。不然匪風會。獨立能無懼。秋氣日棱棱。羣卉迭新故。空山白雲多。大

壑滄波注。豪縝破眞寂。神理忽森著。養此歲寒姿。敢謝匠石顧。

越園入夏來同客津門閒日輒過我飲冰室譚藝爲歡每出所藏舊紙墨索作畫則解衣槃礴慘淡經營或五日十日作一水石或食頃盡數紙兒曹學畫者環立如鵠一幅就則讙譟爭持去獨此雙松用貽老夫莫敢奪也畫時留白待題詠余不作詩且兩年矣歲懷託興忽復成章用述吾儕所以相愛勉者不僅記一時樂事云爾

丁卯中秋前一日　啓超記

詞

水調歌頭

拍碎雙玉斗。慷慨一何多。滿腔都是血淚。無處著悲歌。三百年來王氣。滿目山河依舊。人事竟如何。百戶尚牛酒。四塞已干戈。　千金劍。萬言策。兩蹉跎。醉中呵壁自語。醒後一滂沱。不恨年華去也。只恐少年心事。强半爲銷磨。願替衆生病。稽首禮維摩。

齊天樂

平生未信離愁苦。放他片帆西去。三疊陽關。一杯濁酒。做就此番情緒。勸君莫醉。怕今夜醒來。我儂行矣。風曉月殘。江潭負手向何處。　天涯知是歸路。奈東勞西燕。寥絶如許。滿地干戈。滿天風雪。耐否客愁滋味。幾多心事。算只有凄涼。背人無語。待取見時。一聲聲訴汝。

滿江紅　贈魏二

如此江山。送多少英雄去了。又爾我踢塵獨漉。睨天長嘯。烱烱一空餘子目。便便不合時宜肚。向人間一笑。醉相逢。兩年少。　使不盡。灌夫酒。屠不了。要離狗。有酒邊狂哭。花前狂笑。劍外惟餘肝膽在。鏡中應詫頭顱好。問匏黃閣外一畦蔬。能同否。

六醜　傷春學清眞體柬剛父庭院碧桃開三日落盡矣藉寓所傷後之讀者可以哀其志也

聽徹宵殘雨。正簾外曉寒衣薄。莫道春歸。便濃春池閣。已自蕭索。問歲華深淺。愔愔桃葉。在舊時欄角。繁紅鬭盡無人覺。待解尋芳。東風已惡。歡期未分零落。尙曲牆扶繞。頻動春酌。情懷如昨。祇休休莫莫。似水流年底成飄泊。故枝猶綴殘萼。又蜂銜燕蹴。乍欺怯弱。愁對汝自扃深閣。卻不奈一陣輕飆無賴。送敲垂幕。感啼鳥未拋前約。向花間道不如歸去。怕人瘦削。

湘月　壽何大

吾鄉奇士。數道咸以後。幾人健者。雨打風吹餘子盡。似汝此才今寡。鐵骨酣霜。繡腸織月。簫劍雙無價。酒闌對我。二豪情態如畫。　祇恨犖犖頭顱。巖巖髀肉。不了山靈詫。趁著湖山殘照在。儘汝秋魂游冶。叢社鬼謀。原祠天問。莫管興亡話。一樽壽汝。先生扶醉歸也。

采桑子

沈沈一枕扶頭睡。直到黃昏。猶掩重門。門外梨花有溼痕。　薰篝蕭瑟爐煙少。不道衣單。卻道春寒。絲雨濛濛獨倚欄。

謝秋孃

休輕別。別易見時難。燕子不歸春寂寂。恨煙顰雨杏花寒。小立已黃昏。

蝶戀花二闋

曾是年時行樂處。典盡貂裘。日日如泥醉。醉別西樓醒不記。馬頭猶作香奩語。　一霎人天成影事。劍魄琴魂。添得淒涼意。知否雙文挑錦字。當時月照人無寐。

我亦蘭成顦顇久。淚泫長條。孤負章臺柳。十萬護鈴金字呪。東風無力春消瘦。　門巷枇杷還似舊。錦瑟年華。得似當時否。贏得一池春水縐淚痕狼藉青衫袖。

浪淘沙

燕子舊人家。悵觸年華。錦城春盡又飛花。不是潯陽江上客。休聽琵琶。　輕夢怕愁遮。雲影窗紗。一天濃絮太虧他。鎮日飄零何處也。依舊天涯。

隔溪梅令　次韻孝通

淒涼花事一春遲。苦尋思。袖口香寒。摘得最繁枝。江南持與誰。　溶溶微月浸愁漪。夜寒時。一泓夢煙愁雨我憐伊．春闌花未知．

揚州慢　送江逢辰歸山

戰鼓摧心．征衫涴淚．乾坤無限秋聲．望青山一髮．又商略歸程．問搖落天涯倦客．十年塵夢．可也蘇醒．念故山蘭蕙．背人一樣淒零．　羅浮西去．有年時游屐曾經．算醉眼看雲．冷腸漱石．殼遣今生．便擬誅茅天外．任人間憔悴蘭成．怕劫灰無賴．等閒驚起山靈．

蝶戀花三闋　春盡感事送歸者

刻意留春春不住．杜宇聲聲．抵死催人去．絮影迷漫芳草渡．天涯那是春歸路．　一縷閑情無著處．落盡荼蘼．幾點清明雨．莫唱方回腸斷句．世間祇有情難訴．

畢竟和卿干甚事．未到中年．哀樂先如許．寂寂庭蕪春滿地．海棠那識人蕉萃．　一霎斜陽攙暮雨．絮絮陰晴天亦無憑據．花自不言鶯自語．可憐心比秋蓮苦．

折取繁香無處寄．不分殘紅．卻被東皇誤．斷送流年知幾許．一天狼藉風和雨．　金縷低迷濃作絮．擱了簾櫳．馳了春庭宇．春若有情應少住．重來門巷難如故．

菩薩蠻

棗花簾底熏香坐。新年添箇閑功課。鎮日苦伊唔。背郎奩體詩。　不知緣底事。怕讀相思字。驀地問歸程。背人雙淚熒。

如夢令

昨夜東風還又春。水一池吹縐。飛絮滿天涯。可是燕歸時候。消受消受。六曲藥欄攜手。

金縷曲

一例西風裏。誰信汝、此番行色。淒涼如此。徹骨寒生孤枕夢。驀地鵲橋波起也。太覺、一年容易。昨日洗車明日淚。周君七夕詞句問人生、哀樂誰能主。木葉落。君行矣。　諗君無限傷心事。料難忘、密縫珍重。寒衣曾寄。薄命兒郎更消得、多少春魂秋氣。只添我、天涯滋味。日日長亭折楊柳。送行人、卻恨歸無計。歌金縷。忘變徵。

此一首乃己巳五月四日陳簡墀之子景素錄自其家藏伯兄所書之橫幅。詞後附一短跋曰。「簡庵有安仁之戚。匆匆南下。悽愴萬端。欲爲達語解之。無益也。索爲淒曼之聲以送其行。俾竭其哀。待自解也。」此詞之本事吾能道之。甲乙之間。伯兄與陳簡墀同客京園。均未攜眷。乙未秋。陳得其夫人自家鄉寄來新衣一襲。正歡喜遍告其儔。乃不數日。續得一緘。則報其夫人已病故矣。即詞中所寫「密縫珍重」者是也。

啓勳識

減字木蘭花　爲孺博題秦郎畫扇

秋心如許。紅禪多少銷魂句。著意溫存中有經年舊酒痕。　年年依舊尊前顧影人銷瘦。一例嬋娟。寄語涼風莫棄捐。

卜算子

衣袂滿京塵。荏冉歸無計。王粲登樓已百憂。那更連天雨。　仙俠兩蹉跎。有恨和誰理。紅燭歡場宿酒醒。切切琵琶語。

念奴嬌　壽何梅夏

吾鄉奇士。數道咸以後。幾人健者。雨打風吹餘子盡。似汝此才今寡。鐵骨酣霜。繡腸織月。簫劍雙無價。酒闌對我。二豪情態如畫。　只恨犖犖頭顱。顢頇髀肉。不了山靈詫。趁著湖山殘照在。儘汝秋魂姚冶。叢社鬼謀。原祠天問。莫管興亡話。一尊壽汝。先生扶醉歸也。

庚午九月四日。同鄉黃君孝可出其家藏一卷相示。乃伯兄爲其先人所寫之橫幅也。有詞八首。卷末伯兄自跋曰「持綺語戒三年矣。梅叟以長牋索所爲詞。無以應。乃窮搜乙未丙申間舊作。得如干首。狂奴故態。念之汗顏。戊戌六月啓超倚裝」。戊戌六月距政變不過四十餘日。跋云倚裝。蓋當時已受命辦譯局。日日欲出京。卒以事未果行時也。此三首爲集中所未及收。乙未丙申兄年方二十一二。乃彼平生最浪漫之時期。又值甲午戰後。故慷慨激昂之氣。隨處流露。

壬申十一月三日　啓勳識。

蘭陵王　至日寄蕙仙計時當在道中

暝煙直。織就一天愁色。闌干外無限庭蕪。付與斜陽儘狼籍。良期渺難得。遮莫年華虛擲。迢迢夜。夢去愁來。還似年時倦游客。　天涯數行跡。念衾冷舟篷。燈暗亭壁。籃輿扶下正無力。又月店雞聲。霜橋馬影。催人晨起趁晚驛。夜涼怎將息。　淒寂。共今夕。共目斷行雲。江樹南北。芳痕觸處情無極。有織錦留墨。唾絨凝碧。思量無寐。又淡月。照簾隙。

洞仙歌　中秋寄內

薄醒殘唾。又四更天氣。明月新來太無賴。記去年今夕。雙影晶簾。曾見汝一點窺人微醉。　瑤臺天外路。依約年華。甚到圓時越憔悴。料脂香嚦嚦。鏡粉敲寒。算未減花底天涯滋味。待互倩素娥慰殷勤。萬一夢魂兒。斷鴻能寄。

臺城路　黃浦江送蕙仙歸寧之黔余亦南還矣

平生未信離愁。放他片帆西去。三疊陽關。一杯濁酒。做就此番情緒。勸君莫醉。怕今夜醒來。我儂行矣。風曉月殘。江潯負手向何處。　天涯知是歸路。奈東勞西燕。遼絕如許。滿地干戈。滿天風雪。耐否客途滋味。幾多心事。算只有淒涼。背人無語。待取見時。一聲聲訴汝。

清平樂　十一月十八夜宿酒剛醒猛憶前月今夕乃黃𡣕送別時也惘然得句

別來幾日。又如今時節。一陣曉風鈴語咽。夢醒衾寒似鐵。　夢中細語商量。醒來殘月横窗。待倩嫦娥瞧去。兩人那箇淒涼。

蝶戀花

法界光明毛孔吐。樓閣潭潭。帝網無重數。渺渺化身何所住。百千萬劫尋來路。　蹴踏金輪披垢膩。除卻泥犂。那有莊嚴土。熱血一腔誰可語。哀哀赤子吾同與。

賀新郎

昨夜東風裏。忍回首月明故國。淒涼到此。鶉首賜秦尋常夢。莫是鈞天沈醉。也不管人間憔悴。落日長煙關塞黑。望陰山鐵騎縱横地。漢幟拔。鼓聲死。　物華依舊山河異。是誰家莊嚴卧榻。儘伊鼾睡。不信千年神明胄。一箇更無男子。問春水干卿何事。我自傷心人不見。訪明夷別有英雄淚。雞聲亂。劍光起。

金縷曲　丁未五月歸國旋復東渡卻寄滬上諸子

瀚海飄流燕乍歸。來依依難認舊家庭。院唯有年時芳儔在。一例差池雙剪。相對向斜陽淒怨。欲訴奇愁無可訴。算興亡、已慣司空見。忍拋得、淚如綫。故巢似與人留戀。最多情、欲黏還墜落泥片片。我自殷勤銜來補珍重。斷紅猶軟。又生恐、重簾不卷十二曲闌春寂寂。隔蓬山、何處窺人面。休更問、恨深淺。

憶江南　寶雲樓夏日即興（寶雲樓乃須磨之一樓）

吾廬好。氣象絕清高。生意古今惟種樹。雄心朝暮慣聽潮。何處著塵勞。

又

開卷罷。隨意一憑闌。浴海朝霞明萬木。當窗斜日照千帆。此際幾人閑。

又

長日靜。不放畫簾垂。入座飛花爭燕子。上階蝴蝶戲貓兒。忙殺爲阿誰。

又

將進酒。市遠味難兼。牛湩朝朝調麥飯。魚羹頓頓供椒鹽。不管老饕嫌。

又

重門掩。恰稱野人家。籬落烏龍眠妥貼。井闌玉虎語咿啞。風味故園賒。

又

周旋久。鷗鷺不相驚。忽報沙灘新雨過。起看松罅斷虹明。暝色正輕盈。

又

新浴後。細葛著輕絲。一樹露蟬聲不斷。半牀松子落無時。午夢更相宜。

又

忘機慣。隨處見天遊。稚子繞牀馴竹馬。學僮嬉水狎輕鷗。人我兩悠悠。

又

閑功課。日日沒爭差。嬌女自鈔花外集。老妻學踏自由車。卒業兩些些。

又

芳草外。極目似迷漫。漁唱有時喧遠浦。海雲無意失前山。一鳥正飛還。

又

萬松裏。庭院自深深。賓客縱橫爭短榻。兒童錯落弄鳴琴。老子正高吟。

又

須磨浦。落日放船宜。鵶鬟小娃充擢手。思順 臬比長者作舟師。湯荷庵 破浪自逶迤。

又

涼亭畔。團坐到三更。萬壑魚龍醒不夜。疏星河漢度無聲。雙扇撲流螢。

又

明月夜。遊屐尚徘徊。夜汐往還循岸見。秋花紅白戴星開。清興亦悠哉。

春睡足。西顧淚闌干。霖雨蟄龍勞想望。瓊樓玉宇自高寒。忍向此中蟠。

此十五首乃在美洲時。伯兄寫以寄余者。　啓勳識

三姝媚　送陳大歸國用草窗送碧山還越均

愁苗和淚綻。況客裏還逢故鄉回鴈。苦憶俊游。歎春隨人老。相看依黯。數徧花風。誰信道便成秋苑。贏得年時。偷卜佳期。帶圍銷減。　悵望銀河清淺。正指冷笙寒。夢長天遠。今夜河橋。怕曉風楊柳。做成淒婉。儻遇冥鴻爲說我高歌青眼。更問魚龍。醒未滄江晼晚。

鵲橋仙　陽曆七月七日東邦士女相將乞巧忘與漢臘錯牾也戲賦此解

墜懽依約。佳期迢遞。今古別離無數。自從銀水淺蓬萊。卻贏得年年兩度。　鵲橋低亞。鸞軿徐動。指點鬟風鬢霧。只愁羲馭太無憑。便有約也將人誤。

此二詞皆頗有寄託想一讀能解之

長亭怨慢　文卿遠遊失職牢落而歸倚此送之不勝河梁日暮之感

禁不起輕陰薄暮。的的蔫紅。如今何處。賸有叢蘭。楚纍愁對黯無語。天寒袖薄。更何苦留人住。卻只不勝情。怪夢後樓臺如許。　辛苦。正海雲東指。又逐海潮西去。幾番俊賞。都付與閑風閑雨。縱行徧芳草天涯。那便是王郎歸

路。待春水生時。試倩斷鴻回顧。

近作一章錄呈仲弟頃復爲此否承寄前作固稍進但率露二字之病尚宜力戒多讀夢窗碧山當有所入

八聲甘州　鄭延平王祠堂用夢窗游靈巖韻

甚九州蓋處起悲風。漢軍落前星。賸百年花鳥。種愁荒砌。嘑血空城。夜半靈來靈去。海氣挾蛟腥。似訴興亡恨。鈴語聲聲。今日紅羊又換。算學仙遼鶴。有夢都醒。對斜陽無語。彈淚滿冬青。漸東流夜潮去急。蕩舊時明月下寒汀。憑誰問。閟重重恨。樹靡東平。

暗香　延平王祠古梅相傳王時物也

東風正惡。算幾回吹老。南枝殘蕚。水淺月黃。長是先春自開落。二百年前舊夢。早冷卻樓香羅幙。但賸得片片倩魂。和雪渡溪彴。依約。共瘦削。便撩亂鄉愁。驛使難託。鸞牋罷寫。閑殺何郎舊池閣。休摘苔枝碎玉。怕中有歸來遼鶴。萬一向寒夜裏。伴人寂寞。

高陽臺　題臺灣逸民某畫蘭

紫甲鬘煙。素心泫露。等閑消得黃昏。幽谷年年。孤芳誰共溫存。多情應解思公子。渺予懷可奈無言。最淒涼月冷空庭。香返騷魂。秋人別有秋懷抱。將靈均遺佩。寫入冰紈。雨葉風枝。古今無限荒寒。憑君莫問移根地。怕著來總是愁痕。更銷凝。象管拋餘。淚滿湘沅。

西河　基隆懷古　（用美成韻）

沈恨地。百年戰伐能記。層層圾爐閎重淵。潛蚪不起。但看東海長紅桑。蓬萊極目無際。　耿長劍。誰更倚。虞泉墜日難繫。鼓聲斷處月沈沈。浪淘故壘。返魂槎客若重來。酬君清淚鉛水。　夕陽一霎見蜃市。又罡風、吹墮千里。欲問人間何世。看寒流湧出、漢家明月。消瘦姮娥山河裏。

看寒流句月字應是韻。美成原作「向尋常巷陌人家相對」。

念奴嬌　基隆留別　（用玉田韻）

司勳傷別。況天涯春盡、番番風雨。行也安歸留不得。斷渡似聞鈴語。西北雲深。東南地坼。萬恨憑誰補。扁舟去後。殘蟾應戀江樹。　爲問枝上啼紅。千山鵑老。顏色能如故。草草東流村壁字。平地幾回今古。碧漲量愁。玉瑠緘淚。影事君看取。落潮今夜。酒醒夢墜何處。

蝶戀花　感春　（游臺灣作）

倚徧黃昏人瘦削。愁對陰陰。舊日閑池閣。記得燕來風動幕。是誰偷覷秋千索。　一雨做成新夢惡。夢裏羅衾。恰似郎情薄。早識護鈴成漫約。餘英悔不春前落。（案此詞見遊臺灣書牘）

夢裏二句太憤激矣故以末二句救之所謂怨而不怒也

別路屏山天樣遠。苦怨斑騅不放人留戀。波底題紅流片片。憑君量取愁深淺。　恨雨顰煙朝暮捲。便到春回。憔悴羞重見。何況夢中時鳥變。東風已共游絲倦。（案此詞見游臺灣書牘）

下半闋以作文之法行之施諸小令尤難　口口識

江上琵琶聲最苦。不分娉婷錯嫁浮梁賈。昨夜夢雲迷遠浦。推蓬又是愁風雨。　休問飛紅誰是主。纔墮天涯。半晌成今古。一角池萍風約住。前身誰信枝頭絮。

歲月堂堂人草草。數盡花風冰盡春懷抱。鎮日西園鶯不到。斷紅零粉誰知道。　多事庭燕青未了。和月和煙。牽惹閑煩惱。誰遣南雲音信杳。一年又見吳鏡老。（案此詞見游臺灣書牘）

依約年時攜手處。謝卻梨花。添卻廉纖雨。雨底蜀魂啼不住。無聊祇勸人歸去。　剗地漫天花作絮。饒得歸來。狼藉春誰主。誓待相思能幾度。輕身願化相思樹。（案此詞見游臺灣書牘）

莫怨江潭搖落久。似說年時。此恨人人有。欲駐朱顏宜倩酒。鏡中爭與花俱瘦。　雨橫風狂今夕又。前夜啼痕。還耐思量否。愁絕流紅潮斷後。情懷無計同禁受。（案此詞見游臺灣書牘）

浣溪沙　臺灣歸舟晚望

老地荒天閟古哀。海門落日浪崔嵬。憑舷切莫首重回。　費淚山河和夢遠。彫年風雨挾愁來。不成拋卻又徘徊。（案此詞見游臺灣書牘）

此調雖塡極矣用賦體尤難此詞可謂聲哀厲而彌長　口口識

三年不塡詞游臺灣棖觸舊恨輒復曼吟手寫數闋寄仲策自謂不在古人下儻亦勞者之歌發於性情故爾入人耶　辛亥四月朔——飲冰

浣溪沙　乙丑端午夕俄公園夜坐

飽聽官蛙鬧曲池。那更鳴砌露蟲悲。錯撩人是月如眉。　坐久漏籤催倦夜。歸來長簟夢佳期。不緣無益廢相思。

義山詩直道相思了無益

鵲橋仙

成容若卒於康熙乙丑五月十六日今年今日其二百四十年周忌也深夜坐月諷納蘭詞棖觸成詠

冷瓢飲水。蹇驢側帽。(注一)絕調更無人和。爲誰夜夜夢紅樓。(注二)卻不道當時眞錯。(注三)寄愁天上。和天也瘦廿紀年光迅過。十二年歲星一周謂之一紀『斷腸聲裏憶平生』。(注四)寄不去的愁有麼。

(注一)飲水、側帽、皆容若詞集名。

(注二)『只休隔夢裏紅樓有箇人兒見』。集中雨零鈴句。『此夜紅樓天上人間一樣愁』。集中減蘭句。容若詞屢說「紅樓」。好事者附會爲紅樓夢中人物。

(注三)『而今才道當時錯』。集中采桑子句。

（注四）集中浣溪沙原句。

虞美人　自題小影寄思順

一年愁裏頻來去。淚共滄波注。懸知一步一回眸。篏著阿爺小影在心頭。　天涯諸弟相逢道。哭罷應還笑。海雲不礙雁傳書。可有夜牀俊語寄翁無。

鵲橋仙　自題小影寄思成

也還美睡。也還善飯。忙處此心常暇。朝來點檢鏡中顏。好像比去年胖些。　天涯游子。一年惡夢。多少痛、愁、驚、怕。開緘還汝百溫存。『爹爹裏好尋媽媽』

末句用來信語意

好事近　代思禮題小影寄思順（滑稽作品）

昨日好稀奇。迸出門牙四箇。剛把來函撕吃。（事實）卻正襟危坐。　一雙小眼碧澄澄。望著阿圖和。肚裏打何主意。問親家知麼。

其二

謝你好衣裳穿著合身眞巧。那肯赤條條地。敎瞻兒取笑。　爹爹替我掉斯文。我莫名其妙。我的話兒多著。兩親家心照。

鷓鴣天　丁卯中秋李夫人三週忌日

露氣淒微稍見侵。自攜瘦影步花陰。屋梁正照無情月。庭樹猶棲不定禽。　河影沒。漏聲沈。銷磨佳節得孤吟。雲鬟玉臂三年夢。碧海青天一夜心。

沁園春　己巳送湯佩松

可憐阿松。萬恨千憂。無父兒郎。記而翁當日。一身殉國。血橫海嶠。魂戀宗邦。今忽七年。又何世界。滿眼依然鬼魅場。泉臺下。想朝朝夜夜。紅淚淋浪。　松兮軀已昂藏。學問算爬過一道墻。念目前怎樣。脚跟立定。將來怎樣。熱血輸將。從古最難。做名父子。松汝箴心謹勿忘。汝行矣。望海雲生處。老淚千行。

蘄水湯濟武之子佩松。己巳夏畢業於清華學校。轉學美洲。時伯兄主清華講座。作此送之。稿本存余處。　啓勳識